Gobernanza del Agua en Perú

OCDE
MEJORES POLÍTICAS PARA UNA VIDA MEJOR

Tanto este documento, así como cualquier dato y cualquier mapa que se incluya en él, se entenderán sin perjuicio respecto al estatus o la soberanía de cualquier territorio, a la delimitación de fronteras y límites internacionales, ni al nombre de cualquier territorio, ciudad o área.

Los datos estadísticos para Israel son suministrados por y bajo la responsabilidad de las autoridades israelíes competentes. El uso de estos datos por la OCDE es sin perjuicio del estatuto de los Altos del Golán, Jerusalén Este y los asentamientos israelíes en Cisjordania bajo los términos del derecho internacional.

Nota de Turquía
La información del presente documento en relación con “Chipre” se refiere a la parte sur de la Isla. No existe una sola autoridad que represente en conjunto a las comunidades turcochipriota y grecochipriota de la Isla. Turquía reconoce a la República Turca del Norte de Chipre (RTNC). Mientras no haya una solución duradera y equitativa en el marco de las Naciones Unidas, Turquía mantendrá su postura frente al “tema de Chipre”.

Nota de todos los Estados Miembros de la Unión Europea que pertenecen a la OCDE y de la Unión Europea
Todos los miembros de las Naciones Unidas, con excepción de Turquía, reconocen a la República de Chipre. La información contenida en el presente documento se refiere a la zona sobre la cual el Gobierno de la República de Chipre tiene control efectivo.

Por favor, cite esta publicación de la siguiente manera:
OECD (2021), *Gobernanza del Agua en Perú*, OECD Publishing, Paris, *https://doi.org/10.1787/f826f55f-es*.

ISBN 978-92-64-48608-9 (impresa)
ISBN 978-92-64-48839-7 (pdf)
ISBN 978-92-64-40495-3 (HTML)
ISBN 978-92-64-74283-3 (epub)

Imágenes: Portada © Ministerio del Ambiente del Perú.

Las erratas de las publicaciones se encuentran en línea en: *www.oecd.org/about/publishing/corrigenda.htm*.

Prefacio

Como parte del Programa de la OCDE sobre Gobernanza del Agua, nos complace presentar el informe Gobernanza del Agua en Perú. Este informe es el resultado de un Diálogo de Políticas que se desarrolló durante dos años con 175 partes interesadas de todos los niveles de gobierno de Perú, así como de los sectores público, privado y sin fines de lucro.

El agua es el recurso natural más transversal con que contamos. Desempeña un papel clave en todas las formas de desarrollo, alivio de la pobreza, salud pública e higiene, agricultura y seguridad alimentaria, medioambiente, generación de energía, así como en el uso del suelo y la planificación urbana. Además, el agua es clave para el crecimiento económico y, como tal, la gestión de los riesgos de exceso, escasez y contaminación del agua, y el estímulo a la simultánea conservación de los ecosistemas, son fundamentales para el bienestar de las personas.

En 2021, Perú celebra el bicentenario de su independencia. Atraviesa también un momento en el que se enfrenta a los impactos económicos y sociales de la COVID-19, así como requerimientos por los recursos hídricos que compiten entre sí. Además, la oferta hídrica se distribuye de manera desigual en el país, lo que genera brechas importantes en la prestación de servicios. Dos tercios de los peruanos viven en la región hidrográfica del Pacífico, que cuenta con solo el 1,7% del agua disponible del país. Perú igualmente sufre por el retroceso de los glaciares, agravado por el cambio climático. Por estas razones, la gestión integrada y sostenible de los recursos hídricos es de máxima prioridad, así como una oportunidad para el desarrollo.

El Diálogo de Políticas en el que se basa este informe facilitó el consenso entre los actores del sector del agua sobre temas clave relacionados con formas de superar las brechas de gobernanza, el fortalecimiento del marco regulatorio para la prestación de servicios de saneamiento, y la implementación de instrumentos económicos para una gestión eficaz y eficiente de los recursos hídricos.

La recuperación de la pandemia de la COVID-19 abre un abanico único de oportunidades para que Perú aproveche las recomendaciones de políticas que presenta este informe y trace una visión de un futuro en el que la sostenibilidad medioambiental sea una característica principal de la estrategia de desarrollo nacional. Tal visión debería ser una llamada a la acción para desencadenar cambios en el paradigma actual de la política del agua, reconociendo y destacando su valor ecológico, económico y social.

Para consolidar su sistema de gobernanza del agua, Perú tendrá que llevar adelante acciones conjuntas y efectivas para alcanzar el Objetivo 6 de Desarrollo Sostenible (ODS 6) referido al "Agua Limpia y Saneamiento". Los gobiernos locales, provinciales, regionales y nacionales deberán trabajar juntos para alcanzar este objetivo colectivo, reconociendo el rol clave del sector privado y la sociedad civil en la implementación de las reformas necesarias. Además, la implementación de estas acciones requerirá del alineamiento de políticas de los diferentes ministerios y sectores, y movilizar instrumentos económicos para gestionar los riesgos que enfrenta los recursos hídricos y proteger las cuencas hidrográficas.

Al implementar estas recomendaciones de políticas y elevar su perfil ante la comunidad nacional e internacional, Perú puede mejorar la seguridad hídrica y brindar servicios de agua de buena calidad para todos. La OCDE está dispuesta a apoyar a Perú en el diseño, desarrollo e implementación de mejores políticas para una vida mejor.

Ángel Gurría
Secretario General OCDE

Gabriel Quijandría Acosta
Ministro del Ambiente, Perú

Prólogo

El informe *Gobernanza del Agua en Perú* se suma al amplio compendio de evaluaciones nacionales, regionales, urbanas o temáticas publicadas como parte de los *Estudios sobre el Agua de la OCDE* durante los últimos 15 años. Este informe amplía el alcance global del trabajo que realiza la OCDE y se suma a los análisis regionales sobre la gobernanza del agua en los países de la OCDE (2011), América Latina y el Caribe (2012), Asia-Pacífico (2021) y ciudades del África (2021), así como los diálogos sobre políticas de gobernanza del agua en México (2013), Países Bajos (2014), Jordania (2015), Túnez (2015), Brasil (2015 y 2017) y Argentina (2019), y el diálogo sobre políticas de gobernanza del agua metropolitana en Ciudad del Cabo, Sudáfrica (2021).

En los últimos 30 años, el acceso a los servicios básicos de salud se ha ampliado en América Latina y el Caribe (ALC), especialmente para el 21% de la población urbana que habita barrios precarios, asentamientos informales o viviendas precarias. Sin embargo, queda mucho por hacer para lograr acceso universal al agua limpia y saneamiento. Más aún, la pandemia de la COVID-19 ha acentuado los desafíos urgentes y emergentes, incluida la falta de acceso a instalaciones básicas de lavado de manos en algunas partes del territorio. En el frente económico, se prevé que el PBI en la región de América Latina y el Caribe se contraiga un 9,1%, y que el desempleo alcance 13,5% en 2021, con un 37% de la población de ALC por debajo del umbral de pobreza. Perú no es una excepción a este panorama regional, pero se proyecta que en 2022 el PBI regrese a los niveles previos a la crisis con un crecimiento agregado en el período de recuperación que seguiría impulsado por sectores intensivos en el uso de agua, como la agricultura.

Durante la última década, Perú ha colocado la seguridad hídrica en un lugar destacado de su agenda política, pero las amplias lagunas en materia de gobernanza del agua han puesto en peligro la continuidad y ejecución de las políticas. La reciente agitación política y social ha impactado la implementación efectiva de las políticas públicas, incluyendo las relacionadas con el agua y saneamiento. Este informe puede contribuir a políticas de agua con visión de futuro, y así lograr compromisos globales y contrarrestar las megatendencias urgentes, como el cambio climático.

Agradecimientos

Este informe fue preparado por el Centro de Emprendimiento, Pymes, Regiones y Ciudades (CFE) de la OCDE dirigido por Lamia Kamal-Chaoui, Directora, como parte del Programa de Trabajo y Presupuesto del Comité de Políticas de Desarrollo Regional. Es el resultado de un diálogo de políticas que se extendió por dos años, y que ha contado con la participación de 175 partes interesadas de todos los niveles de gobierno de Perú, así como de los sectores público, privado y sin fines de lucro (Anexo D).

El diálogo de políticas y el informe en que se basó fueron coordinados por Oriana Romano, Jefa del Programa de Gobernanza del Agua de la OCDE, bajo la supervisión de Aziza Akhmouch, Jefa de la División de Ciudades, Políticas Urbanas y Desarrollo Sostenible de la CFE. El equipo central encargado de la elaboración del informe estuvo compuesto por Oriana Romano y Elisa Elliott Alonso, Analista de Políticas Junior del CFE (Capítulo 1 y Anexos); Gonzalo Delacámara, Jefe del Departamento de Economía del Agua, del Instituto de Estudios Avanzados de Madrid (IMDEA) (Capítulo 2); Gérard Bonnis, Analista de Políticas Sénior, de la Dirección de Medio Ambiente de la OCDE (Capítulo 3), así como Anna Pietikainen, Analista de Políticas Sénior y Martha Baxter, Analista de Políticas de la Dirección de Gobernanza Pública de la OCDE (Capítulo 4). Ander Eizaguirre, Juliette Lassman y Melissa Kerim-Dikeni, Analistas de Políticas Junior del Programa de Gobernanza del Agua de la OCDE del CFE aportaron elementos para el análisis y contribuyeron con la investigación documentaria.

La Secretaría de la OCDE agradece el apoyo y el compromiso al más alto nivel del Ministro del Ambiente de Perú, Señor Gabriel Quijandría Acosta, así como de sus predecesores en las primeras etapas del diálogo de políticas, a saber, Elsa Patricia Galarza Contreras, Fabiola Muñoz Dodero, Kirla Echegaray Alfaro y Lucía Ruiz Ostoic. Agradecemos especialmente al equipo local del Ministerio del Ambiente de Perú, liderado por Luis Marino Nava, Director General de Economía y Financiamiento Ambiental y coordinado sucesivamente por Yolanda Zúñiga Fernández y Analía Alejandra Aramburú Inga, Asesoras de Política y Gestión Pública, por la excelente coordinación y colaboración a lo largo del diálogo. La Secretaría también está muy agradecida a las instituciones integrantes de la comisión multilateral creada para impulsar la consulta multisectorial en el proceso, a saber, los ministerios de Desarrollo Agrario y Riego (MIDAGRI), Energía y Minas (MINEM), Relaciones Exteriores (RREE), Salud (MINSA), Vivienda, Construcción y Saneamiento (MVCS), Producción (PRODUCE), y Ambiente (MINAM), así como a la Autoridad Nacional del Agua (ANA), la Superintendencia Nacional de Servicios de Saneamiento (SUNASS), la Presidencia del Consejo de Ministros (PCM) y el Organismo Técnico de la Administración de los Servicios de Saneamiento (OTASS).

Además, el diálogo de políticas recibió el valioso aporte de varios pares evaluadores que contribuyeron con su valiosa experiencia y conocimiento del país, participaron en misiones presenciales y virtuales, y aportaron sus conocimientos sobre las mejores prácticas internacionales y orientación para la elaboración del informe. Agradecemos a Peter Gammeltoft, exjefe de Unidad de Agua de la Comisión Europea; Jaime Fernando Melo Baptista, ex presidente de la Autoridad Reguladora Portuguesa de Servicios de Agua y Residuos (ERSAR) y presidente del Consejo de Administración de LIS-Agua (Centro Internacional del Agua de Lisboa, Portugal); Gonzalo Delacámara, Jefe del Departamento de Economía del Agua del

Instituto de Estudios Avanzados de Madrid (España); y Patrick Frenel, exJefe de Servicios Geográficos, de la Agencia del Agua Loire-Bretagne (Francia).

Como parte de un proceso de consulta inclusivo y ascendente, el borrador del informe se compartió para comentarios con las partes interesadas de Perú (ver Anexo D) que participaron en el diálogo de políticas mediante entrevistas y seminarios virtuales, así como con los miembros de la Iniciativa de Gobernanza de Agua de la OCDE. Los hallazgos preliminares y avances también se presentaron y debatieron en las 12ª y 13ª reuniones de la Iniciativa de Gobernanza del Agua de la OCDE (20-21 de junio de 2019, Berlín, Alemania; y 9-10 de enero de 2020, París, Francia). El informe fue presentado para su aprobación por procedimiento escrito al Comité de Políticas de Desarrollo Regional el 19 de febrero de 2021 con el código CFE/RDPC/WGI(2021)3. Agradecemos especialmente a François Iglesias y Pilar Philip por preparar el informe para su publicación, y a Eleonore Morena por editar y dar formato al informe.

Contenido

FIGURAS

TABLAS

RECUADROS

Sigue las publicaciones de la OCDE en:

Follow OECD Publications on:

http://twitter.com/OECD_Pubs

http://www.facebook.com/OECDPublications

http://www.linkedin.com/groups/OECD-Publications-4645871

http://www.youtube.com/oecdilibrary

http://www.oecd.org/oecddirect/

Abreviaciones y acrónimos

ALA	Administraciones Locales de Agua
AAA	Autoridad Administrativa del Agua
ACC	Adaptación al Cambio Climático
ANP	Área Natural Protegida
AQUAFONDO	Fondo de Agua para Lima y Callao
APP	Asociación público-privada
ARD	Agencia Regional de Desarrollo
ATM	Área Técnica Municipal
BID	Banco Interamericano de Desarrollo
CBC	*Central America Bottling Corporation* (Compañía de Bebidas de las Américas)
CEPLAN	Centro Nacional de Planeamiento Estratégico
CONCYTEC	Consejo Nacional de Ciencia, Tecnología e Innovación Tecnológica
CRHC	Consejo de Recursos Hídricos de Cuenca
CMNUCC	Convención Marco de las Naciones Unidas sobre el Cambio Climático
NDC	*Nationally Determined Contribution* (Contribución Determinada a Nivel Nacional)
COVID-19	Enfermedad del Coronavirus-19
DATASS	Sistema de Información Rural WASH
DGAA	Dirección General de Asuntos Ambientales
DGPPC	Dirección General de Programas y Proyectos en Comunicaciones
DGPRCS	Dirección General de Políticas y Regulación de Construcción y Saneamiento
DICAPI	Dirección General de Capitanías y Guardacostas
DIGESA	Dirección General de Salud Ambiental e Inocuidad Alimentaria
DIRESA	Dirección Regional de Salud
DP	*Delta Programme* (Programa Delta)
DWQR	Regulador de la calidad del agua potable de Escocia
EP	Empresas Prestadoras del Servicio de Saneamiento
EIR	Evaluación de Impacto Regulatorio
ETS	Esquemas de Comercio de Derechos de Emisión
FAO	Organización de las Naciones Unidas para la Alimentación y la Agricultura
FONAVI	Fondo Nacional de Vivienda
FONCODES	Fondo de Cooperación para el Desarrollo Social
FORASAN	Fondo Regional del Agua
GETRAM	Grupo Especializado de Trabajo Multisectorial
GEI	Gases de Efecto Invernadero
GGGI	*Global Green Growth Institute* (Instituto Global para el Crecimiento Verde)
GORE	Gobierno Regional-Ejecutivo
GWP	*Global Water Partnership* (Asociación Global para el Agua)

IFC	*International Finance Corporation* (Corporación Financiera Internacional)
IGA	Instrumento de Gestión Ambiental
IMDEA	Institutos Madrileño de Estudios Avanzados
INAIGEM	Instituto Nacional de Investigación en Glaciares y Ecosistemas de Montaña
INDECI	Instituto Nacional de Defensa Civil
INDECOPI	Instituto Nacional de Defensa de la Competencia y Protección de la Propiedad Intelectual
INEI	Instituto Nacional de Estadística e Informática
INRENA	Instituto Nacional de Recursos Naturales
JASS	Juntas Administradoras de Servicios de Saneamiento
JUASVI	Junta de Usuarios de Aguas Subterráneas del Valle de Ica
JUSH	Junta de Usuarios del Sector Hidráulico
ALC	América Latina y el Caribe
INSH	Infraestructura Natural para la Seguridad Hídrica
LMCC	Ley Marco sobre Cambio Climático
MANRHI	Mancomunidad Regional Huancavelica e Ica
MEF	Ministerio de Economía y Finanzas
MERESE	Mecanismo de Retribución por Servicios Ecosistémicos
MIDAGRI	Ministerio de Desarrollo Agrario y Riego (antes MINAGRI)
MIDIS	Ministerio de Desarrollo e Inclusión Social
MINAGRI	Ministerio de Agricultura y Riego (actual MIDAGRI)
MINAM	Ministerio del Ambiente
MINEM	Ministerio de Energía y Minas
MINSA	Ministerio de Salud
MIRR	Margen Izquierda del Río Rímac
MR	Mesa redonda
ONU	Organización de las Naciones Unidas
O&M	Operación y Mantenimiento
OCDE	Organización para la Cooperación y el Desarrollo Económicos
ODS	Objetivos para el Desarrollo Sostenible
OEFA	Organismo de Evaluación y Fiscalización Ambiental
OIT	Organización Internacional del Trabajo
ONG	Organización No Gubernamental
OMC	Organización Mundial del Comercio
OMS	Organización Mundial de la Salud
OSINERGMIN	Organismo Supervisor de la Inversión en Energía y Minería
OTASS	Organismo Técnico de la Administración de los Servicios de Saneamiento
PADH	Plan de Aprovechamiento de Disponibilidades Hídricas
PBI	Producto Bruto Interno
PDMC	Planes de Desarrollo Municipal Concertados
PEI	Plan Estratégico Institucional
PEN	Sol peruano, moneda nacional
PENRH	Política y Estrategia Nacional de Recursos Hídricos
PEOT	Proyecto Especial Olmos Tinajones, Perú
PETACC	Proyecto Especial Tambo Ccaracocha, Perú
PGRHC	Plan de Gestión de Recursos Hídricos de Cuencas
PIFA	Portal Interactivo de Fiscalización Ambiental
PMA	Programa Mundial de Alimentos
PMO	Plan Maestro Optimizado
PMGRH	Proyecto de Modernización de la Gestión de los Recursos Hídricos
PNS	Plan Nacional de Saneamiento

PNSR	Programa Nacional de Saneamiento Rural
PNSU	Programa Nacional de Saneamiento Urbano
POMDIH	Plan de Operación, Mantenimiento y Desarrollo de Infraestructura Hidráulica
PRODUCE	Ministerio de la Producción
PRONASAR	Programa Nacional de Agua y Saneamiento Rural
PSE	Pago por Servicios Ecosistémicos
PSEH	Pago por Servicios Ecosistémicos Hidrológicos
PTAR	Planta de Tratamiento de Aguas Residuales
RDD	Reducción de Riesgo de Desastre
RAT	Régimen de Apoyo Transitorio
REUA	Retribuciones Económicas por el Uso del Agua
REVART	Retribuciones Económicas por el Vertimiento de Aguas Residuales Tratadas
RREE	Ministerio de Relaciones Exteriores
SAGE	*Schéma d'aménagement et de gestion de l'eau* (Plan de adecuación y gestión agua)
SANIPES	Organismo Nacional de Sanidad Pesquera
SDAGE	*Schéma directeur d'aménagement et de gestion de l'eau* (Plan maestro para la adecuación y gestión del agua)
SEDAPAL	Servicio de Agua Potable y Alcantarillado de Lima
SENACE	Servicio Nacional de Certificación Ambiental para las Inversiones Sostenibles
SENAMHI	Servicio Nacional de Meteorología e Hidrología
SEPA	Agencia de Protección del Medio Ambiente, Escocia
SERNANP	Servicio Nacional de Áreas Naturales Protegidas por el Estado
SFCS	Sistema de Fortalecimiento de Capacidades
SGSD	Secretaría de Gestión Social y Diálogo
SIAS	Sistema de Información en Agua y Saneamiento
SIG	Sistema de Información Geográfica
SINAGERD	Sistema Nacional de Gestión de Riesgo de Desastres
SNGA	Sistema Nacional de Gestión Ambiental
SNGRH	Sistema Nacional de Gestión de Recursos Hídricos
SNIP	Sistema Nacional de Inversión Pública
SUNASS	Superintendencia Nacional de Servicios de Saneamiento
SUNAT	Superintendencia Nacional de Aduanas y Administración Tributaria
SPN	Sistemas de Permisos Negociables
TNRCH	Tribunal Nacional de Resolución de Controversias Hídricas
UPGC	Unidad de Prevención y Gestión de Conflictos
USAID	*United States Agency for International Development* (Agencia de los Estados Unidos para el Desarrollo Internacional)
VMCS	Vice Ministerio de Construcción y Saneamiento
WASH	*Water, Sanitation and Hygiene* (Agua, Saneamiento e Higiene)
WICS	*Water Industry Commission for Scotland, United Kingdom* (Comisión de la Industria del Agua, Escocia, Reino Unido)

Resumen ejecutivo

Si bien el virus COVID-19 ha afectado particularmente a Perú, que registró 1,4 millones de casos confirmados hasta marzo de 2021, la pandemia ha puesto de relieve la importancia del agua y el saneamiento para la salud, el medio ambiente y la economía. Perú ha pagado un alto precio por la salud en la pandemia al convertirse en el quinto país más afectado en la región de ALC, con alrededor de 45.000 muertes a la fecha. En el frente económico, en el primer semestre de 2020, el Producto Bruto Interno (PBI) disminuyó un 11,4%. Las proyecciones muestran que el PBI no volverá a los niveles previos a la crisis antes de 2022, y el crecimiento agregado seguirá siendo impulsado por sectores intensivos en agua, como la agricultura. En cuanto al medio ambiente, las altas precipitaciones en determinadas zonas y los sistemas de drenaje inadecuados han creado un doble riesgo para la salud, con el desborde e inundación de aguas residuales sin tratar, que a su vez impiden contar con condiciones de higiene adecuadas para prevenir la propagación del virus.

Si bien Perú ha avanzado significativamente en la gestión del agua, subsisten importantes desafíos en materia de seguridad hídrica relacionados con inundaciones, sequías, contaminación y acceso universal al agua potable y el saneamiento. Perú actualmente no está en vías de alcanzar las metas del Objetivo de Desarrollo Sostenible (ODS) 6 de la Organización de las Naciones Unidas (ONU) "Agua limpia y saneamiento" para 2030. Según los datos más recientes (2017) del sistema de monitoreo de ONU-Agua, solo el 50% de la población tiene acceso a un servicio de agua potable gestionado de forma segura (indicador 6.1.1 de los ODS) y solo el 43% utiliza un servicio de saneamiento gestionado de forma segura (indicador 6.2.1a de los ODS). En general, tres millones de peruanos (9,2% de la población) carecen de acceso a servicios de agua y 8,2 millones (25,2%) carecen de acceso a servicios de alcantarillado, además de existir una amplia brecha urbano-rural. Entre 2000 y 2020, las inundaciones afectaron a aproximadamente cuatro millones de personas, y entre 1981 y 2018 se registraron 10 sequías moderadas a extremas en 20 departamentos. La gestión inadecuada de los residuos sólidos y la minería informal e ilegal también afectan la calidad del agua, causando graves problemas de salud pública y conflictos sociales, incluso con comunidades indígenas.

Como respuesta a estos desafíos, la Política Nacional de Saneamiento 2017-2021 estableció como objetivo lograr el acceso universal y sostenible al agua y al saneamiento, teniendo como metas específicas ampliar la cobertura, mejorar la calidad del agua y promover el uso sostenible de los servicios de saneamiento. Además, la Contribución Determinada a Nivel Nacional (NDC, *Nationally Determined Contribution*) de Perú tiene como objetivo lograr los objetivos del Acuerdo de París de la CMNUCC para 2025 y 2030 mediante 30 medidas de adaptación relacionadas con el agua, en cuya implementación compartirán responsabilidades los gobiernos regionales y locales. Estas medidas incluyen la modernización del otorgamiento de derechos de uso del agua en cuencas especialmente vulnerables al cambio climático, la incorporación de escenarios climáticos y la implementación de sistemas de alerta temprana para inundaciones, sequías, deslizamientos de tierra y riesgos relacionados con glaciares.

Durante la última década, Perú ha consolidado su marco legal e institucional de políticas hídricas, pero las brechas de gobernanza obstaculizan su efectiva implementación. La Política de Estado 33/2012 sobre Recursos Hídricos reconoce que el agua es un bien de dominio público y reconoce el derecho humano al agua y al saneamiento, en observancia de las Declaraciones de la Asamblea General de la ONU de 2010 y 2015. También destaca la relevancia de implementar una gestión integral de los recursos hídricos para garantizar el uso equitativo y sostenible del agua a nivel nacional. La Ley de Recursos Hídricos de 2009 establece el marco legal e institucional para la gestión de los recursos hídricos. Un gran número de instituciones tienen prerrogativas respecto del diseño, financiamiento, regulación e implementación de políticas de agua y saneamiento. Sin embargo, la falta de coordinación y las brechas de capacidades en estas diversas instituciones impiden la puesta en práctica de soluciones sociales, financieras y tecnológicas para enfrentar los desafíos identificados en relación con el agua.

Perú ha adoptado diversos instrumentos económicos y financieros para la gestión de los recursos hídricos, pero su implementación es lenta. Por ejemplo, las buenas prácticas incluyen la implementación gradual de cobros por extracción y pago por el uso de agua subterránea, con debida consideración de algunos criterios ambientales; el cobro por descarga de aguas residuales tratadas de origen doméstico e industrial, así como coeficientes que reflejen la disponibilidad de agua y el tipo de uso que se da a las aguas superficiales. Sin embargo, estos cobros no alcanzan para recaudar los ingresos necesarios para cerrar la brecha actual de financiamiento hasta 2035, ascendente a 46 millones de dólares. Para lograr este objetivo, sería necesario divulgar más sistemáticamente cómo se utilizan los ingresos recaudados y cómo contribuyen a hacer frente a los desafíos relacionados con la cantidad y calidad del agua, teniendo siempre en cuenta la asequibilidad y los efectos distributivos.

Si bien los temas referidos al agua ocupan un lugar destacado en la agenda de políticas de Perú, existen significativos problemas de gobernanza que han puesto en peligro la continuidad y ejecución de las políticas. Desde 2018, Perú ha enfrentado desafíos políticos que se remontan en gran medida al escándalo de Odebrecht de 2016. Desde entonces, la presidencia del país ha cambiado cuatro veces. La inestabilidad política a nivel nacional ha traído graves consecuencias para el agua y el saneamiento. En el mismo período, se nombró cuatro ministros del ambiente y tuvo lugar una rotación de personal en la administración pública, lo que derivó en cambios de prioridades y asignaciones presupuestales, agravados por la pandemia de COVID-19.

El objetivo principal de una buena gobernanza del agua es contribuir a dominar la complejidad y la fragmentación de las políticas de los recursos hídricos, lo que implica coordinar políticas sectoriales, mejorar las bases de datos y conocimientos, aportar mecanismos de financiación innovadores, equilibrar las alternativas entre los usuarios del agua, revisar los enfoques de las políticas relacionadas con la eficiencia del uso del agua, diversificar las fuentes de suministro de agua y las infraestructuras naturales, y desarrollar capacidades. El fortalecimiento de la gobernanza del agua en Perú es un medio para lograr la seguridad hídrica a largo plazo y alinear el comportamiento de los usuarios individuales y la acción colectiva. En función de los Principios de Gobernanza del Agua de la OCDE, este informe plantea una serie de recomendaciones de políticas adaptadas para fortalecer la gobernanza multinivel de la política de los recursos hídricos, la efectividad de los instrumentos económicos y el marco regulatorio para los servicios de abastecimiento de agua y saneamiento en Perú.

Fortalecer la gobernanza multinivel

- Avanzar hacia un **enfoque holístico e integrado** de la gestión de los recursos hídricos para el fortalecimiento de la seguridad hídrica. El enfoque debe considerar la integración entre sectores y niveles de gobierno, y fortalecer el vínculo entre la gestión de los recursos hídricos y los servicios de suministro de agua y saneamiento, al tiempo que se mejora el rol de la ANA como ente rector.
- Evaluar el **marco legislativo y su implementación**, a fin de traducir las aspiraciones de la ley en objetivos realistas y factibles que evolucionen a medida que se desarrolle la capacidad institucional.

- Garantizar **suficiente personal y experiencia técnica** a nivel nacional, regional y local, para que los seis Planes de Gestión de Recursos Hídricos de Cuenca (PGRH) actuales estén plenamente operativos.
- Fortalecer la **información y conocimientos** sobre los riesgos actuales y futuros de contaminación del agua, sequías e inundaciones. Perú necesita contar con datos más pormenorizados y balances hídricos precisos a nivel de cuenca. Las instituciones académicas y de investigación podrían apoyar en la investigación y el desarrollo tecnológico para identificar fuentes alternativas de suministro de agua para diferentes propósitos.
- Mejorar **la planificación estratégica para una inversión pública más efectiva** al alinear los Planes Maestros Optimizados de las ciudades que incluyen los proyectos de inversión, con los planes sectoriales municipales, que incluyen los proyectos de desarrollo urbano; y también la racionalización de los procedimientos de evaluación de inversiones dentro del Sistema Nacional de Programación Multianual y Gestión de Inversiones.
- Rediseñar los **instrumentos económicos y financieros** para que no solo generen ingresos, sino que también consideren los objetivos de cantidad y calidad del agua, teniendo en cuenta los efectos distributivos. Como tal, la mejora de los esquemas tarifarios, con énfasis en el precio del agua cruda, contribuiría a adecuar la disponibilidad y demanda de agua, especialmente en las cuencas que sufren mayor estrés hídrico.
- Involucrar a las **partes interesadas** en la definición de los niveles aceptables de riesgo hídrico. Las instituciones responsables a nivel nacional y subnacional deben mejorar las plataformas de diálogo, por ejemplo, dentro de los Consejos de Recursos Hídricos de Cuenca (CRHC), y garantizar una adecuada representatividad de los diferentes actores para la formulación e implementación de políticas.

Implementar de manera efectiva instrumentos económicos para la gestión del riesgo hídrico

- Aumentar el **uso de Pagos por Servicios Ecosistémicos** (PSE) para proteger las cabeceras de cuenca mediante, entre otros, un análisis de riesgo hídrico para un uso efectivo de los fondos de los Mecanismos de Retribución por Servicios Ecosistémicos (MERESE) existentes; asegurar que las poblaciones en las partes altas de las cuencas (a menudo comunidades agrícolas) adopten plenamente los proyectos de PSE; mejorar la disposición a pagar de los beneficiarios por los servicios ecosistémicos y mejorar la coherencia entre los diversos sistemas de PSE.
- Fortalecer **los incentivos económicos de los cobros por extracción y contaminación** basados en los riesgos de los recursos hídricos (escasez, contaminación) para crear una “cultura del agua” y apoyar la implementación práctica de los principios de “quien contamina paga” y “el usuario paga”.
- Fortalecer la **coherencia de las políticas** expresadas en los instrumentos económicos utilizados para gestionar los riesgos hídricos y los relacionados con las políticas sectoriales y ambientales, como en el caso de la producción agrícola, las energías renovables y las políticas orientadas a promover el secuestro de carbono.
- Lanzar una **política de "rehabilitación de ríos"** para mejorar el abastecimiento de agua, asegurar la protección natural frente a las inundaciones y proteger la naturaleza, lo que requiere estimar los tramos de ríos a restaurar y el apoyo financiero que se requiere movilizar.

Fortalecer el marco regulatorio para alcanzar la cobertura universal del agua y saneamiento

- Implementar un **pacto de alto nivel** entre todos los actores involucrados en el diseño, implementación, regulación e implementación de políticas de abastecimiento de agua y saneamiento (AAS) para presentar un plan de implementación unificado orientado al logro de las metas de las políticas del país para 2030.
- **Aclarar la asignación de las atribuciones normativas**, como en el caso de las normas y marcos regulatorios, para asegurar la sostenibilidad financiera y el buen gobierno corporativo de las empresas prestadoras de servicios de agua y saneamiento.
- Mejorar la **recopilación y gestión de datos en el sector del agua y saneamiento (AAS),** mediante la definición de objetivos específicos acerca de la reducción de la carga de los agentes de los servicios de agua y saneamiento para la presentación de datos; aclarando las responsabilidades de recopilación de datos relacionados con el saneamiento, y mejorando la coordinación en la recopilación y el intercambio de datos del sector público.
- Mejorar la **gobernanza y el desempeño del regulador económico** mediante el seguimiento del el rol evolutivo y los objetivos de la SUNASS; garantizar una dotación de recursos adecuada y predecible; continuar desarrollando e implementando integralmente el proceso para el uso sistemático de la evaluación del impacto regulatorio; y mejorar el desempeño de la supervisión del de la prestación de servicios de AAS por parte de SUNASS.

1 Recursos hídricos en Perú: el estado actual

El agua y el saneamiento son prioridades clave para que Perú logre el desarrollo sostenible y el bienestar de la sociedad. Sin embargo, en un contexto de cambio climático e inestabilidad política, los desafíos de gobernanza alcanzan un nivel de incertidumbre sin precedentes. Este capítulo presenta datos y hechos clave sobre la seguridad hídrica en Perú, así como un análisis de cómo las megatendencias plantean un desafío creciente en torno al suministro de agua para la economía, la sociedad y el ambiente.

Información clave

Perú es el octavo país del mundo por volumen de agua dulce y el tercero de América Latina, después de Brasil y Colombia. Sin embargo, el agua dulce se distribuye de manera desigual en todo el país. El 97% del agua dulce disponible se encuentra en la Región Hidrográfica Amazónica, donde vive el 31% de la población (INEI, 2018[1]; ANA, 2013[2]). Por otro lado, la mayor parte de la población (65%) y actividades económicas se ubican en la Región Hidrográfica del Pacífico, a pesar de que genera solo el 1,77% del agua dulce disponible de Perú. La demanda de agua de Lima, la capital, ubicada en la Región Hidrográfica del Pacífico donde el agua es escasa, ha experimentado un fuerte crecimiento debido al aumento significativo (+ 51,8%) de la población en los últimos 25 años (INEI/UNFPA, 2020[3]). Su población consumió 163 litros de agua per cápita/día en 2018, significativamente por encima de los 100 litros per cápita/día recomendados por la Organización Mundial de la Salud (OMS). A pesar de la escasez de recursos hídricos, más de dos tercios del Producto Bruto Interno (PBI) agrícola se originan en la Cuenca del Pacífico (FAO, 2015[4]). Por último, la Región Hidrográfica del Titicaca aporta el 0,32% del agua dulce total y alberga al 4% de la población (INEI, 2018[1]; ANA, 2013[2]).

Las tres regiones hidrográficas también difieren ampliamente en términos de volumen de agua subterránea, que oscila entre 542.998 hm^3 en la Región Hidrográfica Amazónica (99%) y 4.844 hm^3 en la Región Hidrográfica del Pacífico (0.9%) y 615 hm^3 en la Región Hidrográfica del Titicaca (0,1%) (ANA, 2013[2]). En general, las fuentes de agua subterránea representan el 25% de los recursos hídricos disponibles, de los cuales la mayoría proviene de fuentes de agua superficial (75%) (INEI, 2015[5]). El agua subterránea es particularmente importante en la Región Hidrográfica del Pacífico, donde el agua de los acuíferos se utiliza principalmente para la agricultura y el consumo humano. Aunque algunos acuíferos, especialmente en la Región Hidrográfica del Pacífico, están cerrados o sobreexplotados, el balance general de aguas subterráneas en el país es positivo (estimado en más de 546.730 hm^3) (ANA, 2013[2]).

En general, el uso del agua se reparte de la siguiente manera. En 2018, el 29,3% correspondió a usos consuntivos, mayoritariamente agrícola (74,8%), y el 70,7% a usos no consuntivos, principalmente energía (97,7% de la demanda total no consuntiva), dado que 81% de la electricidad en Perú proviene de fuentes hidráulicas (ANA, 2020[6]) (Figura 1.1). Las tensiones relacionadas con el uso del agua están aumentando a medida que incrementa la demanda, impulsada por el crecimiento demográfico y la economía. Además, el cambio climático provoca que el agua sea más escasa y afecta a la seguridad hídrica debido al deshielo de los glaciares. En los últimos 50 años, el 51% de los glaciares de Perú se ha derretido debido al cambio climático (World Bank, 2021[7]).

Figura 1.1. Demanda total de recursos hídricos en Perú en 2018, por uso

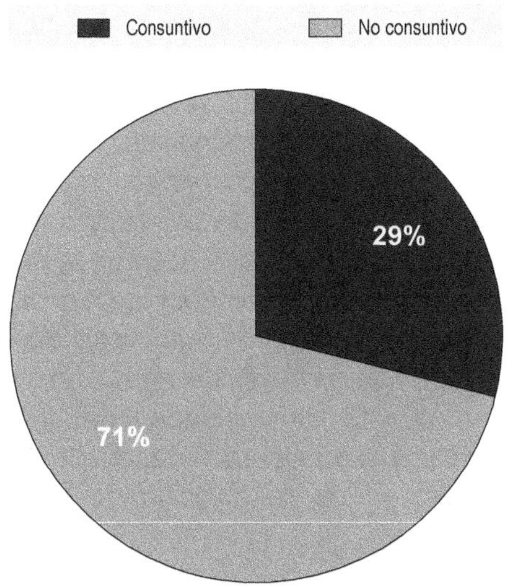

Fuente: ANA (2019[8]) , ANA REGISTRO 2019.

El agua y la economía

Perú es una economía de rápido crecimiento que alcanzó el nivel de país de ingresos medios en 2008. Con una tasa de crecimiento del PBI de un promedio anual del 6,1% entre 2002 y 2013, Perú duplicó su ingreso real per cápita y fue uno de los países de más rápido crecimiento de América Latina y el Caribe (ALC), con una tasa de crecimiento del PBI promedio anual del 3,4%. Entre 2014 y 2019, si bien el crecimiento del PBI cayó a una tasa promedio anual de 3,1% y se recuperó a solo 4% en 2019, todavía se situaba por encima de otros países de ALC como Colombia (3,0%), Chile (1,1%) o Brasil y México (1,0%). Las inversiones y el consumo privado, el sector servicios, así como los sectores de la minería y la agricultura no tradicional lideraron el crecimiento económico. No obstante, cabe señalar que el sector de servicios, que representa casi dos tercios del PBI, incluye actividades informales en el comercio, el transporte y los servicios domésticos (World Bank, 2021[9]).

La pandemia de la COVID-19 ha afectado profundamente a la economía peruana, que se contrajo un 12% en 2020 (MEF, 2020[10]). Esta disminución del 12% en la producción económica entre 2019 y 2020 provocó que la tasa de empleo cayera un -25% entre el primer y el segundo trimestre de 2020 (SUNASS, 2020[11]) (ILO, 2020[12]). La alta tasa de empleo informal, alrededor del 70% (OECD, 2020[13]), implica que la mayoría de los trabajadores peruanos sean particularmente vulnerables a las crisis y la consiguiente pérdida de ingresos. Perú también experimentó la caída más fuerte (-72%) de la inversión extranjera directa (IED) en la región de ALC y una depreciación del 10% del tipo de cambio. En la recuperación económica ante la COVID-19 destacan un fuerte incremento del gasto público no financiero y la progresiva recuperación de la demanda externa. Para el período 2022-2024, se espera que la actividad económica alcance un crecimiento promedio del 4,5% que se sostendrá si se impulsa la acumulación de capital proveniente de mayores inversiones (MEF, 2020[10]).

La producción agrícola— que representa el 74,8% de la demanda de agua para el consumo y emplea un tercio de la población económicamente activa de Perú—es de gran importancia económica y social para el país (Recuadro 1.1). En general, la agricultura, silvicultura y pesca contribuyeron con el 7,0% del PBI del país en 2019 (World Bank, 2021[14]). La economía peruana depende de exportaciones de productos básicos que requieren un uso intensivo de agua, lo que significa que un aumento significativo de la prosperidad y el bienestar humano dependen de un mejor acceso al agua potable y el saneamiento. Sin embargo, la demanda de servicios de agua se ha elevado sustancialmente en muchas regiones costeras, donde se ubica la mayor parte de la producción agrícola, y ahora es mayor que los recursos renovables disponibles a largo plazo, agudizándose la escasez de agua, que ha empeorado con el paso del tiempo. Las posibles respuestas convencionales a la escasez de agua a largo plazo, tales como nuevos proyectos de almacenamiento de agua y grandes proyectos de trasvase, pueden enfrentar una serie de limitaciones muy importantes: la necesidad de garantizar la inversión inicial de capital y el financiamiento de los gastos operativos, el surgimiento de conflictos sociales y territoriales, importantes daños medioambientales, etc. Sin embargo, las instituciones y enfoques en Perú todavía presentan un sesgo hacia soluciones por el lado del aumento de la oferta en lugar de abordar la gestión de la demanda de agua. Se deben explorar nuevas opciones de avance, como la gestión conjunta de las aguas superficiales y subterráneas, esfuerzos pertinentes para diversificar las fuentes de suministro de agua, el manejo de la demanda de agua (incluyendo la medición de la eficiencia en el uso del agua), un enfoque más integrado de los cuerpos de agua—que no solo tenga en cuenta dimensiones cuantitativas, sino también cualitativas e hidromorfológicas—, la promoción de soluciones para el desarrollo de infraestructura como complemento de la obras públicas convencionales, y una redefinición de una serie de incentivos financieros y económicos.

Recuadro 1.1. Características del sector agrícola peruano

La gran variedad de climas y zonas ecológicas permite la producción de una amplia gama de cultivos. En general, en Perú coexisten tres tipos diferentes de sistemas de producción agrícola (FAO, 2015[15]):

- **Agricultura de subsistencia**: Característica de los sectores sociales más pobres en las áreas rurales, especialmente en la región de la Cordillera de los Andes. Los cultivos predominantes son maíz, frijol, cereales, pastizales, hortalizas y otros cultivos para el pan.
- **Agricultura para los mercados locales**: Arroz, papa, maíz amarillo duro, algodón, caña de azúcar, frijoles, trigo, frutas, verduras, etc. Este tipo de agricultura prevalece en los valles irrigados de la costa, donde la caña de azúcar se cultiva empresarialmente en gran escala.
- **Agricultura para la exportación**: Sector muy dinámico en la adopción de nuevas tecnologías y para mejorar la eficiencia del uso del agua y la gestión agro-comercial. Perú se ubica entre los mayores exportadores de espárragos (ingresos de USD 384 millones en 2018), mango (USD 257 millones), palta (USD 724 millones) y café (USD 680 millones), etc. (Figura 1.2). Estas actividades empresariales se realizan mayoritariamente en la costa.

Figura 1.2. Principales cultivos de exportación de Perú en 2018

Porcentaje de la producción total para exportación

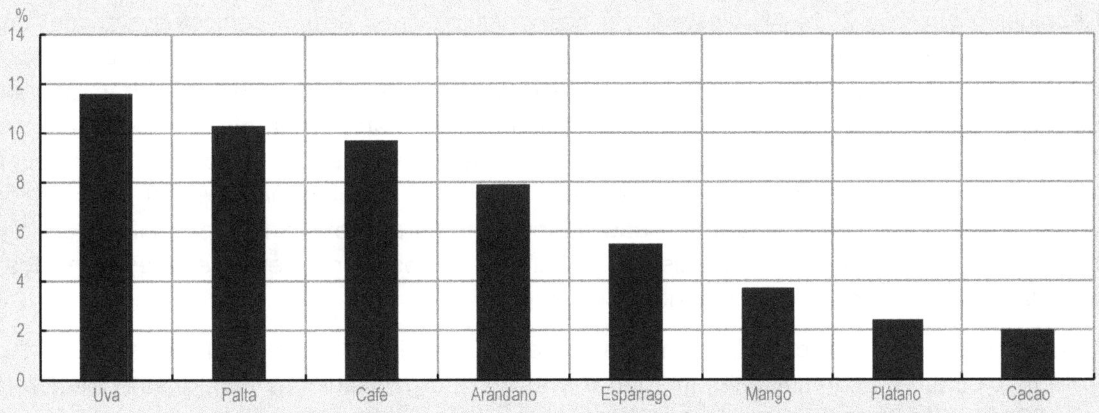

El Sistema Nacional de Clasificación de Tierras incluye normas para el manejo y conservación de suelos según Capacidad de Uso Mayor. En el mismo sentido, la Política Nacional Agraria, en su primer eje correspondiente a la "Gestión sostenible de agua y suelos", incluye como Eje de Política 1 la "Gestión del agua", cuyo objetivo es mejorar la gestión del agua para uso agrícola, para lo cual establece ocho directrices estratégicas. En general, estas directrices fomentan la participación de las organizaciones de usuarios, promueven los derechos de uso del agua, identifican fuentes de agua, establecen un sistema integrado de información sobre fuentes, y definen el pago por uso del agua y la recarga de agua.

Fuente: Elaboración propia basada en MINAGRI (2019[16]), *Boletín Estadístico de Comercio Exterior Agrario*, https://www.midagri.gob.pe/portal/boletin-estadistico-de-comercio-exterior-agrario ; Reglamento de Clasificación de Tierras por su Capacidad de Uso Mayor, Decreto Supremo No. 017-2009-AG; Política Nacional Agraria, Decreto Supremo No. 002-2016-MINAGRI.

La minería también es un motor importante de la economía peruana de exportación. Perú es un productor de rango mundial de cobre y oro, que representan respectivamente el 26,9% y el 15,9% de las exportaciones totales de Perú (OECD, 2017[17]). Los principales yacimientos mineros del país se ubican en las alturas de los Andes, donde se encuentran las cabeceras de las cuencas hidrográficas y las áreas de recarga hídrica. En los últimos años, la minería legal ha mejorado los procesos para la protección del medioambiente (OECD, 2017[17]). No obstante, la minería ilegal es fuente de externalidades medioambientales negativas, como la contaminación por metales, el drenaje ácido de mina, el aumento de los niveles de sedimentos en arroyos, erosión del suelo, la pérdida de nutrientes y vertimiento de efluentes hídricos residuales no tratados. Se estima que en los últimos 20 años se han vertido más de 3.000 toneladas de mercurio en los ríos amazónicos, contaminando el agua, los organismos acuáticos, y a las poblaciones humanas que consumen estas aguas y sus peces (WWF, 2019[18]). La contaminación del agua por actividades antropogénicas, aguas residuales de diversos usos, vertimientos, tratamiento o reutilización del agua, entre otros, están en el centro de una serie de conflictos con las comunidades indígenas debido a presiones por la contaminación (Recuadro 1.2).

Recuadro 1.2. Conflictos sociales y comunidades indígenas

Muchos conflictos sociales en Perú se derivan de problemas relacionados con el agua. A diciembre de 2019, la Secretaría de Gestión Social y Diálogo (SGSD) identificó 143 casos de conflicto social a nivel nacional, de los cuales el 8,4% (12 casos) estaban relacionados con el agua. Si bien existe margen para que la metodología utilizada por la Defensoría del Pueblo mejore y actualice el análisis de conflictos sociales complejos, la Defensoría efectivamente registró entre enero de 2011 y diciembre de 2014 un total de 153 conflictos sociales vinculados a los recursos hídricos, que dan cuenta del 28,36% del total de conflictos durante ese período (539 casos).

La Resolución No. 285-2014-ANA estableció dos clasificaciones de los conflictos hídricos: una en relación con el "tema" del conflicto social vinculado al uso del agua (por ejemplo, disputas sobre el volumen y flujo del recurso hídrico, gestión de la calidad del recurso; infraestructura hidráulica y activos asociados a los recursos hídricos); y otra en relación con la "etapa" en la que se previene y trata el conflicto. La Autoridad Nacional del Agua (ANA) interviene antes del surgimiento del conflicto por agua y/o en caso de una crisis, o cuando el conflicto se manifiesta abiertamente. La intervención en diferentes etapas busca reducir la intensidad de los factores que exacerban el conflicto del agua y encontrar soluciones a través de mecanismos, lineamientos y espacios previamente establecidos para su abordaje (diálogo, concertación y negociación).

En 2015, el 8% de los conflictos relacionados con el agua registrados ante la Defensoría del Pueblo en Perú involucraron a comunidades indígenas y el 5% a organizaciones indígenas (Defensoría del Pueblo, 2015[15]). Los conflictos están relacionados con la implementación de proyectos de irrigación; el uso de lagunas; la construcción de presas; proyectos que afectarían los cursos de aguas subterráneas, o bien, se derivan de demandas de organizaciones indígenas por no haber sido consultadas. La Ley No. 29785, que reconoce el Convenio 169 de la Organización Internacional del Trabajo (OIT), desarrolla contenidos, principios y procedimientos del derecho a la consulta previa con los pueblos indígenas o nativos sobre las medidas legislativas o administrativas que los afecten directamente. En esa línea, el Reglamento de la Ley No. 30754, Ley Marco de Cambio Climático (Decreto Supremo No. 013-2019-MINAM), crea la Plataforma de los Pueblos Indígenas de Perú para Enfrentar el Cambio Climático, como espacio para que los pueblos indígenas compartan sus propuestas de medidas de adaptación y mitigación al cambio climático.

Perú es el tercer país de ALC por población indígena, después de Bolivia y Guatemala, con más de 2000 comunidades indígenas pertenecientes a 44 pueblos indígenas diferentes (INEI, 2017[19]) y con más del 20% de la población total que se reclama de herencia indígena (World Bank, 2015[20]). Muchas de estas comunidades viven en las regiones andinas y amazónicas. El 78% de la población indígena tiene acceso a agua corriente y el 68% tiene acceso a alcantarillado (INEI, 2009[21]), significativamente por debajo del promedio nacional de 89% y 73%, respectivamente (INEI, 2020[22]). La contaminación de los recursos hídricos representa una grave amenaza para su subsistencia económica, así como para su identidad cultural, que en última instancia está vinculada a la conservación del territorio que habitan y que utilizan tanto por motivos prácticos (como fuente de recursos), como simbólicos (significado ritual).

La OCDE reconoce que los 38 millones de indígenas que viven en 12 países de la OCDE contribuyen a fortalecer las economías regionales y nacionales y tienen activos y conocimientos únicos que abordan desafíos globales como el cambio climático. La OCDE (2019[23]) sugiere mejorar las estadísticas sobre poblaciones indígenas y la gobernanza de datos; crear un entorno propicio para el emprendimiento indígena y el desarrollo de pequeñas empresas a nivel local y regional; mejorar el sistema de tenencia de la tierra indígena para facilitar oportunidades de desarrollo económico; y adaptar las políticas y la gobernanza para implementar un enfoque territorial para el desarrollo económico que mejore la coherencia de las políticas y empodere a las comunidades indígenas.

Fuente: OCDE (2019[23]), *Linking Indigenous Communities with Regional Development*, https://doi.org/10.1787/3203c082-en; OCDE (2017[17]), "Mining regions and their cities", http://www.oecd.org/cfe/regional-policy/Mining%20discussion%20paper%20FINAL_CM.pdf; ANA (2015[24]), *Conflictos sociales y recursos hídricos*, Autoridad Nac. del Agua https://repositorio.ana.gob.pe/handle/20.500.12543/2807; PCM (2020[25]), *Willaqniki N° 12 - 2019: Informe Mensual diciembre 2019:* Defensoría del Pueblo (2015[26]), "Conflictos sociales y recursos hídricos", Defensoría del Pueblo; INEI (2017[19]), *III Censo de Comunidades Nativas 2017: Resultados Definitivos, Tomo 1: Lima*, https://www.inei.gob.pe/media/MenuRecursivo/publicaciones_digitales/Est/Lib1598/TOMO_01.pdf; INEI (2020[22]), *Perú: Formas de Acceso al Agua y Saneamiento Básico*, https://www.inei.gob.pe/media/MenuRecursivo/boletines/boletin_agua_y_saneamiento.pdf; World Bank (2015[20]), *Latinoamérica Indígena en el Siglo XXI*; INEI (2009[21]), *Censos Nacionales 2007: XI de Población y VI de Vivienda. Resultados de Población y Vivienda en las Comunidades Indígenas*.

El agua y la inclusión social

En Perú, existen importantes brechas en el acceso al agua y al saneamiento. Catorce de los 24 departamentos[1], donde vive el 91% de la población, tienen acceso al suministro público de agua (Figura 1.3) (INEI, 2020[22]). Se estima que tres millones de peruanos (9,2% de la población) carecen de acceso a servicios de agua y 8,2 millones (25,2%) carecen de acceso a servicios de alcantarillado (INEI, 2020[22]). Entre 2017 y 2018, sólo la mitad de la población total que informó que consume agua de la red pública recibió este servicio las 24 horas del día (INEI, 2020[22]). La crisis de la COVID-19 puso de relieve la importancia del agua y el saneamiento para la salud, especialmente para la población que vive en asentamientos informales con difícil acceso a un saneamiento adecuado. En ciertas áreas del país, los inadecuados sistemas de drenaje también crearon un doble riesgo para la salud debido al desborde e inundación de aguas residuales sin tratar, impidiendo la creación de condiciones adecuadas de higiene para prevenir la propagación del virus.

Existe una amplia brecha entre los sectores urbano y rural en lo que respecta al acceso al agua y saneamiento. A pesar de que existen planes de saneamiento rural y programas específicos de saneamiento rural a nivel nacional, regional y local, el 25,3% de la población rural y el 4,7% de la población urbana carecen de acceso a las redes públicas de suministro de agua. Además, el 22,8% de la población carecía de acceso a redes públicas de alcantarillado en 2019, de los cuales 9,6% se encuentran en zonas urbanas y 71,7% en zonas rurales. Esta situación ha mejorado gradualmente a partir de 2013 cuando cerca de un tercio (32,5%) de la población carecía de acceso a la red de alcantarillado público (INEI,

2021[27]). Sin embargo, según los datos más recientes (2017[28]), Perú está aún lejos de cumplir con el ODS 6 para el acceso al agua y saneamiento que busca que el 50% de la población utilice un servicio de agua potable gestionado de forma segura (indicador 6.1.1 del ODS) y el 43% utilice un servicio de saneamiento gestionado de forma segura (indicador 6.2.1a de los ODS). Las disparidades son mayores en el saneamiento, dado que si bien el 89% de la población urbana reside en hogares con conexiones de alcantarillado de una red pública (84% con conexiones domiciliarias), solo el 17% de la población rural cuenta con dichas conexiones (UN, 2017[28]). Las grandes ciudades como Arequipa, Callao, Lima y Tacna registran mejores tasas de acceso al saneamiento, muy por encima del promedio nacional (74,9%), mientras que los departamentos rurales como Huancavelica, Huánuco, Loreto y Ucayali muestran tasas de acceso a saneamiento inferiores al 45%. A julio de 2019, el Ministerio de Vivienda, Construcción y Saneamiento (MVCS) había invertido y transferido PEN 3.749 millones para la ejecución de 1.610 proyectos de agua y saneamiento a nivel nacional, de los cuales se beneficiarán más de 1.800.000 peruanos en las zonas urbanas y rurales.

Figura 1.3. Proporción de la población con acceso a la red pública de agua y alcantarillado, por departamento

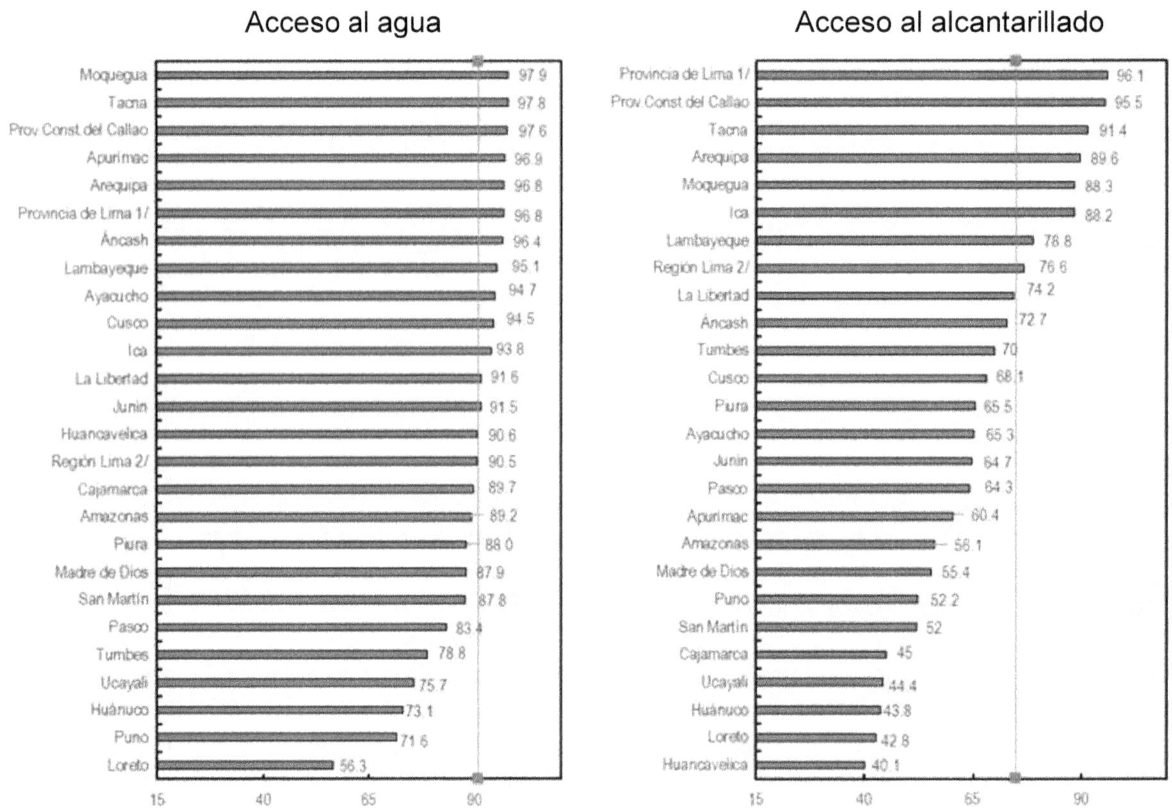

Fuente: Datos para 2019 del INEI (2020[22]), *Perú: Formas de Acceso al Agua y Saneamiento Básico*; https://www.inei.gob.pe/media/MenuRecursivo/boletines/boletin_agua_y_saneamiento.pdf.

Las disparidades con respecto a la calidad del agua también afectan a las áreas urbanas y rurales, donde un 46,5% de la población urbana tiene acceso al agua clorada en comparación con solo 2,2% en las áreas rurales. En 41 unidades hidrográficas (que representan el 26% del total), no se cumplen algunos parámetros los Estándares de Calidad Ambiental (ECA) para agua a causa del vertimiento de aguas residuales no tratadas, manejo inadecuado de residuos sólidos, obligaciones medioambientales y minería informal e ilegal (ANA, 2015[29]). La degradación de la calidad del agua crea una serie de desafíos y graves problemas de salud pública, aunque se necesitarían más pruebas epidemiológicas y estimaciones de costos para evaluar la magnitud total del problema. Algunas áreas, predominantemente rurales, registran altos niveles de anemia crónica infantil. El Programa Mundial de Alimentos (PMA) estimó[2] en 2018 que alrededor del 50% de los casos de anemia infantil estaban relacionados con la falta de acceso al agua y saneamiento, así como a la higiene inadecuada (CADE, 2018[30]). En 2017, la anemia afectó al 43,6% de las niñas y los niños menores de 36 meses

Reducir las brechas en el acceso a los servicios de saneamiento se ha convertido en una prioridad nacional en Perú. La Política Nacional Ambiental, el Plan Nacional de Acción Ambiental y la Agenda Nacional de Acción Ambiental se han fijado como objetivo el tratamiento del 100% de los efluentes de aguas residuales urbanas para el 2021, en línea con el Plan Nacional de Saneamiento (Recuadro 1.3). Sin embargo, el objetivo está lejos de cumplirse. En 2019, en 22 empresas el tratamiento de aguas residuales fue del 0%, y 18 de las mismas carecían de una Planta de Tratamiento de Aguas Residuales (PTAR) (SUNASS, 2020[11]).

Recuadro 1.3. Políticas de saneamiento en áreas rurales de Perú

Programa Nacional de Saneamiento Urbano (PNSU) - Agua para Todos, 2007

El programa “Agua para Todos” fue creado por el MVCS mediante Decreto Supremo No. 006-2007-VIVIENDA del 23 de febrero de 2007. En 2012 se cambió el nombre del programa a “Programa Nacional de Saneamiento Urbano” (PNSU), que tiene como objetivo ampliar la cobertura, mejorar la calidad del agua y promover el uso sostenible de los servicios de saneamiento en las zonas urbanas, con el fin de mejorar la calidad de vida de las personas que residen en asentamientos urbanos. El PNSU ejecuta programas, proyectos de inversión y actividades cuyos objetivos giran en torno al cierre de brechas en los servicios de saneamiento en las áreas urbanas, lo que conlleva a un mayor gasto e inversión descentralizados por parte de los gobiernos regionales y locales y los prestadores de servicios. El PNSU estableció criterios operativos de elegibilidad y priorización en la asignación de recursos sectoriales en el marco de las políticas nacionales y el Plan Nacional de Saneamiento.

Programa Nacional de Saneamiento Rural (PNSR), 2012

El PNSR fue creado en 2012 mediante Decreto Supremo No. 002-2012-VIVIENDA para cumplir con el compromiso del Gobierno de Perú de brindar a la población rural servicios de agua y saneamiento integral, de calidad y sostenibles. Su principal compromiso es brindar oportunidades para mejorar la salud de las familias rurales a través de la prestación de servicios de agua y saneamiento de calidad, sostenibles e integrales, tales como las “Unidades Básicas de Saneamiento” (inodoro, ducha, lavabo, etc.), agua de calidad, comunicación y educación para la salud, así como el desarrollo de capacidades en administración, operación y mantenimiento. Otros objetivos incluyen la coordinación conjunta con los gobiernos locales, regionales y otras entidades públicas y privadas para apoyar los proyectos de agua y saneamiento para la población rural de Perú.

Para cumplir con estos objetivos, el Programa se concentra en áreas de acción como la construcción y mejora de la infraestructura de agua y saneamiento, la implementación de soluciones tecnológicas no convencionales para el acceso al agua potable y el desarrollo de capacidades de las autoridades públicas, locales y regionales, y ciudadanos en diferentes áreas (por ejemplo, gestión y mantenimiento de servicios de saneamiento e inversión en saneamiento).

Fuente: MVCS (2019[31]), *Programa Nacional de Saneamiento Rural*, http://pnsr.vivienda.gob.pe/portal/ (revisado el 12 de marzo de 2021); MVCS (2012[32]), *Manual de operaciones del programa de saneamiento.*

El agua y el medioambiente

Perú es el tercer país latinoamericano en términos de extensión de tierras secas, que cubren el 40% de su superficie (MINAM, 2016[33]). En 2011, alrededor del 25,75% del país estaba afectado por la desertificación, mientras que el 3% ya era un desierto. El 80% del área afectada por la desertificación se concentra en la región andina. De los 128,5 millones de hectáreas del territorio nacional, el 56,7% (72,9 millones de hectáreas) está afectado por la erosión hídrica (INRENA, 2005[34]). Las regiones costeras (23,8%) y andina (72,5%) son las más afectadas por la severa erosión hídrica—que favorece la desertificación—agravada por la escasa cobertura vegetal producto de actividades antropogénicas (MINAGRI, 2017[35]). Además, los problemas de drenaje y salinidad, que se producen a lo largo de toda la región costera, afectan al menos al 25% de las tierras cultivadas (World Bank, 2013[36]).

El país también sufre una deforestación masiva, especialmente en la selva amazónica. Perú es actualmente el décimo país del mundo por densidad forestal, dado que más de la mitad del país (673.109 km^2) está cubierto por bosques (WWF, 2015[37]). Solo Brasil cuenta con un bosque tropical amazónico más extenso. Más de 330.000 personas dependen directamente de los bosques del país para su sustento y muchas más dependen de numerosos bienes y servicios ecosistémicos proporcionados por los bosques de Perú, como la fijación y el almacenamiento de carbono, la regulación hídrica y la protección de la biodiversidad. Sin embargo, entre 2000 y 2014, Perú ha perdido anualmente un promedio de 118.081 hectáreas de bosque (MINAM, 2016[38]). La deforestación está afectando negativamente la capacidad del sistema hidrológico para auto-regularse.

La Amazonía Andina es una de las áreas de mayor biodiversidad del mundo y es un componente esencial del ciclo hidrológico de Perú. Desde la cuenca alta de la vertiente oriental de los Andes fluyen las aguas hacia el Océano Atlántico, y es allí donde se ubican muchos proyectos de trasvase de aguas desde la Cuenca del Atlántico hacia el Pacífico. En cuencas como las de Madre de Dios e Inambari se encuentra una amplia gama de pantanos andinos y amazónicos, que influyen en la hidrología de la cuenca amazónica (Barthem et al., 2016[39]). Algunas de las mayores amenazas que afectan a la biodiversidad de Perú son la sobrepesca (que va en significativo aumento en la región amazónica), la importante contaminación del agua en la Cuenca del Pacífico, la presencia de especies invasivas, los derrames de petróleo y mercurio en los ríos amazónicos en la Cuenca del Atlántico frecuentemente debidos a actividades mineras ilegales, el cambio climático y construcción de centrales hidroeléctricas (MINAM, 2019[40]). La inadecuada calidad del agua afecta a la servicios de los ecosistemas acuáticos, incluido el uso de los recursos hídricos para actividades económicas, como el riego de cultivos, la acuicultura, la pesca, el paisajismo, los servicios recreativos y de navegación, y los servicios ecosistémicos. La gestión integrada de los recursos hídricos y la buena calidad ambiental de los cuerpos de agua son, por lo tanto, esenciales para la conservación de los bosques tropicales y la biodiversidad, así como para la salud del ciclo hidrológico.

Gestión del agua en condiciones de incertidumbre

Las significativas brechas de gobernanza de Perú comprometen la efectividad e implementación de las políticas en el sector del agua. En los últimos años, Perú ha sufrido una agitación política y social que pone en peligro la continuidad política y el liderazgo necesario para que las políticas públicas, incluyendo las del agua y el saneamiento, produzcan los resultados esperados. La transición democrática que comenzó a fines de 2001 coincidió con un auge económico, impulsado por los altos precios internacionales de las materias primas, un sólido sector minero y el crecimiento del consumo privado. Sin embargo, este notable desempeño macroeconómico no se ha reflejado en los ámbitos político, social y ambiental. En los últimos años, Perú se ha enfrentado a problemas políticos que se remontan en gran medida al escándalo Odebrecht[3] de 2016. Entre 2018 y 2021, la presidencia peruana cambió cuatro veces. A pesar de la reciente inestabilidad, Perú ha asignado a los problemas del agua un lugar destacado en su agenda de políticas. Desde la presidencia de Pedro Pablo Kuczynski (2016-2018), garantizar el acceso universal y continuo al agua y el saneamiento[4] para toda la población peruana, tanto en las zonas urbanas como rurales, constituye una prioridad fundamental. No obstante, cambiar de un enfoque correctivo de los impactos (en su mayoría ad hoc, no planificados y reactivos) hacia uno de gestión de los riesgos a largo plazo requiere una gobernanza eficaz, eficiente e inclusiva, que es intrínsecamente reflejo de la cultura, el régimen legal, las cuestiones relativas al legado, y la configuración política y los patrones de desarrollo territorial.

En el contexto del cambio climático, los problemas de gobernanza alcanzan un nivel de incertidumbre sin precedentes. Entre 2000 y 2020, las inundaciones en Perú afectaron a aproximadamente 4,43 millones de personas, de las cuales 57.025 quedaron sin hogar, 1.666 sufrieron heridas y 787 fallecieron (Guha-Sapir, 2021[41]). En 2017, tuvo lugar la inundación que causó más afectados (1.8 millones) y provocó perjuicios económicos por USD 3.100 millones en seis departamentos, incluyendo Lima. El Niño Costero de 2017 fue uno de los peores eventos meteorológicos del siglo XXI en el país (MINAM, 2016[42]). En la Amazonía, el fenómeno de La Niña es la principal causa de las lluvias torrenciales. El incremento de las inundaciones también provoca "huaicos", deslizamientos de tierra altamente destructivos en áreas de mayor altitud y que causaron hasta el 4% del total de emergencias registradas entre 2003 y 2014 (MINAM, 2016[42]). Los huaicos desplazan grandes volúmenes de lodo que dañan los asentamientos humanos y la infraestructura, y provocan conflictos y pérdida de vidas. Los huaicos transportan sedimentos y no permiten una adecuada captación de agua en las plantas de tratamiento. Entre 2000 y 2020, los deslizamientos de tierra afectaron a 1.140 personas, y 307 fatales. El Fenómeno de El Niño también causa sequías en el sur de Perú. Según un análisis de SENAMHI (2019[43]) que abarca 20 departamentos del país—excluyendo las áreas áridas de los departamentos costeros (dado que reciben menos del 2% de las precipitaciones peruanas anualmente)— entre 1981 y 2018 ocurrieron en Perú diez eventos de sequía moderada a extrema. La gestión del agua en condiciones de incertidumbre exige: reconocer los conflictos entre la prestación de servicios y la conservación de los recursos hídricos (stocks); los complejos *trade-offs* implícitos en el suministro conjunto de bienes públicos y privados de los ecosistemas de recursos hídricos; la importancia fundamental del uso del agua para el crecimiento económico, pero respetando el papel esencial de la conservación del agua para el progreso sostenido y el desarrollo sostenible; las externalidades generalizadas derivadas de la naturaleza interconectada del ciclo hidrológico; la relevancia de la seguridad hídrica a largo plazo y la creciente incertidumbre sobre los suministros futuros que hacen que tomar precauciones extremas sea una actitud política sensata; y el alto costo fijo (de capital) de las infraestructuras hídricas y el problema aún sin resolver de cómo diseñar esquemas de distribución de beneficios y costos que sean efectivos y eficientes.

Referencias

ANA (2020), *Cuentas ambientales y económicas del agua en el Perú: Documento técnico 2018*, Autoridad Nacional del Agua, http://repositorio.ana.gob.pe/handle/20.500.12543/4705 (accessed on 10 February 2021). [6]

ANA (2019), *ANA REGISTRO*, http://snirh.ana.gob.pe/snirh/ConsultarRegistros.aspx. [8]

ANA (2015), *Calidad de agua en cuencas hidrográficas a nivel nacional*, Autoridad Nacional del Agua, http://repositorio.ana.gob.pe/handle/20.500.12543/2673 (accessed on 12 March 2021). [29]

ANA (2015), *Conflictos sociales y recursos hídricos*, Autoridad Nacional del Agua, https://repositorio.ana.gob.pe/handle/20.500.12543/2807. [24]

ANA (2013), *Plan Nacional de Recursos Hídricos del Perú: Memoria*, Autoridad Nacional del Agua, http://www.ana.gob.pe/sites/default/files/plannacionalrecursoshidricos2013.pdf. [2]

Barthem, R. et al. (2016), *INAMBARI Hacia un enfoque integrado de la gestión de cuencas hidrográficas, available at: https://programs.wcs.org/beta/R*, https://programs.wcs.org/beta/Resources/Publications/Publications-Search-II/ctl/view/mid/13340/pubid/DMX3216900000.aspx. [39]

CADE (2018), *CADE Ejecutivos 2018*, https://www.ipae.pe/cade-ejecutivos-2018/ (accessed on 12 March 2021). [30]

FAO (2015), *Perfil de País – Perú, AQUASTAT Informes*, Food and Agriculture Organization, United Nations, http://www.fao.org/3/ca0447es/CA0447ES.pdf. [15]

FAO (2015), *Perfil de País-Perú*, http://www.fao.org/3/ca0447es/CA0447ES.pdf. [4]

Guha-Sapir, D. (2021), *EM-DAT, the International Disaster Database*, CRED/UCLouvain, Brussels, http://www.emdat.be (accessed on 18 February 2021). [41]

ILO (2020), "Impact on the labour market and income in Latin America and the Caribbean, Second edition, Technical note", International Labour Organization, https://www.ilo.org/wcmsp5/groups/public/---americas/---ro-lima/documents/publication/wcms_756697.pdf. [12]

INEI (2021), *Medio Ambiente*, Instituto Nacional de Estadística de Informática, https://www.inei.gob.pe/estadisticas/indice-tematico/medio-ambiente/. [27]

INEI (2020), *Perú: Formas de Acceso al Agua y Saneamiento Básico - Nro 09*, Instituto Nacional de Estadística e Informática. [22]

INEI (2018), *Resultados Definitivos de los Censos Nacionales 2017*, Instituto Nacional de Estadística e Informática, https://www.inei.gob.pe/media/MenuRecursivo/publicaciones_digitales/Est/Lib1544/. [1]

INEI (2017), *III Censo De Comunidades Nativas 2017: Resultados Definitivos, Tomo 1: Lima*, Instituto Nacional de Estadística e Informática, https://www.inei.gob.pe/media/MenuRecursivo/publicaciones_digitales/Est/Lib1598/TOMO_01.pdf. [19]

INEI (2015), *Anuario de Estadísticas Ambientales 2015, Agua, available at:*, Instituto Nacional de Estadística e Informática, https://www.inei.gob.pe/media/MenuRecursivo/publicaciones_digitales/Est/Lib1342/cap03.pdf. [5]

INEI (2009), *Censos Nacionales 2007: XI de Población y VI de Vivienda. Resultados de Población y Vivienda en las Comunidades Indígenas.* [21]

INEI/UNFPA (2020), *Estado de la Población Peruana 2020*, https://www.inei.gob.pe/media/MenuRecursivo/publicaciones_digitales/Est/Lib1743/Libro.pdf. [3]

INRENA (2005), *Mapa de Deforestación de la Amazonía Peruana, Memoria Descriptiva*, https://sinia.minam.gob.pe/documentos/mapa-deforestacion-amazonia-peruana-memoria-descriptiva. [34]

MEF (2020), *Marco Macroeconómico Multianual 2021-2024.* [10]

MINAGRI (2019), *Anuario Estadístico Comercio Exterior Agrario 2018*, http://siea.minagri.gob.pe/siea/sites/default/files/anuario-comercio-exterior-2018-260319.pdf. [16]

MINAGRI (2017), *Programa Presupuestal Multisectorial 0089: "Reducción De La Degradación De Los Suelos Agrarios" Anexo 2*, https://www.minagri.gob.pe/portal/download/programas-presupuestales/inf-programa/anexo2-pp89-2017.pdf. [35]

MINAM (2019), *Sexto Informe Nacional sobre Diversidad Biológica: La Biodiversidad en Cifras*, https://cdn.www.gob.pe/uploads/document/file/360831/La_Biodiversidad_en_Cifras_final.pdf. [40]

MINAM (2016), *Estrategia Nacional de Lucha Contra la Desertificación y la Sequía 2016-2030.* [33]

MINAM (2016), *La Conservación de Bosques en el Perú: Conservando los bosques en un contexto de cambio climático como aporte al crecimiento verde (2011-2016)*, http://www.minam.gob.pe/informessectoriales/wp-content/uploads/sites/112/2016/02/11-La-conservaci%C3%B3n-de-bosques-en-el-Per%C3%BA.pdf. [38]

MINAM (2016), *Tercera Comunicación Nacional del Perú a la Convención de Cambio Marco de las Naciones Unidas sobre el Cambio Climático*, http://www.minam.gob.pe/wp-content/uploads/2016/05/Tercera-Comunicaci%C3%B3n.pdf. [42]

MVCS (2019), *Programa Nacional de Saneamiento Rural*, http://pnsr.vivienda.gob.pe/portal/. [31]

MVCS (2012), *Manual de operaciones del programa de saneamiento.* [32]

OECD (2020), "COVID-19 in Latin America and the Caribbean: Regional socio-economic implications and policy priorities", *OECD Policy Responses to Coronavirus (COVID-19)*, OECD, Paris, https://www.oecd.org/coronavirus/policy-responses/covid-19-in-latin-america-and-the-caribbean-regional-socio-economic-implications-and-policy-priorities-93a64fde/. [13]

OECD (2019), *Linking Indigenous Communities with Regional Development*, OECD Rural Policy Reviews, OECD Publishing, Paris, https://doi.org/10.1787/3203c082-en. [23]

OECD (2017), "Mining regions and their cities: Scoping paper", OECD, Paris, http://www.oecd.org/cfe/regional-policy/Mining%20discussion%20paper%20FINAL_CM.pdf. [17]

Ombudsman's Office (2015), "Social conflicts and water resources", Defensoría del Pueblo. [26]

PCM (2020), *Willaqniki N° 12-2019: Monthly Report December 2019.* [25]

SENAMHI (2019), *Caracterización espacio-temporal de la sequía en los departamentos altoandinos del Perú*, https://www.senamhi.gob.pe/load/file/01401SENA-78.pdf. [43]

SUNASS (2020), *Benchmarking regulatorio 2020 de las Empresas Prestadoras (EP)*, https://cdn.www.gob.pe/uploads/document/file/1467031/Benchmarking%20regulatorio%202020%20de%20las%20Empresas%20Prestadoras%20%28EP%29.pdf. [11]

UN (2017), *Country (or Area)*, SDG 6 Data, United Nations, https://www.sdg6data.org/country-or-area/Peru (accessed on 12 March 2021). [28]

UN (2017), *Country (or area) | SDG 6 Data*, https://www.sdg6data.org/country-or-area/Peru. [44]

World Bank (2021), *Agriculture, Forestry, and Fishing, Value Added (% of GDP)*, https://data.worldbank.org/indicator/NV.AGR.TOTL.ZS (accessed on 12 March 2021). [14]

World Bank (2021), *Peru Overview*, https://www.worldbank.org/en/country/peru/overview. [7]

World Bank (2021), *Peru Overview*, https://www.worldbank.org/en/country/peru/overview (accessed on 17 March 2021). [9]

World Bank (2015), *Latinoamérica Indígena en el Siglo XXI*. [20]

World Bank (2013), *El Futuro del Riego en el Perú: Desafíos y Recomendaciones*, http://www.worldbank.org (accessed on 18 March 2021). [36]

WWF (2019), "El bioma amazónico frente a la contaminación por mercurio". [18]

WWF (2015), *La Deforestación en el Perú: Cómo las comunidades indígenas, agencias gubernamentales, organizaciones sin fines de lucro y negocios trabajan juntos para detener la tala de los bosques*, World Wide Fund for Nature, https://d2ouvy59p0dg6k.cloudfront.net/downloads/la_deforestacion_en_el_peru.pdf. [37]

Notas

[1] Los departamentos con menor cobertura son Tumbes (78,9%), Huánuco y Ucayali (76%), Puno (69,7%) y Loreto (56,8%). Las zonas de mayor cobertura (superior al 95%) se encuentran en los departamentos de Áncash, Apurímac, Arequipa, Ayacucho, Callao, Lima, Moquegua y Tacna.

[2] Programa Mundial de Alimentos en Perú, Conferencia Ejecutiva Anual de Perú 2018 (CADE).

[3] El escándalo Odebrecht es un caso de corrupción en curso que involucra a la empresa constructora brasileña Odebrecht y a figuras políticas, incluyendo jefes de Estado, principalmente en América Latina. En Perú, cuatro ex jefes de Estado están acusados de estar involucrados en este escándalo de corrupción.

[4] "Saneamiento" en la mayoría de los países de América Latina, incluido Perú, incluye el suministro de agua (potable) y el saneamiento (recogida de efluentes de aguas residuales), pero también otros servicios del ciclo urbano del agua como la reutilización del agua. El artículo 1 del Decreto Legislativo 1280 es aún más relevante a efectos de definición. Los servicios de saneamiento se definen de la siguiente manera: agua potable, alcantarillado, tratamiento de aguas residuales, vertido de efluentes o reutilización de aguas regeneradas y eliminación final de residuos, tanto en zonas urbanas como rurales.

2 Gobernanza multinivel del agua en Perú

Este capítulo sostiene que, a pesar de la existencia de un marco legal consolidado para el agua en Perú y los avances logrados en términos de gestión integrada de los recursos hídricos, la coordinación entre los niveles de gobierno debe fortalecerse para la adopción de un enfoque multisectorial eficaz del agua. En este capítulo se destacan las brechas de gobernanza multinivel y se sugieren recomendaciones de políticas para superarlas, a partir de la experiencia internacional.

El marco legal para la gestión de los recursos hídricos

Perú cuenta con un marco legal consolidado para la gestión de los recursos hídricos. La legislación pertinente para la gestión de los recursos hídricos y la protección de los ecosistemas acuáticos se enmarca en la Constitución Política de Perú de 1993, que promueve el uso sostenible de los recursos naturales y el derecho a la protección de la salud (Artículos 7, 66 y 67). La Política Nacional del Ambiente (Decreto Supremo No. 012-2009-MINAM) es el marco de referencia para el desarrollo sostenible, tomando en cuenta los tratados, compromisos y declaraciones internacionales en materia ambiental adoptados por Perú. Perú cuenta con legislación específica relacionada con recursos hídricos desde 2009. La Ley de Recursos Hídricos (No. 29338/2009) y su reglamento (Decreto Supremo No. 001-2010-AG) establecen el marco legal e institucional para la gestión de los recursos hídricos. También se creó el Sistema Nacional de Gestión de Recursos Hídricos (SNGRH) y sus instrumentos de planificación (ver infra). La Política de Estado No. 33/2012 sobre Recursos Hídricos (Acuerdo Nacional, 2012[1])[1] es el instrumento político y técnico que reconoce el agua como bien público, y el derecho humano al agua y al saneamiento, de acuerdo con las Declaraciones de la Asamblea de las Naciones Unidas (ONU) de 2010 y 2015. También destaca la relevancia de implementar la Gestión Integrada de los Recursos Hídricos (GIRH) para garantizar el uso equitativo y sostenible del agua a nivel nacional.

La GIRH en Perú se implementa a través del Sistema Nacional de Gestión de los Recursos Hídricos (SNGRH) (Figura 2.1). El SNGRH es el conjunto de instituciones, principios y normas que permiten la articulación y coordinación entre entidades públicas y privadas para atender la demanda de agua, evitar conflictos, ejecutar proyectos, etc. El SNGRH forma parte del Sistema Nacional de Gestión Ambiental (SNGA) que está integrado también por el Sistema Nacional de Áreas Naturales Protegidas, el Sistema Nacional de Evaluación y Fiscalización Ambiental, el Sistema de Evaluación de Impacto Ambiental y el Sistema Nacional de Información Ambiental. En principio, el SNGRH asegura la gestión integrada, participativa y multisectorial del agua para promover su uso sostenible, conservación y calidad. También implementa, supervisa y evalúa el cumplimiento de iniciativas clave de planificación, como la Política y Estrategia Nacional de Recursos Hídricos (PENRH) y el Plan Nacional de Recursos Hídricos (PNRH) en todos los niveles de gobierno, fomentando la participación de las partes interesadas y la coordinación entre todos los miembros.

El SNGRH está conformado por diferentes ministerios, autoridades regionales y locales, organizaciones de usuarios del agua y grupos de la sociedad civil. La Autoridad Nacional del Agua (ANA) es el órgano rector del SNGRH, integrado por los ministerios del Ambiente (MINAM); Desarrollo Agrario y Riego (MIDAGRI); Vivienda, Construcción y Saneamiento (MVCS); Energía y Minas (MINEM); Producción (PRODUCE) y Salud (MINSA); gobiernos locales; organizaciones de usuarios de agua; empresas prestadoras de servicios de agua y saneamiento (EP), operadores municipales (Unidades de Gestión Municipal), operadores especializados, organizaciones comunales; organizaciones representativas de agricultores, comunidades campesinas y comunidades nativas y otras entidades públicas vinculadas a la gestión de los recursos hídricos y la prestación de servicios de agua y saneamiento como la Superintendencia Nacional de Servicios de Saneamiento (SUNASS, regulador económico de los servicios de saneamiento), el Servicio Nacional de Meteorología e Hidrología del Perú (SENAMHI), el Organismo Supervisor de Inversiones en Energía y Minería (OSINERGMIN), el Organismo de Evaluación y Fiscalización Ambiental (OEFA), el Servicio Nacional de Certificación Ambiental para Inversiones Sostenibles (SENACE), la Dirección General de Capitanías y Guardacostas del Perú (DICAPI) y otras autoridades ambientales sectoriales.

Figura 2.1. Estructura del Sistema Nacional de Gestión de Recursos Hídricos del Perú

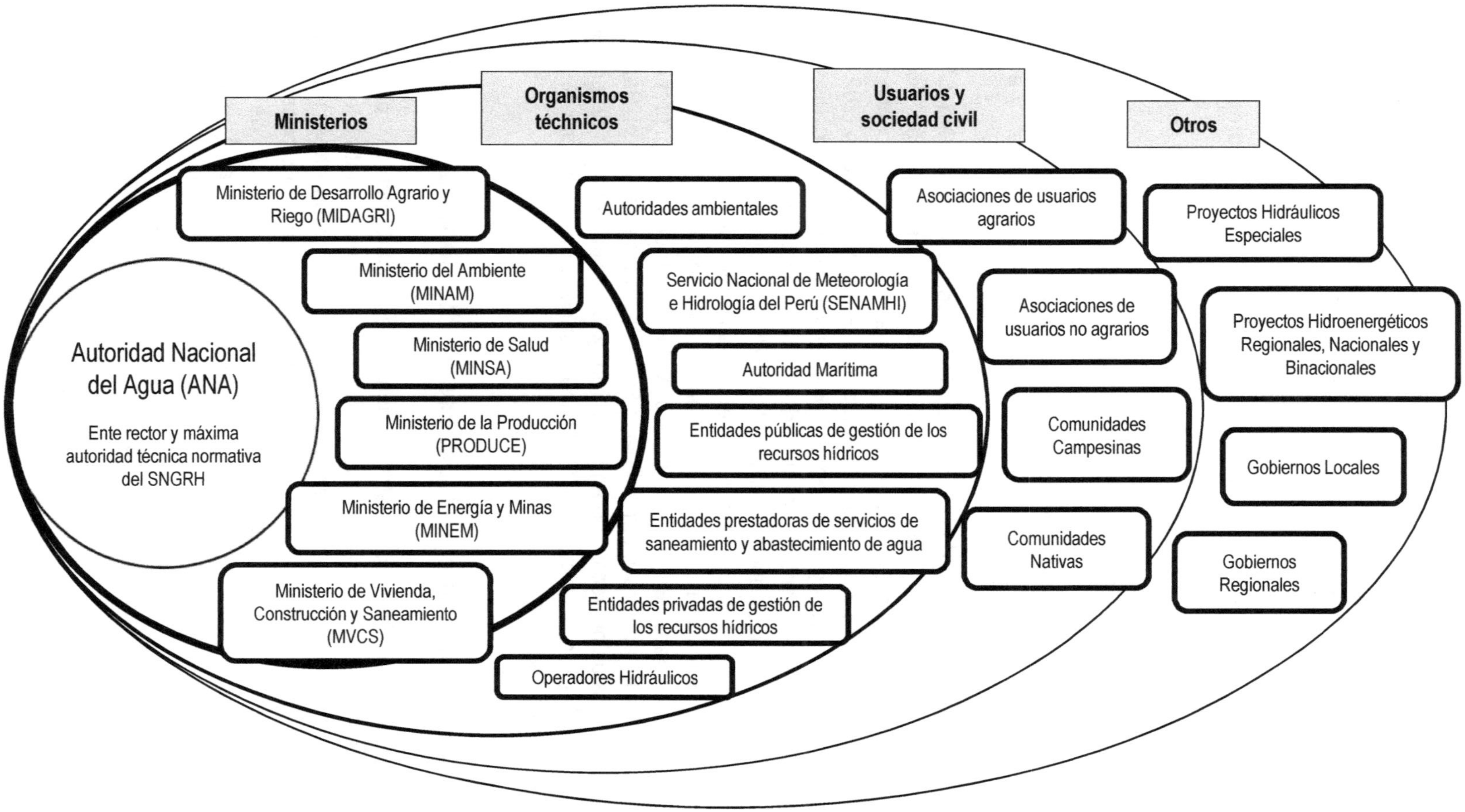

Fuente: Elaboración propia en base a ANA (2017[2]), *Marco de Gestión Ambiental y Social del Proyecto de Gestión Integrada de los Recursos Hídricos en Diez Cuencas Hidrográficas (Código SNIP N° 302961)*, https://www.ana.gob.pe/proyectos-ana/pgirh.

Existen dos herramientas principales que forman parte del SNGRH: la Política y Estrategia Nacional de Recursos Hídricos y el Plan Nacional de Recursos Hídricos.

- La Política de Estado No. 33/2012 de Recursos Hídricos es el referente para desarrollar los instrumentos de gestión de los recursos hídricos que complementen el alcance de la Ley de Recursos Hídricos. Sobre esta base, la Política y Estrategia Nacional de Recursos Hídricos (PENRH) (Decreto Supremo No. 06-2015-MINAGRI) se constituye en una de las principales herramientas de planificación consideradas en el SNGRH. La PENRH comprende "principios, orientaciones, estrategias e instrumentos de política pública que orientan las acciones que deben seguir tanto el sector público como el privado para atender la demanda de agua del país en el corto, mediano y largo plazo". La PENRH 2015 incluye cinco pilares o ejes de política, 18 estrategias de intervención y 85 líneas de acción formuladas a partir del análisis de la situación actual de los recursos hídricos del país. Los cinco ejes de la política del agua son la gestión de la cantidad, la gestión de la calidad, la gestión de oportunidad, la gestión de la cultura del agua, así como la adaptación al cambio climático y los fenómenos meteorológicos y climáticos extremos. El objetivo principal de cada eje es asegurar la satisfacción de la demanda de agua actual y futura, así como asegurar la conservación del agua, y la calidad de los recursos hídricos disponibles y su uso eficiente y sostenible, de acuerdo con criterios sociales, ambientales y económicos (ANA y MINAGRI, 2016[3]).
- El Plan Nacional de Recursos Hídricos 2015 (PNRH, Decreto Supremo No. 013-2015-MINAGRI) es el instrumento de planificación estratégica para la implementación de la PENRH. Está formulado sobre la base de los diagnósticos a nivel de cuenca y contiene las brechas de financiamiento a subsanar para atender la demanda de agua en el corto (2021) y mediano plazo (2035). Las inversiones se agrupan en 30 programas alineados con los ejes de política y estrategias de intervención antes mencionados establecidos en la PENRH. Más allá de los instrumentos de planificación que se derivan de las disposiciones legales (es decir, el artículo 99 de la Ley de Recursos Hídricos), recientemente se han realizado otros esfuerzos de planificación con el apoyo de donantes multilaterales y bilaterales, tales como el análisis hidro-económico y la priorización de los recursos hídricos (por el 2030 Water Resources Group, previamente auspiciado por la Corporación Financiera Internacional (IFC) y actualmente por el Banco Mundial); o la evaluación financiera de proyectos de agua en Perú y la implementación de proyectos prioritarios (por el Global Green Growth Institute, GGGI, una organización internacional intergubernamental que opera mediante tratados).

Mapeo de las funciones y responsabilidades institucionales en materia de agua

El territorio de Perú está dividido administrativamente en departamentos, provincias y distritos. Actualmente está compuesto por 24 departamentos y 2 provincias con un estatuto legal especial, a saber, la Provincia Constitucional del Callao y la Provincia de Lima, así como otras 196 provincias, que a mediados de 2016 estaban divididas en 1.874 distritos. Está en marcha un proceso de regionalización, acompañado por acciones relevantes de descentralización y transferencia de competencias. Este proceso, confirmado por referendos vinculantes, recurre principalmente a incentivos fiscales con el objetivo de crear nuevas entidades regionales a través de mancomunidades de departamentos (OECD/ECLAC, 2017[3]). Por tanto, el proceso de descentralización administrativa tiene consecuencias fiscales y económicas, como la transferencia de una parte de los ingresos recaudados a través del llamado Impuesto Especial a la Minería ("canon minero") a los gobiernos regionales y locales. Esto ha conllevado un aumento de los recursos e inversiones fiscales de las municipalidades y regiones.

¿Quién hace qué a nivel nacional?

La siguiente sección describe en profundidad los agentes y sus responsabilidades en los diferentes niveles de gobierno en el sector del agua (Figuras 2.2 y 2.3). Al más alto nivel, la Presidencia del Consejo de Ministros, además de la coordinación de las políticas nacionales y sectoriales, se ocupa de los conflictos sociales relacionados con el sector del agua, entre otros. El Ministerio de Economía y Finanzas, en particular a través de la Agencia de Promoción de la Inversión Privada, promueve obras de infraestructura pública en gestión de recursos hídricos y servicios de saneamiento. La Autoridad Nacional del Agua (ANA) es el órgano rector para la gestión de recursos hídricos, mientras que el Ministerio del Ambiente y el Ministerio de Desarrollo Agrario y Riego, al que se encuentra adscrita la ANA, son instituciones clave para la gestión de los recursos hídricos. El Ministerio de Vivienda, Construcción y Saneamiento es el órgano rector del sector saneamiento, mientras que la SUNASS es el organismo público regulador descentralizado responsable de regular, supervisar y evaluar la prestación de los servicios de saneamiento, tanto urbanos como rurales. El Ministerio de Salud y el Ministerio de Desarrollo e Inclusión Social también contribuyen a las políticas nacionales en materia de agua potable y saneamiento.

Presidencia del Consejo de Ministros (PCM)

La PCM es el órgano responsable de la coordinación de las políticas nacionales y sectoriales que son responsabilidad del Poder Ejecutivo y de la coordinación con otros poderes estatales (legislativos y judiciales), órganos constitucionales, gobiernos regionales y locales y sociedad civil.[1] La PCM tiene competencias legales en la modernización de la administración, el desarrollo territorial, la descentralización, la demarcación territorial, el diálogo público y la consulta social, el gobierno digital, la comunicación de las acciones de política del gobierno central y otras competencias que le asigne la ley.[2] A través de su Secretaría de Gestión Social y Diálogo (SGSD), reúne información, clasifica y aborda una serie de conflictos sociales seleccionados que trata el propio gabinete, lo que incluye el uso del agua. Además de la PCM, otras instituciones del país (como la ANA, el Ministerio de Energía y Minas, la Fiscalía Especializada en Materia Ambiental y la Defensoría del Pueblo) también reúnen información de manera sistemática sobre los conflictos sociales en torno al uso del agua.

Ministerio de Economía y Finanzas (MEF)

El MEF es el órgano rector en materia de política económica y financiera a nivel nacional, sectorial y a diferentes escalas de gobierno. Está a cargo de los sistemas administrativos del presupuesto público, tesoro, deuda pública, contabilidad nacional e inversión pública. El MEF es la entidad central para la toma de decisiones sobre financiamiento público, dado que asigna el presupuesto fiscal, y para la promoción de la participación privada en el sector saneamiento, a través de la Agencia de Promoción de la Inversión Privada (PROINVERSION). También administra el sistema consolidado de registro, evaluación y seguimiento de la inversión pública (Invierte.pe, anteriormente Sistema Nacional de Inversión Pública o SNIP), la deuda de las empresas públicas junto con el Fondo Nacional de Vivienda (Fondo Nacional de Vivienda, FONAVI) y la Superintendencia Nacional de Aduanas y de Administración Tributaria (SUNAT).[3] El Ministerio de Economía y Finanzas ha puesto en marcha un programa de incentivos para mejorar la gestión municipal de los servicios públicos. Los incentivos se desembolsan cuando se alcanzan ciertos resultados (Presupuesto por Resultados). Si bien este mecanismo no está vinculado al Plan Nacional de Saneamiento, cabe señalar que el Ministerio de Vivienda, Construcción y Saneamiento (MVCS) otorga incentivos por resultados en la implementación del Programa Nacional de Saneamiento Urbano y el Programa Nacional de Saneamiento Rural.

La Agencia de Promoción de la Inversión Privada, PROINVERSION, es responsable de implementar las políticas nacionales de promoción de la inversión privada. PROINVERSION promueve principalmente inversiones privadas en servicios públicos e infraestructura pública a través de asociaciones público-privadas (APP), bien sean por iniciativa pública o privada. También brinda asistencia a entidades públicas subnacionales, previa solicitud, y servicios de información a inversionistas, y ayuda a crear un entorno atractivo para las inversiones privadas. Además de las APP y mecanismos contractuales similares, PROINVERSION también promueve la participación de empresas privadas en el desarrollo de obras de infraestructura pública (en diferentes sectores, incluida la gestión de recursos hídricos y servicios de saneamiento) que son realizadas por los niveles de gobierno subnacionales a través de un mecanismo denominado “Obras por Impuestos”, mecanismo único de Perú cuya adopción está siendo actualmente explorada por otros países de la región, como Colombia.

Figura 2.2. Mapa institucional para la gestión de recursos hídricos de Perú

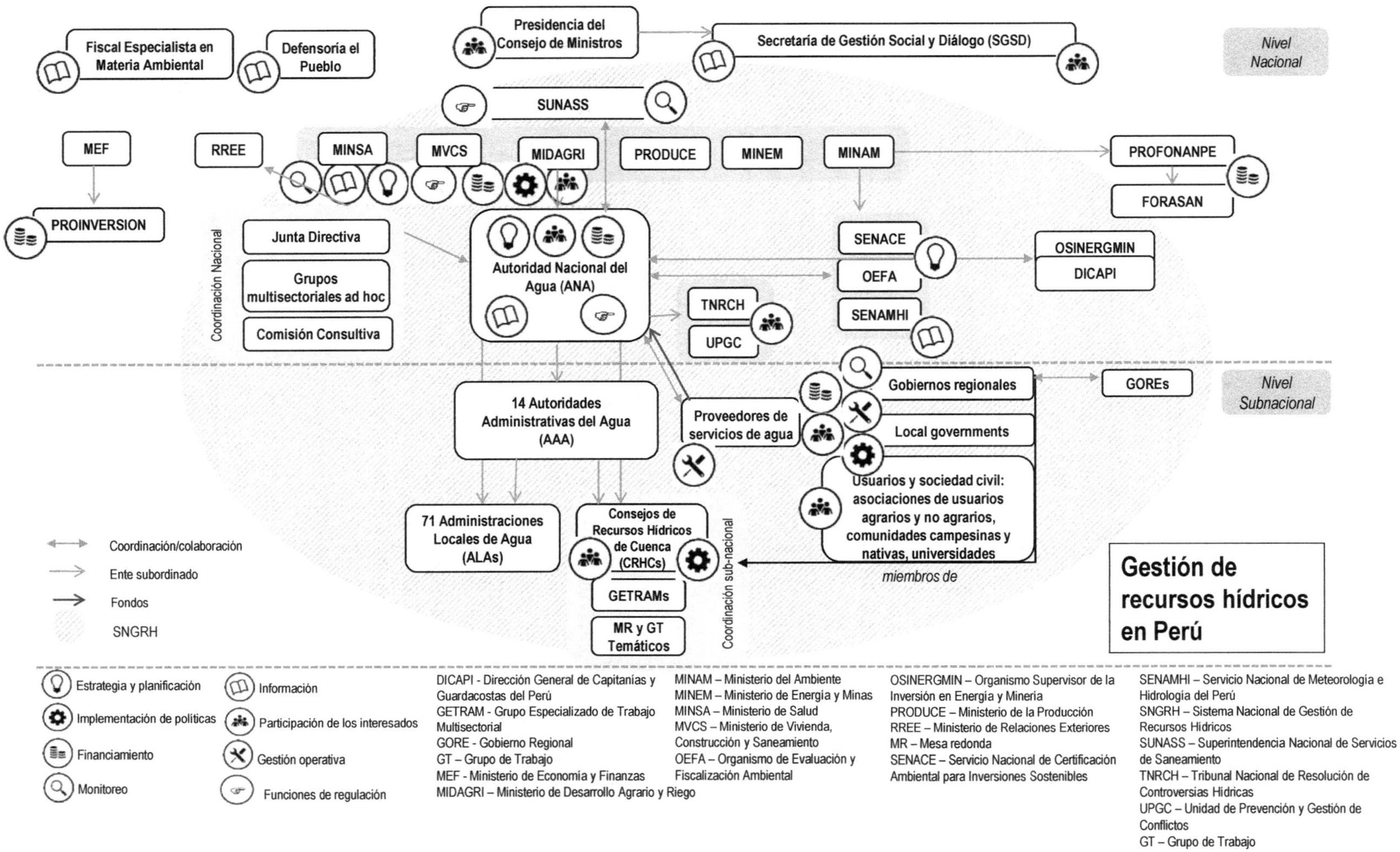

Gestión de recursos hídricos

Autoridad Nacional del Agua (ANA)

La ANA es el organismo rector de la política de Gestión Integrada de los Recursos Hídricos (GIRH). Es un organismo técnico y regulatorio especializado con presupuesto y personalidad jurídica propios. Fue creada en marzo de 2008 mediante Decreto Legislativo No. 997. La ANA es el órgano rector del SNGRH y como tal es responsable de su funcionamiento y la coordinación entre sus miembros. Elabora, administra, ejecuta y supervisa la política y estrategia nacionales de recursos hídricos, diseña normativas y establece procedimientos para la gestión integrada y multisectorial de los recursos hídricos (superficiales y subterráneos). Su opinión es vinculante para la aprobación de los Instrumentos de Gestión Ambiental (IGA) relacionados con los recursos hídricos.[1] Un número importante de entidades públicas relacionadas con la gestión de los recursos hídricos coordina sus acciones con la ANA,[2] como la Superintendencia Nacional de Servicios de Saneamiento (SUNASS), el Servicio Nacional de Meteorología e Hidrología (SENAMHI), el Organismo Supervisor de las Inversiones en Energía y Minería (OSINERGMIN), el Organismo de Evaluación y Fiscalización Ambiental (OEFA), la Dirección General de Capitanías y Guardacostas del Perú (DICAPI), y otras autoridades sectoriales, ambientales y prestadores de servicios de agua y saneamiento (EP).

La ANA es un organismo desconcentrado que cubre las 159 cuencas hidrográficas de Perú (ANA, 2014[4]) desde su sede central en Lima y 14 oficinas regionales o Autoridades Administrativas del Agua (AAA),[3] responsables de 14 grandes regiones hidrográficas; 71 Autoridades Administrativas Locales del Agua, ALA; y 13 Consejos de Recursos Hídricos de Cuenca (CRHC). En coordinación con la ANA, el Ministerio de Relaciones Exteriores participa en el manejo de las 34 cuencas transfronterizas (OECD/ECLAC, 2017[3]) y realiza las tareas necesarias para el cumplimiento de convenios internacionales y otros acuerdos.[4]

La ANA lidera las Contribuciones Determinadas a Nivel Nacional (NDC, sigla en inglés) para el agua, en concordancia con los Objetivos de Desarrollo Sostenible (ODS) de las Naciones Unidas, e identifica objetivos e indicadores específicos que se informarán a la Convención Marco de las Naciones Unidas sobre el Cambio Climático (CMNUCC) para 2025 y 2030. También identifica las condiciones habilitantes necesarias (financiamiento, información, capacidades, normatividad), los roles y funciones de los diferentes actores involucrados en promover e informar medidas de adaptación que incluyan acciones en cada uno de los cuatro subcomponentes específicos para incrementar la oferta hídrica, lograr una mayor eficiencia en el uso y una mejor gestión del agua en un contexto del cambio climático. La NDC para el agua se implementa bajo el liderazgo de la ANA con el apoyo técnico del MINAM, y la participación de MIDAGRI, MINEM, MVCS, el Instituto Nacional de Defensa Civil (INDECI), SERNANP y el Instituto Nacional de Investigación en Glaciares y Ecosistemas de Montaña (INAIGEM).

Ministerio del Ambiente (MINAM)

El MINAM participa en la gestión de los recursos hídricos (tanto de escorrentía superficial como subterránea) e infraestructura hídrica de usos múltiples. El MINAM tiene responsabilidades en la protección de cabeceras de cuenca, y emite opiniones sobre áreas medioambientalmente vulnerables,[5] para promover la protección y preservación de las cuencas[6] y desarrolla estrategias y planes de prevención y adaptación ante los efectos del cambio climático en la disponibilidad hídrica a escala local, regional y nacional.[7] El MINAM desarrolla, conduce, supervisa y ejecuta la Política Nacional del Ambiente.[8,9] Es el órgano rector del Sistema Nacional de Gestión Ambiental (SNGA), dentro del cual se elaboran tanto la Política Nacional de Recursos Hídricos como su estrategia y el Plan Nacional de Recursos Hídricos.[10] También aprueba y fiscaliza la aplicación de los instrumentos de prevención, control y restauración ambiental para la regeneración y reutilización de efluentes de aguas residuales, entre otros,[11] y es el órgano rector de los servicios ecosistémicos.[12] Es responsable de diseñar, regular y promover políticas, estándares legales y procedimientos para el desarrollo, implementación y supervisión de los Mecanismos de Retribución por Servicios Ecosistémicos (MERESE). En este sentido, de acuerdo con el reglamento de la Ley No. 30215 (Decreto Supremo No. 009-2016-MINAM), la "regulación hídrica" y la "regulación de riesgos naturales" son servicios ecosistémicos factibles de participar en los MERESE. En algunos casos, aunque la autoridad legalmente corresponde a la ANA, las competencias entre la ANA y el MINAM se superponen.

SENAMHI, SENACE y OEFA son órganos adscritos al MINAM. El SENAMHI es el Servicio Nacional de Meteorología e Hidrología. Se encarga de generar y proporcionar información y conocimientos meteorológicos, hidrológicos y climáticos de manera fiable, oportuna y accesible. El SENACE está a cargo de los estudios de evaluación de impacto ambiental, regulados en la Ley No. 27446,[13] de proyectos de inversión de capital público, privado o mixto que involucren actividades, edificaciones, obras y otras actividades comerciales y de servicios que puedan generar un impacto ambiental significativo, incluyendo el uso de los recursos hídricos. El Organismo de Evaluación y Fiscalización Ambiental (OEFA) y la ANA evalúan los Estándares de Calidad Ambiental (ECA) para cuerpos de agua naturales. Más precisamente, el OEFA determina la calidad ambiental de los cuerpos naturales, coordinando su supervisión con la ANA. La Dirección General de Salud Ambiental e Inocuidad Alimentaria (DIGESA) evalúa los parámetros de calidad del agua para consumo humano. El MINAM preside el Comité Nacional de Humedales, una comisión multisectorial que promueve la gestión adecuada de los pantanos,[14] además de la implementación de los compromisos de la Convención de Ramsar. El MINAM proporciona asistencia técnica y apoyo para el desarrollo de una serie de herramientas de planificación regional o de cooperación relevantes (Recuadro 2.1).

Ministerio de Desarrollo Agrario y Riego (MIDAGRI)

El MIDAGRI, a través de la ANA, es el órgano rector y máxima autoridad técnico-legal del SNGRH y, más específicamente, en la gestión de recursos hídricos.[15] El MIDAGRI es, por tanto, la entidad a la que está adscrita la ANA. Emite los decretos supremos propuestos por la ANA para regular la gestión integrada y multisectorial de los recursos hídricos.[16]

Administra varios mecanismos de financiamiento de proyectos de gestión del agua, como la Unidad Ejecutora del Fondo Sierra Azul, cuyo objetivo es incrementar la seguridad hídrica de riego a través de la retención natural y cosecha de agua de las zonas agrícolas y montañas altoandinas, principalmente en beneficio de los agricultores con menores niveles de ingresos, y en situación de pobreza y extrema pobreza. Este fondo financia proyectos de inversión en infraestructura e irrigación, modernización de riego e intervenciones de siembra y cosecha de agua, en el marco del Sistema Nacional de Programación Multianual y Gestión de Inversiones (Invierte.pe). El fondo tiene como objetivo contribuir a cerrar las brechas identificadas por el sector en la Resolución Ministerial No. 493-2019-MINAGRI.

Recuadro 2.1. Herramientas de planificación regional y de cooperación para la gestión del agua de Perú

El Fondo Regional del Agua (FORASAN) capta, administra y canaliza los recursos de inversión para garantizar la cantidad y calidad de los recursos hídricos en la Cuenca Chira-Piura. El FORASAN es un fondo regional creado por resolución de un consejo de cuenca hidrográfica que recibió contribuciones de la cooperación internacional para el desarrollo. El FORASAN es administrado por PROFONANPE y por lo tanto podría recibir fondos públicos; sin embargo, las entidades locales han decidido en su mayoría no utilizar esta facilidad financiera para canalizar fondos hacia proyectos. Dado que los fondos privados no pueden recibir recursos públicos, se requieren ingentes capitales (si se trata de un fondo fiduciario que opera en base a rendimientos financieros) o contribuciones cuantiosas y consistentes de las entidades del sector privado para desarrollar inversiones efectivas en infraestructura natural. En Perú, no existe actualmente ninguno de los dos mecanismos. Actualmente, los gobiernos regionales y locales disponen de financiación para inversiones en infraestructura natural a través de proyectos de inversión pública puntuales; los únicos flujos asegurados exclusivamente para inversiones en infraestructura natural se asignan a partir de las tarifas de agua que cobran las empresas prestadoras. Estas tarifas no aportan dinero a un fondo; más bien, los fondos de las tarifas se mantienen en una cuenta separada dentro de la empresa prestadora, para uso exclusivo en los proyectos MERESE. Lo mismo se aplica a los recursos que la tasa asigna a la reducción del riesgo de desastres y la adaptación al cambio climático.

PROFONANPE, entidad privada sin fines de lucro y de interés público autorizada por ley para gestionar y administrar fondos públicos, afiliada al MINAM, es a su vez un fondo para la promoción de las áreas naturales protegidas en Perú. Ha demostrado ser una herramienta útil (aunque limitada) para la conservación de la biodiversidad y la adaptación al cambio climático. En 2020, se aprobó la fusión por absorción de PROFONANPE y FONAM, convirtiéndose en el único fondo medioambiental de Perú (Disposición Sexta del Decreto de Urgencia No. 022-2020) y ampliando su competencia a áreas como la remediación de obligaciones medioambientales.

AQUAFONDO es una entidad privada sin fines de lucro que se ocupa de conservar y proteger las fuentes naturales de agua que abastecen a la población de la Gran Lima y Callao. No está autorizada para manejar o administrar fondos públicos. Por lo tanto, actúa como desarrollador e implementador de proyectos que recibe fondos a través de subvenciones, donaciones y contratos, principalmente de fuentes filantrópicas y empresas privadas. AQUAFONDO no es la única entidad que desarrolla e implementa proyectos para la conservación de las cuencas hidrográficas del Área Metropolitana de Lima (Perú). Varias organizaciones no gubernamentales (ONG) también se ocupan de estos temas, como, por ejemplo, Alternativa, Caritas Perú, el Instituto de Montaña y Global Water Partnership. También juega un papel fundamental el proyecto de Infraestructura Natural para la Seguridad Hídrica (NIWS), financiado por la Agencia de los Estados Unidos para el Desarrollo Internacional (USAID) y el Gobierno de Canadá, que tiene como objetivo aumentar las inversiones en infraestructura natural en Perú para salvaguardar los recursos naturales y las fuentes de recursos hídricos, y aumentar la resiliencia climática.

Fuente: MINAM (2011[5]), *Conversatorio internacional: Mecanismos de financiamiento para la conservación de los ecosistemas y la biodiversidad*, repositorio.ana.gob.pe/bitstream/handle/20.500.12543/4433/ANA0002933.pdf?sequence=1&isAllowed=y ; Albán Contreras, L.E. (2017[6]), *El Fondo del Agua Quiroz-Chira: Un mecanismo de gestión para los ecosistemas de montaña de Piura, Perú - Sistematización de la experiencia*, https://cooperacionsuiza.pe/wp-content/uploads/2017/02/faqch-final-web.pdf.

Agua potable y saneamiento

Ministerio de Vivienda, Construcción y Saneamiento (MVCS)

El MVCS es el órgano rector del saneamiento,[17] pero también de la vivienda, la construcción, el desarrollo espacial y el desarrollo urbano. Tiene autoridad exclusiva para el desarrollo, planificación, coordinación, implementación y supervisión de las políticas nacionales específicas y relacionadas con los servicios de saneamiento como servicio público (Figura 2.3). En particular, fomenta la gestión eficiente y la prestación de servicios por parte de los prestadores de servicios a través del Sistema de Fortalecimiento de Capacidades del Sector Saneamiento (SFCS) y mecanismos relacionados; determina mediante normas y planes cómo cerrar las brechas en infraestructura, y promueve la calidad y sostenibilidad de la prestación de servicios de saneamiento, incluido el tratamiento de aguas residuales.

El MVCS dirige, gestiona y administra el Sistema de Información de Agua y Saneamiento (SIAS),[18] que contiene información sectorial sobre la infraestructura y los indicadores de gestión de los servicios de saneamiento en áreas urbanas y rurales. El DATASS—Sistema de Información de Abastecimiento de Agua, Saneamiento e Higiene en el ámbito rural—lanzado en 2014, es dirigido por el MVCS con la colaboración del MEF y el Ministerio de Desarrollo e Inclusión Social (MIDIS). Antes de su implementación, había muy poca información sobre agua, saneamiento e higiene (WASH) en el ámbito rural. Actualmente, una plataforma virtual de 9.000 usuarios brinda información sobre los servicios de saneamiento en alrededor de 100.000 centros poblados. Los gobiernos regionales y locales son responsables de recopilar, cargar y actualizar la información (Decreto Legislativo No. 1280) con el objetivo de promover el uso de sistemas informativos de apoyo a la toma de decisiones en el sector de saneamiento rural, abriendo así el camino para la identificación de brechas de cobertura (MVCS, 2018[7]). Los Sistemas de Información Geográfica (SIG) del DATASS incluyen información del MINAM, MIDAGRI, DIGESA, SUNASS, el Organismo Técnico de la Administración de Servicios de Saneamiento (OTASS) y el MVCS (MVCS, 2019[8])

El Plan Nacional de Saneamiento es el principal instrumento para la implementación de la política pública sectorial para alcanzar la cobertura universal de los servicios de saneamiento. Incluye, entre otros, información sobre las brechas existentes proveniente de los Planes Regionales de Saneamiento, y programa las inversiones. El plan se prepara para un período quinquenal y se actualiza anualmente. Su cumplimiento es obligatorio para las empresas prestadoras de servicios de saneamiento (EP). El Plan Nacional de Saneamiento 2017[19] establece que la SUNASS es responsable de emitir las disposiciones necesarias para promover, diseñar e implementar los MERESE. Se ha realizado una evaluación de medio término del Plan Nacional de Saneamiento 2017-2021, que muestra que mayormente no se alcanzaron las metas para 2019 y también prevé que no se alcanzarán las metas para 2020 ni para el bicentenario de la independencia de Perú (2021). El Decreto de Emergencia No. 011-2020 tiene como objetivo cerrar brechas en el sector saneamiento, al tiempo que brinda un nivel de servicio sostenible y de calidad, y los gestiona de manera eficiente.

Junto con el Ministerio de Salud (MINSA), el MVCS se ocupa de la implementación de la estrategia para incrementar el porcentaje de hogares con acceso a agua clorada en las áreas rurales de Perú.[20] El programa Agua para Todos, lanzado en 2007,[21] tenía como objetivo brindar a los hogares de bajos ingresos servicios adecuados de saneamiento, agua potable y alcantarillado. El Programa Nacional de Saneamiento Rural (PNSR), creado en 2012,[22] tiene como objetivo atender a las poblaciones rurales más necesitadas, brindándoles servicios de agua y saneamiento integrales, de calidad y sostenibles. En el marco del PNSR, el MVCS coordina sus tareas con el Ministerio de Economía y Finanzas (MEF) a través del Programa de Incentivos para la Mejora y Modernización de la Gestión Municipal (PI) (ver apartado sobre mecanismos de coordinación).

Organismo Técnico de la Administración de los Servicios de Saneamiento (OTASS)

El OTASS, adscrito al MVCS,[23] promueve e implementa la política de gestión, administración y prestación de servicios de saneamiento del MVCS. Se creó en 2013, aunque entró en funcionamiento en 2015 como consecuencia de las debilidades detectadas en la gestión y administración de las empresas prestadoras de servicios públicos de agua y saneamiento (EP), muchas de las cuales se encontraban en ese momento en situación de insolvencia. El OTASS también tiene el mandato y la autoridad para tomar el control de las EP públicas de propiedad municipal en caso de insolvencia financiera y operativa, a fin de mejorar su desempeño. Se financia a través de transferencias del gobierno central (Tesoro Público), donaciones de la cooperación internacional para el desarrollo, deuda externa, recursos directamente recaudados y ocasionalmente del sector privado (a través de Obras por Impuestos y APP).

En 2017, el OTASS asumió nuevas competencias, brindando asistencia técnica y transfiriendo recursos a las EP, con el fin de recuperar su capacidad operativa.[24] En este contexto, 19 EP se adhirieron a un Régimen de Apoyo Transitorio (RAT), debido al deterioro de su situación financiera, y se encuentran en proceso de rescate por parte del OTASS. Parece haber algunos resultados positivos, dado que el suministro de agua aumentó en promedio 2,1 horas diarias. La rentabilidad financiera ha pasado de -5% (2017) a +1% (junio de 2019). Sin embargo, el OTASS ha detectado que las EP en áreas de mayor estrés hídrico y que se enfrentan a una frecuente escasez de agua, a menudo recurren a prácticas no autorizadas para asegurar la disponibilidad de agua, ocasionándoles costos adicionales.

Superintendencia Nacional de Servicios de Saneamiento (SUNASS)

SUNASS es el organismo regulador público descentralizado responsable de regular, supervisar y evaluar la prestación de servicios de saneamiento urbano y rural. Fue creado en 1992[25] como órgano adscrito a la PCM con personalidad jurídica de derecho público interno y autonomía administrativa, funcional, técnica, económica y financiera.[26] Sus principales funciones son garantizar un nivel de calidad de servicio para los usuarios, urbanos y rurales, de agua y saneamiento. Las funciones reguladoras de SUNASS se ampliaron sustancialmente, en términos espaciales como de responsabilidades.[27] Hasta 2016, la SUNASS supervisaba los servicios de saneamiento en las ciudades con más de 15.000 habitantes; desde 2016, se incluyeron las ciudades pequeñas y los prestadores rurales de servicios de saneamiento. En términos de funciones, la SUNASS ahora también se encarga de la delimitación de los ámbitos de prestación de servicios,[28] la evaluación de los prestadores de servicios, y de la supervisión y auditoría del cumplimiento de sus obligaciones legales y técnicas (ver Capítulo 4).

Ministerio de Salud (MINSA)

A través de la Dirección General de Salud Ambiental e Inocuidad Alimentaria (DIGESA), el MINSA regula y monitorea el cumplimiento de los parámetros de calidad del agua para consumo humano.[29] De hecho, DIGESA es el organismo técnico y regulador de la calidad del agua para consumo humano pero el seguimiento y vigilancia son realizados por los gobiernos regionales (Decreto Supremo No. 031-2010-SA que aprueba el reglamento de calidad del agua para consumo humano). El MINSA también supervisa y monitorea la calidad del agua para consumo humano a través de diferentes indicadores de calidad (microbiológicos, parasitológicos, físicos y químicos).

Ministerio de Desarrollo e Inclusión Social (MIDIS)

El MIDIS es el órgano rector de las políticas nacionales que promueven el desarrollo y la inclusión social y tiene a su cargo las intervenciones en materia de inversiones en servicios de saneamiento en zonas rurales y para el mantenimiento y rehabilitación de los sistemas de agua y saneamiento, según Decreto Supremo No. 18-2017-VIVIENDA.

¿Quién hace qué a nivel subnacional?

Consejos de Recursos Hídricos de Cuenca (CRHC)

Los CRHC son organismos de la ANA creados por iniciativa de los gobiernos regionales con el fin de lograr una participación significativa y permanente de los actores clave en la planificación, coordinación y consenso para el uso sostenible de los recursos hídricos en sus respectivas áreas.[30] Los CRHC están integrados por representantes de la ANA, los gobiernos regionales y locales, los usuarios de agua (agrarios/no agrarios), las asociaciones profesionales, las universidades, agricultores y comunidades indígenas y los operadores de proyectos especiales de infraestructura hídrica. Adicionalmente, según corresponda, incluyen un representante de las áreas de trasvase (cuenca donante y cuenca receptora), un representante de las comunidades campesinas, un representante de las comunidades indígenas, un representante de los proyectos especiales que operan la infraestructura hídrica pública y un representante del Ministerio de Relaciones Exteriores. Las sesiones ordinarias y extraordinarias de los CRHC son convocadas por el Secretario Técnico en coordinación con el Presidente del Consejo. En áreas donde no existen CRHC, los órganos desconcentrados de la ANA pueden crear Grupos Especializados de Trabajo Multisectorial (GETRAM), que son espacios para la coordinación de análisis y planificación de acciones que aborden los problemas del agua en la cuenca. Se han establecido siete de estos GETRAM (cuatro en la región hidrográfica del Pacífico: Ancash-Pacífico, Chao-Virú, Chaparra-Acarí e Ica) y tres en la región hidrográfica del Amazonas: Alto Amazonas, San Martín y Ucayali.

La ANA prevé crear 29 consejos en total, de los cuales 12 ya se han creado y tres estaban en proceso de creación[31] antes de la pandemia de la COVID-19 (ANA, 2018[10]). Los CRHC ya creados están ubicados en Caplina-Locumba, Chancay-Huaral, Chancay-Lambayeque, Chillón-Rímac-Lurín, Chira-Piura, Jequetepeque-Zaña, Mantaro, CRHC Pampas, Quilca-Chili, Tambo-Santiago-Ica, Tumbes y Vilcanota-Urubamba. A su vez, los CRHC en proceso de creación se ubican en Mala-Omas-Cañete, Tambo-Moquegua y Titicaca. Además, se ha creado un comité de subcuenca hidrográfica en la Amazonía, en el ámbito de Río Mayo (Figura 2.4).

Figura 2.3. Mapa institucional para la provisión de agua y el saneamiento en Perú

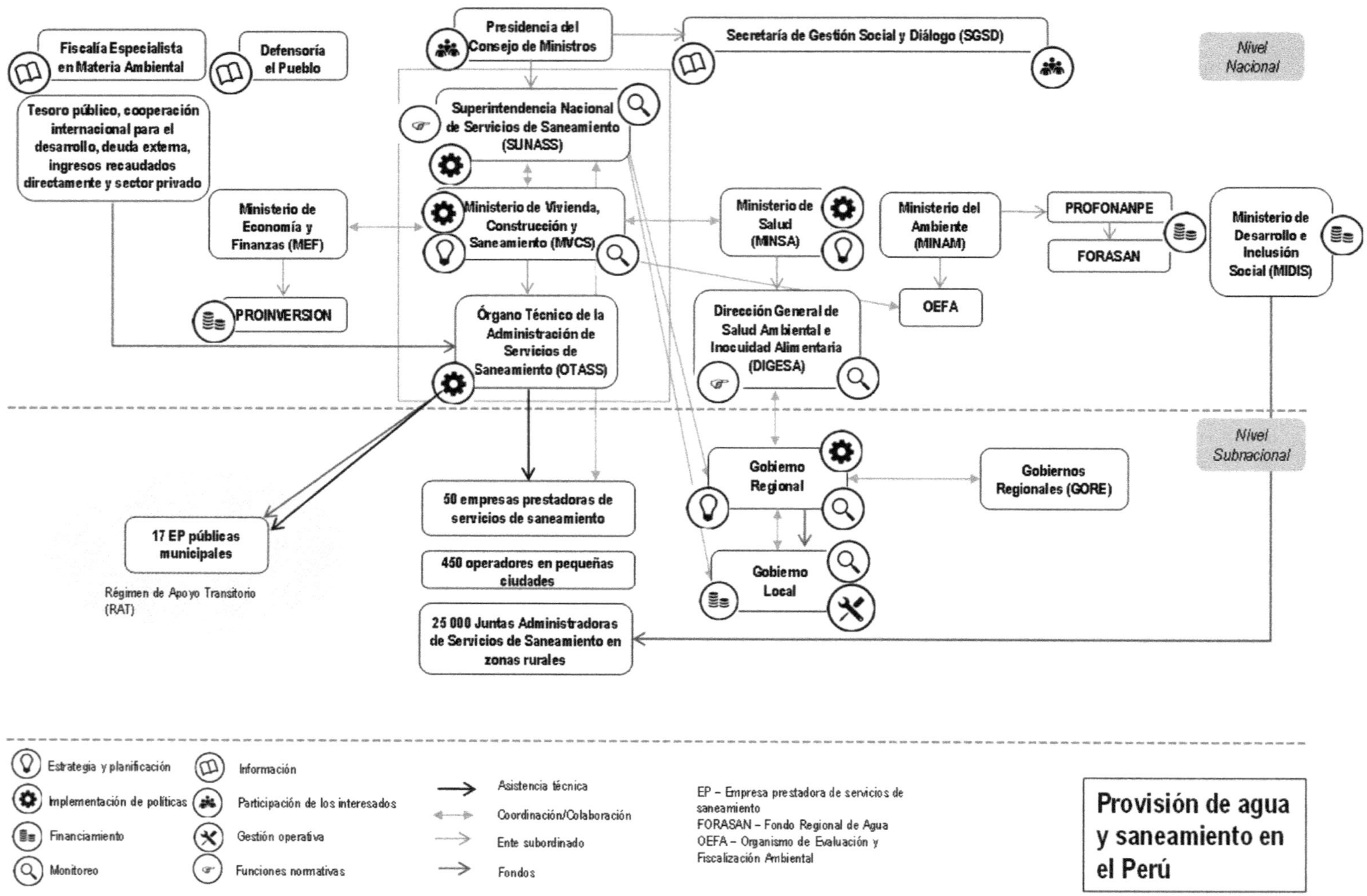

La principal herramienta de gestión del CRHC es el Plan de Gestión de Recursos Hídricos de Cuencas (PGRHC) que se elabora con la participación activa de los miembros del consejo, en el marco de la PENRH y del Plan Nacional de Recursos Hídricos. Asimismo, los planes de gestión de recursos hídricos, en aspectos de conservación de recursos hídricos, deben ser consistentes con los objetivos de creación y conservación de las áreas naturales protegidas, así como con el Plan Maestro de las Áreas Naturales Protegidas. Los planes de gestión de recursos hídricos de cuenca se basan en un principio aceptado generalmente en la política hídrica internacional, a saber que la cuenca hidrográfica debe considerarse como la unidad territorial básica para la planificación de la gestión hídrica.[1] De 2010 a 2015, se implementaron los PGRHC en seis cuencas hidrográficas piloto seleccionadas en la cuenca del Pacífico en el marco del Proyecto de Modernización de la Gestión de los Recursos Hídricos (PMGRH) financiado por el Banco Mundial y el Banco Interamericano de Desarrollo (BID): Chancay-Huaral, Chancay-Lambayeque, Chira-Piura, Locumba-Sama-Caplina, Quilca-Chili y Tumbes. Cada año, el CRHC elabora un Plan de Aprovechamiento de Disponibilidades Hídricas (PADH) a partir de la evaluación de la disponibilidad de recursos hídricos. Para ello, se constituye un grupo de trabajo conformado por la Secretaría Técnica del Consejo de Recursos Hídricos de Cuenca (que lo preside), Administradores Locales de Agua (representantes de cada ALA), un representante de los operadores de cada infraestructura hídrica, mayor y menor, un representante del SENAMHI en la zona y el Director Regional de Agricultura.

Gobiernos regionales y locales

Los gobiernos regionales y locales participan en la gestión de los recursos hídricos y están representados tanto en el Consejo Directivo de la ANA como en los consejos de cuenca.[2] En materia de riego, los gobiernos regionales realizan el control y vigilancia del uso del agua, mediante el seguimiento de la extracción de agua por las organizaciones de usuarios u otros operadores, de acuerdo con la normativa establecida por el MIDAGRI. También promueven e implementan proyectos y obras relacionados con el riego y su mejora, y la gestión y conservación de los recursos hídricos y suelos. De acuerdo con el artículo 141 de la Ley No. 27972, los gobiernos locales tienen competencia en la gestión sostenible de los recursos hídricos, con el fin de abordar la degradación ambiental, la pobreza y los problemas sociales.

Los gobiernos regionales y locales[3] son responsables de garantizar la prestación eficiente de los servicios de agua y saneamiento.[4] Por ley, los gobiernos regionales tienen la responsabilidad de elaborar, aprobar y evaluar planes y políticas regionales de saneamiento; promover la asistencia técnica; proporcionar apoyo técnico y financiero a los gobiernos locales para la prestación de servicios; recopilar datos y mejorar los indicadores de gestión de la infraestructura y los servicios de abastecimiento de agua y saneamiento. Por su parte, los gobiernos locales deben gestionar los activos de dominio público para la prestación de servicios; constituir Áreas Técnicas Municipales (ATM) encargadas de monitorear, supervisar y brindar asistencia técnica y capacitación a los prestadores de servicios de saneamiento; asignar recursos financieros para inversiones en infraestructura de saneamiento en los Planes de Desarrollo Municipal Concertados (PDMC) y presupuesto participativo local, según establece el Plan Nacional de Saneamiento (PNS); financiar y cofinanciar inversiones para el mantenimiento y reemplazo de infraestructura de saneamiento en áreas rurales; y recopilar información e incorporarla al SIAS.

Gobierno Regional (GORE)-Ejecutivo

Los GORE Ejecutivo son estructuras para implementar la agenda de reforma de la política de descentralización en los gobiernos nacional y regionales, y la descentralización y seguimiento de los procesos de reforma (PCM, 2017[9]). Los GORE Ejecutivo parecen haber sido útiles para acelerar los proyectos de saneamiento (170 proyectos para 2017) y fortalecer la implementación de los MERESE (Gobierno del Perú, 2016[10])Actualmente, Perú está implementando Agencias Regionales de Desarrollo (ARD), la primera de las cuales es la de Tacna.

Figura 2.4. Avances en la creación de Consejos de Recursos Hídricos de Cuenca

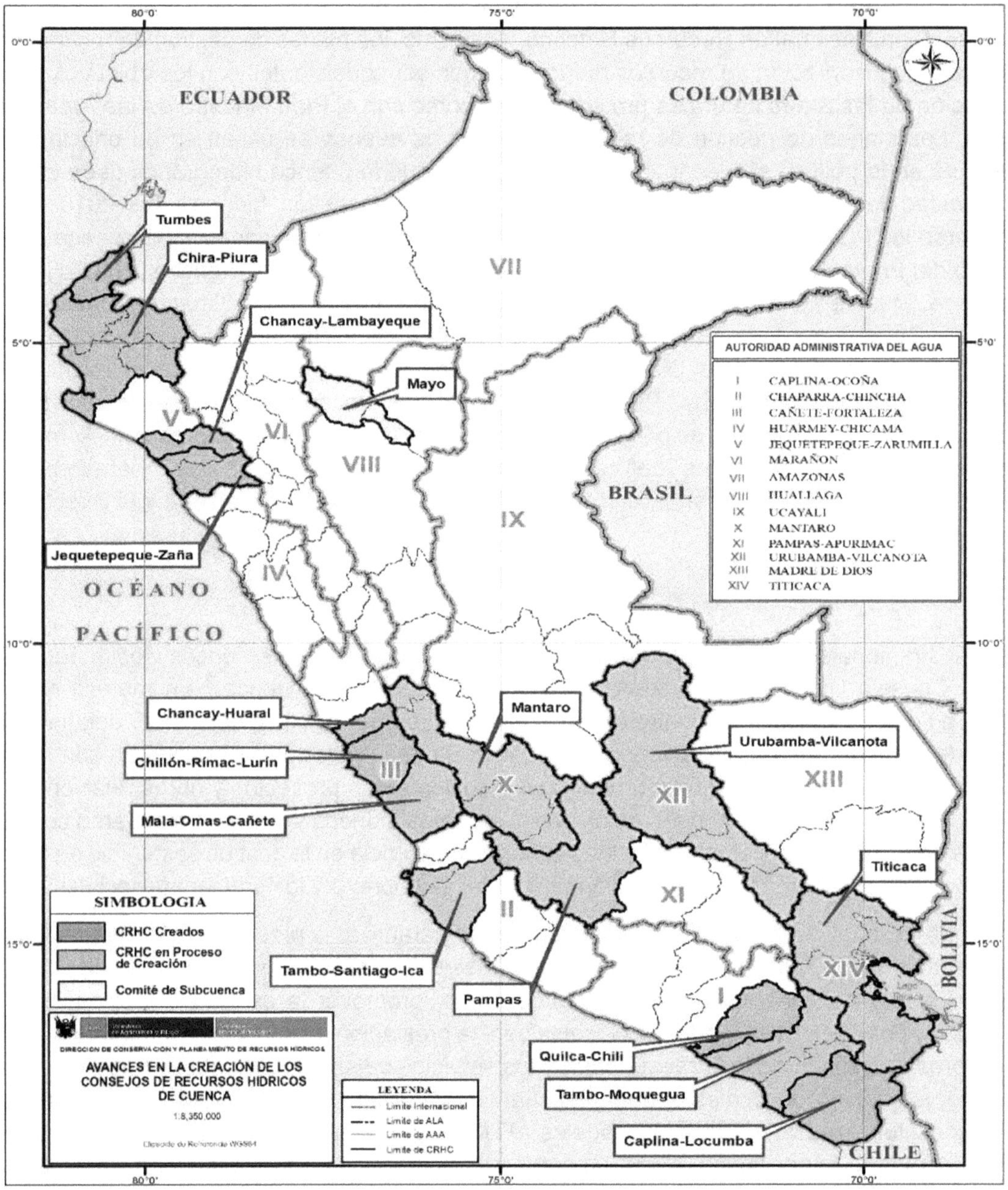

Fuente: ANA (2020[11]), *Consejos de Recursos Hídricos de Cuenca*, https://www.ana.gob.pe/nosotros/planificacion-hidrica/plan-gestion-cuencas.

Organizaciones de usuarios del agua

Las organizaciones de usuarios del agua son organizaciones sin ánimo de lucro de personas naturales o jurídicas que canalizan la participación de los usuarios del agua en la gestión multisectorial y el uso sostenible de los recursos hídricos, y representan y defienden sus derechos e intereses. Promueven el uso eficiente y sostenible de los recursos hídricos (Artículo 13 inciso 13.1 y Artículo 14 del Decreto Supremo No. 005-2015-MIANGRI).

Operadores

Los operadores del sector del agua son entidades públicas o privadas que prestan el servicio de abastecimiento de aguas superficiales o el servicio de control y gestión de aguas subterráneas mediante la operación y mantenimiento de la infraestructura hidráulica. Son los encargados de dar respuesta oportuna a las solicitudes y reclamos que presenten los usuarios del servicio (Artículo 3 inciso 3.1 de la Resolución Jefatural No. 327-2018-ANA). También recaudan las retribuciones económicas por el uso del agua y las transfieren a la ANA. Es su deber preservar y proteger los recursos hídricos de la infraestructura hídrica.

Pequeños agricultores y comunidades nativas

Los agricultores en pequeña escala y los pueblos indígenas están representados en la Junta Directiva de la ANA y en su respectivo CRHC. Participan en la elaboración de Planes de Gestión de Recursos Hídricos de Cuencas (PGRHC), según establece el Art. 18 del Reglamento de la Ley de Recursos Hídricos.

Evaluación de la gobernanza multinivel del agua

Los Principios de la OCDE sobre Gobernanza del Agua proporcionan un esquema mediante el cual se evalúa el sistema de gobernanza del agua en varios niveles de gobierno (OECD, 2015[12]) (Recuadro 2.2). Utilizando este marco orientador, se analizan algunos de los principales retos que enfrenta la gobernanza del agua en Perú.

Recuadro 2.2. Los Principios de la OCDE sobre gobernanza del agua

Los Principios de la OCDE sobre Gobernanza del Agua tienen como objetivo mejorar los sistemas de gobernanza del agua que ayudan a gestionar "demasiada agua", "muy poca agua" y "agua demasiado contaminada" de manera sostenible, integral, e incluyente, a un precio aceptable y en un espacio de tiempo razonable. Los principios reconocen que la buena gobernanza es un medio para dominar la complejidad y gestionar los *trade-offs* en un ámbito de políticas que es muy sensible a la fragmentación, los compartimentos estancos, los desajustes de escala, las externalidades negativas, los monopolios y las grandes inversiones intensivas en capital. Los principios consideran que la gobernanza es buena si ayuda a resolver los desafíos claves del agua utilizando una combinación de procesos "*bottom-up*" y "top-down", al tiempo que impulsan las relaciones constructivas entre el Estado y la sociedad.. La gobernanza es mala si genera costos de transacción excesivos y no responde a las necesidades propias de cada lugar. Los principios apoyan la búsqueda de sistemas eficaces, eficientes e inclusivos para la gobernanza del agua:

1. La efectividad se refiere a la contribución de la gobernanza en definir las metas y objetivos sostenibles y claros de las políticas del agua en todos los órdenes de gobierno, en la implementación de dichos objetivos de política, y en la consecución de las metas esperadas.
2. La eficiencia está relacionada con la contribución de la gobernanza en maximizar los beneficios de la gestión sostenible del agua y el bienestar, al menor costo para la sociedad.
3. La confianza y participación están relacionadas a la contribución de la gobernanza en la creación de confianza entre la población, y en garantizar la inclusión de los actores a través de legitimidad democrática y equidad para la sociedad en general..

Figura 2.5. Principios de la OCDE sobre gobernanza del agua

Fuente: OCDE (2015[12]), *OECD Principles on Water Governance*, http://www.oecd.org/cfe/regional-policy/OECD-Principles-on-Water-Governance.pdf.

Los 12 principios son los siguientes:

- Principio 1. Asignar y distinguir claramente los roles y responsabilidades para el diseño de políticas del agua, la implementación de políticas, la gestión operativa y la regulación, e impulsar la coordinación entre las autoridades competentes.
- Principio 2. Gestionar el agua a las escalas apropiadas dentro de los sistemas integrados de gobernanza de cuencas para así poder reflejar las condiciones locales, e impulsar la coordinación entre las diferentes escalas..
- Principio 3. Fomentar la coherencia de las políticas a través de la coordinación transversal eficaz, especialmente entre políticas de agua y medio ambiente, salud, energía, agricultura, industria, y planeamiento y ordenación del territorio.
- Principio 4. Adaptar el nivel de capacidad de las autoridades responsables a la complejidad de los desafíos del agua que deben afrontar, y a la serie de competencias necesarias para llevar a cabo sus funciones.
- Principio 5. Producir, actualizar, y compartir de manera oportuna datos e información consistentes, comparables y relevantes relativos al tema del agua, y utilizarlos para guiar, evaluar y mejorar las políticas del agua.
- Principio 6. Asegurar que los marcos de gobernanza ayuden a movilizar las finanzas del agua y a asignar los recursos financieros de manera eficiente, transparente y oportuna.
- Principio 7. Asegurar que los marcos regulatorios sólidos de gestión del agua sean implementados y aplicados de manera eficaz en pos del interés público.

- Principio 8. Promover la adopción e implementación de prácticas de gobernanza del agua innovadoras entre las autoridades competentes, los órdenes de gobierno y los actores relevantes.
- Principio 9. Incorporar prácticas de integridad y transparencia en todas las políticas del agua, instituciones del agua y marcos de gobernanza del agua para una mayor rendición de cuentas y confianza en la toma de decisiones.
- Principio 10. Promover el involucramiento de las partes interesadas para que coadyuven de manera informada y orientada a resultados en el diseño e implementación de políticas del agua.
- Principio 11. Fomentar marcos de gobernanza del agua que ayuden a gestionar los arbitrajes entre usuarios del agua, áreas rurales y urbanas, y generaciones.
- Principio 12. Promover el monitoreo y evaluación habitual de las políticas de agua y de la gobernanza del agua cuando proceda, compartir los resultados con el público y realizar ajustes cuando sea necesario.

Fuente: OCDE (2015[12]), *OECD Principles on Water Governance*, http://www.oecd.org/cfe/regional-policy/OECD-Principles-on-Water-Governance.pdf.

Efectividad

Roles y responsabilidades

Perú cuenta con una estructura institucional compleja para la gestión de los recursos hídricos. El marco institucional está fundamentado en un marco legal bastante sólido, especialmente después de la aprobación de la Ley de Recursos Hídricos y su reglamento en 2009. La mayoría de retos subsistentes se encuentran en la implementación de ese marco legal para mejorar la gestión integral de los recursos hídricos (GIRH). Estos desafíos se describen a continuación.

El papel de la gestión de los recursos hídricos desde una perspectiva multisectorial podría perfeccionarse y aclararse en la práctica, más allá de la dimensión legal de la asignación de las competencias legales. Se cuestiona la efectividad del SNGRH como plataforma multisectorial y como mecanismo de coordinación entre los diferentes actores del sistema integrado de gestión del agua. El fortalecimiento de la gestión de las entidades y capacidades del SNGRH, tanto técnicas como humanas, podría ayudar a impulsar el desarrollo, la planificación y la implementación de políticas con visión de futuro, para garantizar una gestión eficaz, equitativa y sostenible de los recursos hídricos de manera multisectorial. Actualmente, la falta de reuniones periódicas y la falta participación equilibrada de los usuarios del agua en el SNGRH (aparte del sector agrícola) obstaculizan la consecución de objetivos y ponen de manifiesto el débil liderazgo y poder de convocatoria del directorio ejecutivo de la ANA.

El rol de la ANA como órgano de gobierno es indiscutible, pero surgen varias dudas en cuanto a su capacidad real de ejecución. El año 2008 marcó un punto de inflexión en la gestión de los recursos hídricos en Perú con la aprobación de la Ley de Recursos Hídricos y la creación de la ANA para supervisar su implementación y pasar a ser el regulador de la gestión de los recursos hídricos. En teoría, la ANA actúa de acuerdo con las mejores prácticas internacionales en el sentido de que es un organismo multisectorial (superando así sesgos sectoriales), fomenta la participación de los actores, profundiza la gestión descentralizada de los recursos naturales, y reconoce el agua como un bien social y económico. Sin embargo, persisten varias dudas sobre la integración de las políticas sectoriales. En la práctica, hay dos consideraciones principales a tener en cuenta con respecto a la actividad de la ANA. En primer lugar, la descentralización a nivel territorial. Si bien ese proceso tiene como objetivo potenciar el principio de subsidiariedad, generó múltiples superposiciones y redundancias entre las autoridades responsables y una situación en la que las entidades desconcentradas carecen de capacidades y recursos adecuados y que posteriormente presentan disfuncionalidades para la gestión del recurso hídrico y déficits en la implementación a nivel regional y local. Una consideración adicional es que la ANA es un órgano de línea del Ministerio de Desarrollo Agrario y Riego, lo que cuestionan crecientemente una serie de partes interesadas debido a la naturaleza transversal de la gestión de los recursos hídricos y las dificultades relacionadas para gestionar los *trade offs* entre los usos de agua que compiten entre sí, dada la gran proporción del agua destinada al riego en Perú, como también sucede en muchos otros países. La piedra angular de cualquier esfuerzo para fortalecer la gestión y la política del agua radica en la redefinición y empoderamiento de la ANA, lo que incluye su mayor autonomía respecto del MIDAGRI o su reasignación institucional; abordar la autonomía fáctica respecto de los organismos de cuenca; asegurar recursos financieros para la ejecución rentable de su mandato; y garantizar la coordinación adecuada con los ministerios y otros organismos públicos pertinentes.

Las superposiciones, duplicaciones y áreas grises de las normas y su implementación son las consecuencias de relaciones complejas entre las instituciones nacionales y niveles de gobierno. En el saneamiento rural, por ejemplo, los servicios de agua y saneamiento son responsabilidad de las autoridades locales. Como órgano rector del sector, el MVCS financia proyectos presentados por los gobiernos subnacionales, además de formularlos e implementarlos en áreas urbanas y rurales. El MVCS implementa el Programa Nacional de Saneamiento Rural desde 2012 para brindar servicios de saneamiento a la población rural. Anteriormente, las actividades relacionadas con las áreas rurales eran de responsabilidad del Programa Nacional de Agua y Saneamiento Rural (PRONASAR). El MINSA, a su vez, tiene una función fiscalizadora. Supervisa la calidad del agua potable desde una perspectiva de salud pública, pero no es responsable de la planificación y ejecución de las políticas de saneamiento. De hecho, el MINSA, a través de la DIGESA, monitorea la calidad del agua para consumo humano, pero comparte esa competencia con los gobiernos regionales. Este marco ya de por si sofisticado, se ve reforzado por la actividad de los bancos multilaterales de desarrollo (principalmente el BID, en lo que se refiere al saneamiento rural) y, sobre todo, una agencia de desarrollo bilateral (Agencia Suiza para el Desarrollo y la Cooperación, COSUDE) que hace mucho tiempo desarrolló un completo marco para intervenciones en saneamiento rural, en coordinación con inversiones en infraestructura a través del Programa Nacional de Saneamiento Rural (PNSR). A pesar de tal complejidad, persisten brechas notables en las áreas rurales en términos de cobertura y sostenibilidad de los servicios. Las zonas rurales están rezagadas. La creación del OTASS fue una innovación importante incluida en la Ley de Modernización de los Servicios de Saneamiento de 2013. En 2017, la Ley Marco de la Gestión y Prestación de los Servicios de Saneamiento (Decreto Legislativo No. 1280) transfirió la mayor parte de sus funciones a SUNASS, generando cuestionamientos desde OTASS sobre la legitimidad y eficiencia de SUNASS para cumplir con algunas de las funciones.

Escalas apropiadas

En muchos países, se ha observado un desajuste significativo entre la delimitación de fronteras administrativas (regiones, municipalidades, otras divisiones subnacionales) y las unidades hidrológicas. Esta característica, que también se puede observar en Perú, imposibilita la adecuada implementación de las políticas de recursos hídricos y otras políticas públicas, convirtiéndose en una fuente de conflicto entre las autoridades elegidas. Este último es el caso de Ica y Huancavelica, donde existe un desequilibrio en los recursos hídricos entre la cuenca alta y baja y discrepancias entre departamentos (Anexo A). Los conflictos también pueden surgir entre las autoridades de gestión del agua o una amplia gama de usuarios del agua, como sucede entre las empresas concesionarias del Proyecto Olmos y los pequeños agricultores del Valle de Olmos o las cabeceras, o entre los agricultores y los ciudadanos y las empresas mineras en varios otros casos (Anexo B). Es de vital importancia identificar y tratar los casos de las brechas, los *trade offs* y los conflictos de intereses, dado que estos obstáculos a la coordinación de políticas verticales son especialmente relevantes cuando el nivel de autonomía de las autoridades de cuencas hidrográficas es todavía limitado, en el mejor de los casos (a diferencia las agencias del agua de Francia o las confederaciones hidrológicas en España; ver Recuadro 2.3).

Recuadro 2.3. Organismos de cuenca. Experiencias de Francia y España

España tiene una de las historias más largas en el desarrollo de autoridades gubernamentales formales a escala de cuenca hidrográfica. Desde 1926, el país ha establecido 13 confederaciones hidráulicas (CH), nueve de las cuales son interregionales (en varias comunidades autónomas) y cuatro intrarregionales (dentro de una comunidad autónoma). En sus primeros años, las CH eran agencias hidro-técnicas dedicadas a la construcción de presas, embalses e instalaciones de conducción de agua, mientras que la administración de la ley de aguas y la gestión de los usos del agua estaban a cargo de una agencia separada antes de que el gobierno central fusionara estas funciones en una sola autoridad para toda la cuenca.

Desde 1985, las CH han tenido responsabilidades combinadas de: i) manejo físico (monitoreo de las condiciones de los recursos hídricos, transferencias de agua); ii) gestión de infraestructura (obras hidráulicas); y iii) gestión del uso del agua (concesión de licencias de agua, planificación del agua y aplicación de las regulaciones nacionales y de la Unión Europea - UE). Las CH se gobiernan a través de dos juntas separadas, la Junta de Gobierno y la Junta de Explotación, compuestas por representantes gubernamentales y de los usuarios del agua (empresas públicas y privadas de suministro de agua, asociaciones de regantes, empresas hidroeléctricas y usuarios industriales) para asegurar una amplia participación de los diversos actores en la toma de decisiones. Además, la Asamblea de Usuarios de Agua hace recomendaciones de políticas de CH para la gestión coordinada de obras hidráulicas y recursos hídricos, mientras que el Consejo del Agua de Cuenca aprueba el plan hidrológico de cuenca. La administración y las operaciones de la CH se financian con una combinación de transferencias del gobierno central y los ingresos propios de la CH, principalmente por tarifas (a los usuarios del agua y residentes de la cuenca) e impuestos (tarifas de descarga, impuestos a la extracción de arena y grava, e impuestos a la energía hidroeléctrica).

En 1964, Francia creó seis agencias del agua (*agences de l'eau*) para cada una de las principales cuencas hidrográficas (Ley de Aguas - 16 de diciembre de 1964, actualizada en 1992 y 2006) que tienen como objetivo facilitar la coordinación de acciones de interés común para la cuenca.

El diálogo y la organización, producción y gestión de datos e información necesarios están institucionalizados a nivel nacional, de cuenca y local. A nivel nacional, se consulta al Comité Nacional del Agua sobre las tendencias de la política nacional del agua y los proyectos de textos legislativos y regulatorios. En cada una de las seis grandes cuencas hidrográficas, las agencias de agua cobran tasas por contaminación y extracción de agua, otorgan subsidios para reducir la contaminación y desarrollan el plan de gestión de cuenca denominado SDAGE (*Schéma directeur d'aménagement et de gestion de l'eau*). El SDAGE incluye los principios para la "gestión equilibrada de los recursos hídricos", abarca los principales planes y programas, y define los principales objetivos cuantitativos y cualitativos para el agua, así como los instrumentos para alcanzarlos. A nivel de subcuenca, una comisión local del agua (*Commission locale de l'eau*) diseña y asegura la implementación de los planes de gestión de la subcuenca (denominada SAGE - *Schéma d'aménagement et de gestion de l'eau*) en el marco del SDAGE, con 50% de representantes del gobierno local, 25% de representantes del gobierno nacional y 25% de representantes de los grupos de usuarios.

Fuente: OCDE (2011[13]), *Water Governance in OECD Countries: A Multi-level Approach*, https://doi.org/10.1787/9789264119284-en; OCDE (2015[14]), "OECD Studies on Water, Country profile, Spain", https://www.oecd.org/spain/Water-Resources-Allocation-Spain.pdf.

En Perú, se ha identificado las cuencas como las unidades de manejo relevantes; sin embargo, persisten algunos retos, principalmente en cuanto a la delimitación de los distritos de cuenca (especialmente en las cabeceras) o el uso real de instrumentos de planificación (no solo desde un punto de vista hidrológico). La delimitación de las cabeceras se ha convertido en un importante desafío, con consecuencias en las inversiones en infraestructuras naturales. La Ley No. 30640 de 2017 establece criterios técnicos para la identificación y demarcación de cabeceras de cuenca. Actualmente, la ANA está preparando un marco metodológico que establece criterios técnicos para la identificación, demarcación y zonificación de las cabeceras de las cuencas del Pacífico, Atlántico y Lago Titicaca. Varios actores involucrados han sugerido que la ANA debe definir claramente los criterios técnicos para calificar los niveles de vulnerabilidad ambiental de las cabeceras y, en base a esto, establecer las medidas de protección más adecuadas *ad hoc*. A junio de 2019, el 42% de las cuencas habían sido identificadas y delimitadas en el marco de la Ley No. 30640 (ANA, 2019[15]). Aunque este esfuerzo es muy prometedor, se han expresado algunas dudas en relación con la falta de conocimientos y experiencia de la ANA para abordar algunos temas de la demarcación de cabeceras y la necesidad de tomar en cuenta una gran diversidad de ecosistemas acuáticos y terrestres en el marco de evaluación (Chirinos, 2018[16]).

La creación de los Consejos de Recursos Hídricos de Cuenca (CRHC) en Perú es un paso positivo, pero insuficiente. Los CRHC se crearon inicialmente como pilotos, con el apoyo del Proyecto Modernización de la Gestión de los Recursos Hídricos (PMGRH), cofinanciado por el BID y el Banco Mundial. A pesar de su carácter consultivo y déficits sustanciales en términos de suficiencia y capacidad financiera, este tipo de espacio de concertación de actores— como embrión de plataformas multi-actores de donde podrían surgir, a su debido tiempo, las autoridades de cuenca hidrográfica—es esencialmente inédito en América Latina. Aunque es pronto para una evaluación integral de su efectividad, algunos asuntos merecen atención:

- En caso de que existan, los planes de gestión de cuencas hidrográficas en general se implementan y se hacen cumplir de manera deficiente.
- Si bien las modificaciones legales aseguran la participación del sector urbano de agua y saneamiento, los usuarios agrícolas tienden a estar sobrerrepresentados en los CRHC. Además, puede haber riesgo de captura política debido a que la presidencia de los consejos está en manos del gobierno regional respectivo.
- Los CRHC carecen de suficiente capacidad financiera, lo que conlleva a la falta de desarrollo de capacidades, tanto en términos de conocimientos técnicos como de recursos humanos. Los Secretarios Técnicos que brindan apoyo técnico a los CRHC se financian con cargo al presupuesto de la ANA. También se definió una metodología para fijar retribuciones por uso de agua y descarga de aguas residuales tratadas, que actualmente aporta gran parte de los ingresos de la ANA, con que deben financiar los costos administrativos de la sede de la ANA en Lima, sus oficinas descentralizadas (ALA y AAA) y los consejos de cuenca. Para la implementación de los Planes de Gestión de los Recursos Hídricos de cada cuenca, los CRHC reciben financiamiento de gobiernos regionales, gobiernos locales y organismos sectoriales relevantes del gobierno central, así como, ocasionalmente, del sector privado, como parte de una serie de acuerdos de APP (es decir, obras por impuestos, contratos de APP, etc.).
- Los CRHC carecen de especialistas y personal. Las Secretarías Técnicas, designadas mediante concurso público por la ANA, cumplen las funciones de apoyo técnico a los miembros del CRHC pero cuentan con limitados recursos humanos, excepto en el caso de los consejos de Chancay-Lambayeque, Chira-Piura o Quilca-Chili, que parecen operar razonablemente bien.

Coherencia de políticas

Un error común en la política de recursos hídricos es confundir medios y fines, en otras palabras, confundir los instrumentos de política y objetivos de política. En tales casos, la política de recursos hídricos termina siendo un esfuerzo correctivo de impacto en lugar de ser una política proactiva y preventiva que anticipa riesgos y oportunidades. El caso de Perú evidencia las implicaciones de una inadecuada inserción de la gestión sostenible de los recursos hídricos en la estrategia general de desarrollo social y económico del país. No obstante, el país ha avanzado en la definición de metas concretas para abordar los efectos del cambio climático en los recursos hídricos, en el marco del Acuerdo de París, que llevó a Perú a establecer 31 medidas de adaptación al cambio climático con el objetivo de incrementar la disponibilidad de agua presente y futura para su uso en diferentes sectores.

El país muestra un número muy alto de mecanismos de *trade off* entre políticas sectoriales para el desarrollo territorial, desarrollo urbano, minería y energía, agricultura, conservación de la biodiversidad, silvicultura, etc. Sin embargo, carece de una política nacional de uso de la tierra (aunque existen disposiciones legales sobre desarrollo territorial) y de insuficiente coordinación con los sectores económicos, lo que constituye un serio obstáculo para la gestión eficaz de los recursos hídricos. En general, las industrias manufactureras, incluidas las empresas agroalimentarias, no han mostrado ser significativamente eficientes en el uso del agua. Por ejemplo, en Pisco (Región Ica), todos los años durante la estación seca, el estrés hídrico afecta el suministro de agua potable para la población. Sin embargo, a pesar de tal déficit, la mayoría de los agricultores continúan utilizando técnicas de riego por inundación. Así, las normas de eficiencia en el uso del agua se aplican al suministro de agua potable para la población (regulado por la SUNASS), en lugar de que para otros sectores productivos que, como es el caso de la agricultura, que consumen el mayor volumen de agua, a pesar de que las empresas agroexportadoras están sujetas a estrictas certificaciones internacionales sobre el uso eficiente del agua.

Los planes de recursos hídricos y de servicios de saneamiento no se implementan adecuadamente ni están conectados entre sí, aunque se observaron algunos avances recientes, por ejemplo, como resultado del Decreto Supremo No. 029-2018-PCM del Centro Nacional de Planeamiento Estratégico (CEPLAN), que aprueba el Reglamento de Políticas Nacionales, buscando fortalecer la implementación de las políticas nacionales. En este sentido, todas las entidades nacionales deben identificar y actualizar sus políticas en el marco de sus competencias legales, buscando, entre otros fines, la articulación con otros marcos de política sectoriales o multisectoriales, con el objetivo de mejorar la eficiencia de los modelos de intervención, promover sinergias y evitar superposiciones importantes. También es necesario alinear una serie de instrumentos de planificación, entre los que se cuentan el Plan Nacional de Saneamiento, el Plan Nacional de Recursos Hídricos, los planes relacionados contra la anemia y la desnutrición crónica, así como los planes contra los parásitos.

La falta de coherencia de las políticas en el agua y áreas relacionadas origina resultados no deseados. Las medidas que conducen al incremento del consumo de agua en determinados sectores, de forma no intencionada, se contraponen al uso de tarifas (uso poblacional) y retribuciones (uso no poblacional) por consumo de agua que buscan incentivar el ahorro de agua en esos mismos sectores. Por ejemplo, esto se relaciona con los impactos de los subsidios perjudiciales al medioambiente en diferentes niveles, así como las deficiencias en los precios del agua cruda (es decir, cobros por extracción de agua y contaminación que cobra la ANA) y otros instrumentos de fijación de precios del agua (tarifas para el uso de infraestructura mayor y menor, tarifas de agua residencial, etc.). Otro ejemplo es el vínculo existente entre los efluentes de aguas residuales tratadas (y no tratadas) y el sector agrícola. Aunque el Decreto Legislativo No. 1280 establece que las EP pueden comercializar efluentes de aguas residuales tratadas (y no tratadas) bajo criterios de mercado (no regulados), para que haya eficiencia técnica y económica como país en la recuperación y reutilización de las aguas regeneradas, para ello es necesario vincularlo a la normativa de uso del agua para riego.

Capacitación

La ANA enfrenta importantes brechas de capacidades desde un punto de vista financiero, humano y técnico. Aunque los perfiles de ingeniería son relativamente abundantes, no es el caso de los de planificación y formulación de políticas. Además, la capacidad institucional para atender problemas y necesidades se desarrolla a través de órganos desconcentrados (14 AAA y 71 ALA) para las 159 unidades hidrográficas de la nación. Las limitaciones financieras explican parte del déficit en tales unidades desconcentradas (ver más adelante tratamiento sobre el déficit de financiamiento). Los déficits de capacidades son aún más evidentes cuando se trata de los consejos de cuenca, aunque esto también puede explicarse por el bajo nivel de compromiso de algunos gobiernos regionales y autoridades locales para implementar el plan nacional y asegurar un adecuado cumplimiento de las funciones de los consejos de cuenca. A lo largo de los años, la ANA ha estado implementando gradualmente programas de desarrollo de capacidades para todos los actores del SNGRH. A través de SERVIR, la autoridad nacional del servicio civil, promueve la contratación meritocrática de sus funcionarios públicos. Respecto de la cultura del agua (uno de los ejes estratégicos del plan nacional), la ANA también apoya la capacitación de funcionarios de alto nivel encargados de la toma de decisiones.

También existen brechas de capacidades en el MINAM y otras autoridades para la implementación de los Mecanismos de Retribución por Servicios Ecosistémicos (MERESE). Si bien la ANA se creó a partir del antiguo Instituto Nacional de Recursos Naturales (INRENA), hace más de diez años Perú creó el MINAM que es su primer ministerio del ambiente. Por tanto, ambas administraciones pueden considerarse instituciones muy jóvenes que se encuentran en gran medida al inicio de su curva de aprendizaje. También se presentan varias brechas de capacidades en la implementación de los MERESE. Por un lado, existen bloqueos institucionales vinculados a las capacidades de las organizaciones e instituciones involucradas, como la inestabilidad y alta rotación de los funcionarios y autoridades de algunos gobiernos regionales y locales y en las organizaciones e instituciones que participan en el desarrollo de los MERESE (Juntas Directivas de EP, o los Consejos Administrativos de las Juntas Administradoras de Servicios de Saneamiento [JASS], etc.). Por otro lado, existen bloqueos técnicos en términos de falta de conocimientos, en particular en lo que respecta a la operación y/o gestión de proyectos de tipo MERESE debido a la insuficiente información o falta de diseños de proyectos de infraestructura natural. Como ilustración, parte de esos déficits se suma a las limitaciones en el Servicio de Agua Potable y Alcantarillado de Lima (SEDAPAL), por ejemplo, por la falta de proyectos para utilizar los ingresos recaudados por el MERESE para Lima. Con el fin de brindar herramientas que faciliten el proceso de diseño e implementación los MERESE, el MINAM aprobó recientemente los "Lineamientos para el Diseño e Implementación de Mecanismos de Retribución por Servicios Ecosistémicos" (R.M. No. 014-2021-MINAM).

Otras instituciones nacionales también se beneficiarían de una mayor inversión en la creación de capacidades, especialmente para la implementación de planes a nivel subnacional. Las diferentes áreas de la Dirección de Saneamiento del MVCS, por ejemplo, también requieren más recursos humanos y financieros, para dar un adecuado seguimiento a la Política Nacional de Saneamiento, y diseñar e implementar medidas integrales de la misma. Se requerirá asistencia para la implementación de los 24 Planes Regionales de Saneamiento, que incluyen las inversiones en los tres niveles de gobierno para cerrar las brechas de infraestructura de saneamiento. Se ha recurrido a diversas estrategias para un mejor cumplimiento de las acciones, como la asistencia técnica no presencial con un número limitado de visitas de campo, la articulación con otros programas del MVCS o la creación de equipos de trabajo conjunto con entidades vinculadas.

En términos de servicios de agua y saneamiento, los operadores de servicios también se enfrentan a fuertes limitaciones de capacidades. Las evaluaciones de desempeño de las EP realizadas por OTASS y SUNASS revelan que el rendimiento de esas empresas es insatisfactorio y no necesariamente sostenible. Los bajos niveles de cobertura vienen acompañados de problemas de calidad y sostenibilidad de los servicios, especialmente en las zonas rurales, lo que se suma a la crítica situación financiera de una gran parte de las EP. En gran medida, los problemas surgen principalmente en el segmento que atiende a las pequeñas ciudades, que también enfrentan problemas de economías de escala y cobertura. El agua distribuida a la población en las pequeñas ciudades no siempre es segura, dado que la desinfección no se aplica de forma permanente. Además, los operadores de servicios presentan serias deficiencias de gestión comercial, operativa y administrativa, dado que carecen de un catastro comercial. No hay continuidad en el manejo y preservación de la información comercial de los servicios, ni se suspende el suministro por falta de pago, lo que genera altas tasas de agua no facturada.

Asimismo, la situación económica y financiera de la mayoría de las EP no les permite realizar las inversiones necesarias para lograr la cobertura universal. La evaluación realizada por OTASS muestra que 25 EP registraron pérdidas netas en 2016 y ocho empresas tuvieron utilidades de menos de PEN 60.000 (aproximadamente USD 18.000). Adicionalmente, cabe señalar que un grupo de EP se encuentra actualmente bajo el Régimen de Apoyo Transitorio de OTASS, que brinda asistencia técnica y transfiere recursos a las empresas de agua con el fin de devolverles su capacidad operativa. La mayoría de los proveedores carecen de la capacidad institucional, operativa y financiera para hacerse cargo de la prestación de servicios de saneamiento por sí solos. Las tarifas que cobran son insuficientes para recuperar costos. SUNASS elabora y aprueba periódicamente un Estudio de Revisión Tarifaria que incluye un plan operativo y de inversión y un plan financiero para las EP. Estas cuentan con un Plan Maestro Optimizado (PMO), que es una herramienta de planificación a largo plazo con un horizonte de 30 años que comprende la programación de inversiones en condiciones eficientes y las proyecciones financieras y económicas para el desarrollo eficiente de las operaciones. El PMO incluye un diagnóstico de disponibilidad y demanda a largo plazo que sustenta un plan de inversión para cerrar brechas y garantizar la sostenibilidad de los servicios. Tales planes financieros, que actualmente no están en marcha, se estructurarían con el objetivo de cumplir con uno de los principios clave de la regulación económica: la viabilidad financiera. De acuerdo con este principio de viabilidad financiera, el regulador establece una determinada tarifa que garantiza que los ingresos de las EP permitan recuperar los costos económicos y financieros requeridos para su operación eficiente y sostenible, respetando los niveles de calidad y servicio establecidos por la SUNASS, así como para la reposición de activos (en su mayoría infraestructuras) al final de su vida útil, aspecto que resulta un gran reto en Perú y otros países. Esto no ha impedido que muchas EP sufran limitaciones de liquidez y solvencia. En el contexto de su nuevo mandato y mediante resolución de su directorio (028-2018-SUNASS-CD), SUNASS aprobó, en julio de 2018, la metodología para fijar una "cuota familiar" por la prestación de servicios de agua y saneamiento en áreas rurales.

En determinadas zonas geográficas, las soluciones técnicas son inadecuadas, en particular en las zonas rurales. Los registros técnicos de inversiones en agua y saneamiento no siguen un criterio uniforme para áreas urbanas y rurales, debido a la ausencia de instrumentos de inversión estandarizados que, basados en criterios técnicos y menores costos, permitan tomar decisiones de inversión eficientes para el sector. Como resultado, las inversiones realizadas no tienen el retorno económico y social esperado debido a que están sobredimensionadas y, en algunos casos, se desarrollan sin ningún criterio de sostenibilidad. Por lo tanto, estas inversiones quedan inactivas y el operador no tiene la capacidad de operar y/o mantener adecuadamente las infraestructuras antiguas. En áreas rurales, el MVCS ha establecido un estándar de diseño técnico con opciones tecnológicas para sistemas de saneamiento en áreas rurales, con el objetivo de definir los diseños finales de opciones tecnológicas de saneamiento, criterios de elección, diseño y mecanismo de entrega (Resolución Ministerial No. 192- 2018-VIVIENDA). Sin embargo, se necesitan más acciones de difusión y capacitación en el uso de esta norma para garantizar que los diseños de proyectos para las zonas rurales sean efectivos y sostenibles. Otra dificultad es la de la capacidad de las organizaciones comunales de abastecimiento de agua, donde el personal es voluntario y tiene muy baja capacidad para la administración, operación y mantenimiento de las obras.

Eficiencia

Datos e información

La información se encuentra dispersa y fragmentada en diferentes sistemas de almacenamiento institucionales, lo que dificulta su uso efectivo para la formulación de políticas y la toma de decisiones. La Ley de Recursos Hídricos No. 29338 creó el Sistema Nacional de Información de Recursos Hídricos, en parte para abordar los problemas de fragmentación en la recolección de datos y fomentar la interoperabilidad de los datos de entidades especializadas en el campo de los recursos hídricos. En términos de fiscalización ambiental, el Portal Interactivo de Fiscalización Ambiental (PIFA) y el Organismo de Evaluación y Fiscalización Ambiental (OEFA) contienen y publican información relacionada con la evaluación y monitoreo del agua.[5]

La importante falta de modelos de pronósticos climatológicos robustos a nivel de cuenca impide el desarrollo de pronósticos de caudales fluviales, lo que mejoraría, por ejemplo, los sistemas de alerta de inundaciones en las principales cuencas del país. La información sobre la vulnerabilidad ante los peligros asociados con el cambio climático se ha desarrollado a nivel sectorial (por ejemplo, agricultura, industria), lo que claramente impide un enfoque integrado. Las inundaciones y los deslizamientos de tierra se han vuelto más frecuentes e intensos, pero no se cuenta con sistemas adecuados de alerta temprana, problema que también se está observando en una serie de casos de eutrofización y proliferación de cianobacterias. La Contribuciones Determinadas a Nivel Nacional (NDC es la sigla en inglés) de agua aumentará progresivamente la coordinación a través de sus cuatro componentes y las 31 medidas de adaptación que se implementarán como responsabilidad compartida con los gobiernos regionales y locales. Esto incluye, por ejemplo, la modernización del otorgamiento de derechos de uso del agua en cuencas especialmente vulnerables al cambio climático, la elaboración de escenarios climáticos, y la implementación de sistemas de alerta temprana ante peligros de inundaciones, sequías, deslizamientos de tierra y glaciológicos.

A pesar de los avances recientes, las bases de datos sobre el agua están incompletas, los datos hidrometeorológicos todavía están en formato analógico y falta revisar la información digital para garantizar su coherencia y calidad (World Bank, 2017[17]). La recopilación de datos sobre los volúmenes de agua extraídos (suministrados y utilizados) suele ser bastante opaca. Los reportes por parte de los usuarios del agua y operadores de infraestructura, según lo establecido por la ley, no se realizan de manera oportuna y la información, recolección y manejo de datos (medición, sistemas de monitoreo de calidad, etc.) no son exhaustivos. El Proyecto de Modernización de la Gestión de los Recursos Hídricos en Perú, preparado por el Banco Mundial en apoyo de la ANA, ha contribuido significativamente a mejorar la base de conocimientos e información sobre la gestión de recursos hídricos en el país. Se aplica principalmente a las seis cuencas piloto de la vertiente del Pacífico, donde se diseñaron planes de manejo de cuencas hidrográficas. Incluso en esas cuencas, sin embargo, persisten algunas dudas sobre los balances hidrológicos o la priorización de las inversiones. Fuera de esas cuencas, aún falta información fiable sobre los recursos hídricos, lo que compromete los intentos de diversificar las fuentes de abastecimiento de agua, como en el caso de la recuperación y reutilización de aguas residuales regeneradas. En general, hay un gran margen para mejorar los mecanismos para hacer cumplir los derechos de agua, lo que compromete la capacidad de la ANA para controlar y reasignar recursos.

Se ha recopilado cada vez más información sobre los servicios rurales de agua y saneamiento, pero persisten los desafíos. El sistema de información sobre saneamiento rural WASH (DATASS) presenta algunas superposiciones con otros sistemas de información como el Sistema de Información de Agua y Saneamiento (SIAS). En algunos casos, también hay algunos criterios y métodos en conflicto entre los sistemas (incluidas las tipologías de clasificación). DATASS no proporciona la misma integridad de datos en todo el país. Mientras que algunas regiones han logrado salvar las brechas de información; otras aún están en camino de lograrlo. Esta asimetría de información tiene un impacto en la calidad de los diagnósticos del sector y, en consecuencia, en la calidad de las respuestas de política. El Ministerio de Salud lidera el sistema de información sobre la calidad del agua para consumo humano (a través de DIGESA) y el estado de salud de la infraestructura de agua potable. El sistema de información de DIGESA proporciona información en tiempo real sobre todas las microrredes regionales y redes de salud, contribuyendo así a la toma de decisiones para priorizar la inversión en agua potable.

La falta de información sobre los recursos de aguas subterráneas es un gran desafío en algunos casos, lo que se traduce en problemas en la aplicación de los derechos de uso de las aguas subterráneas, dando lugar a la perforación de pozos ilegales. Esto no solo es relevante para la adecuada gestión de este recurso de reserva, sino también para el cumplimiento de la tarifa del servicio de gestión y monitoreo de aguas subterráneas establecida por la SUNASS en Lima (SEDAPAL) y, en un futuro cercano, en La Libertad (SEDALIB), Ica y Tacna, por ejemplo, que dependen principalmente del agua subterránea para las actividades agrícolas. El Valle de Ica, Villacurí y Yarada se encuentran entre los acuíferos más sobreexplotados de Perú, en áreas productivas que contribuyen en gran medida al PBI agrícola y a las exportaciones.

Financiación

Existe una diversidad de brechas de financiación en Perú, algunas relacionadas con la capacidad de asegurar las inversiones necesarias (en términos de inversión inicial de capital) o para sostener programas y proyectos en términos de gastos operativos; y otros relacionados con cómo se concibe y asegura la recuperación de costos, siguiendo el principio de que el agua debe financiar el agua. En Perú, también es de suma importancia lograr el equilibrio entre los recursos disponibles a nivel central y los ingresos y gastos a nivel subnacional. Perú cuenta con normas para la promoción de inversiones, como la Ley de Promoción de las Inversiones para el Crecimiento Económico y el Desarrollo Sostenible, No. 30327, que incluye disposiciones para la simplificación y unificación de permisos y trámites, así como medidas de promoción de inversiones.

De hecho, se pueden observar limitaciones de financiación a nivel de dos de las entidades reguladoras: ANA y SUNASS (OECD, 2016[18]). Según la ANA, hay tres fuentes de financiamiento disponibles: fuentes presupuestarias regulares del gobierno central, recaudación de ingresos por uso de agua y vertimiento de aguas residuales (de acuerdo con las retribuciones aprobadas cada año para aguas superficiales y subterráneas, y para usuarios agrícolas y no agrícolas) y fondos o donaciones de terceros (organismos de desarrollo multilaterales, bilaterales y otros). De acuerdo con la Ley de Recursos Hídricos, los cobros deben cubrir los costos de la GIRH que será implementada por la ANA. Sin embargo, esto casi nunca sucede. Para determinar el monto de esas retribuciones, que se pagan a la ANA por uso de un recurso público, existe una metodología aprobada por la ANA mediante resolución (RJ 457-2012-ANA). Estas retribuciones se cobran por metro cúbico de agua utilizada, cualquiera que sea la forma del derecho de uso otorgado. Además de cobrar retribuciones por extracción y contaminación de agua, según la Ley de Recursos Hídricos (Art. 15.4), la ANA aprueba las tarifas por el uso de las infraestructuras hídricas. Los ingresos se utilizan principalmente para cubrir los costos de operación y mantenimiento. El reglamento de la referida ley establece que los operadores de infraestructura hídrica presentan sus propuestas de tarifas de acuerdo con los lineamientos técnicos y económicos establecidos por la ANA.[6]

Recientemente se han realizado algunas mejoras para lograr los objetivos de calidad y cantidad de agua. Las retribuciones por el agua subterránea se están implementando gradualmente, teniendo en cuenta algunos criterios ambientales (por ejemplo, la disponibilidad de agua, es decir, la escasez, el nivel de presión y el estado del acuífero). Además, para el uso de aguas superficiales también se aplican coeficientes específicos que reflejen la disponibilidad de agua y el tipo de uso. Los usos de las aguas subterráneas se regulan mediante diferentes coeficientes en función del estado específico del acuífero (subexplotado, en equilibrio, sobreexplotado). El decreto supremo anual también establece "retribuciones planas" para determinados usos y fuentes, siempre que el volumen de extracción sea inferior a un determinado umbral. También se establecen volúmenes de vertidos de aguas residuales tratadas para los vertidos domésticos e industriales (saneamiento y otros, incluyendo de depuradoras y salmueras de desalación de agua salobre y salada; energía; minería; uso agroalimentario; industria; pesca) y de acuerdo con los estándares de calidad ambiental de la entidad de agua receptor (ECA-Water 1, 2, 3 o 4). Además, se establecen tarifas planas para casos específicos (por ejemplo, zonas rurales).

Según la ANA, los ingresos recaudados por las retribuciones de uso y vertimiento de aguas residuales tratadas en 2017 ascendieron aproximadamente a USD 50 millones. Por categoría de ingreso, el 23% corresponde a descargas de efluentes de aguas residuales y 77% a extracciones; 23% al uso de aguas subterráneas y 77% a uso de agua superficiales; y 15% para usos agrícolas y 85% para usos no agrícolas (ANA, 2019[19]). De acuerdo con las disposiciones del artículo 95 de la Ley de Recursos Hídricos, estos pagos deben cubrir el costo de la GIRH que es responsabilidad de la ANA, así como la recuperación y remediación del daño ambiental causado por cualquier descarga o extracción que sobrepase los indicadores de sostenibilidad. La OCDE (OECD/ECLAC, 2017[3]) ya había observado que en años anteriores esos ingresos habían resultado insuficientes para cubrir los costos operativos regulares. El Plan Estratégico 2018-21 de la ANA tiene en cuenta la necesidad de aumentar las retribuciones, aunque el impacto de esta medida podría ser limitado a menos que se aprueben más disposiciones para viabilizar el seguimiento de los pagos, especialmente de los usuarios agrícolas (ANA, 2017[20]). Es necesario dar a conocer cómo se están utilizando los ingresos para determinar si se están cumpliendo los objetivos de mejora de la disponibilidad y calidad de los recursos hídricos incluidos en el Reglamento de la Ley de Recursos Hídricos.

El Plan Nacional de Recursos Hídricos estableció un programa de inversiones que exige una inversión de aproximadamente PEN 54 millones (unos USD 17 millones) al 2035 (ANA, 2013[21]). Las brechas de financiamiento impiden la titulación de derechos de uso de agua para la agricultura de 1.632.076 hectáreas en 36.835 bloques de riego, lo que requiere una inversión de aproximadamente PEN 93 millones para legalizar los derechos de uso de agua para fines de abastecimiento público de 89.777 centros poblados (con 5.000 habitantes) e igual número de licencias con una inversión de PEN 180 millones, entre otros.

Respecto a la SUNASS, las principales fuentes de financiamiento para el ejercicio de sus funciones reguladoras son los ingresos por recaudación de tarifas de agua potable (ver Capítulo 4). Esto incluye los costos de conservación y recuperación de los servicios ecosistémicos, que tienen en cuenta los costos de tratamiento de aguas residuales para proteger los cuerpos receptores como ríos, lagos, océanos, etc. Además, SUNASS se financia con los ingresos recaudados a través de la tarifa del servicio de monitoreo y gestión de aguas subterráneas por usuarios no agrícolas con pozo propio (lo que debe permitir la conservación de los acuíferos para garantizar la prestación del servicio de agua potable, especialmente en casos de eventos extremos). Finalmente, SUNASS se financia con transferencias del gobierno central del Ministerio de Economía y Finanzas (MEF). Desde 2017 y debido a las nuevas funciones de SUNASS en las pequeñas ciudades y áreas rurales, el MEF ha transferido fondos para permitir que SUNASS cumpla progresivamente con su nuevo rol y con la política nacional. SUNASS no recibe fondos del Programa Nacional de Saneamiento Rural, cuyo objetivo es cerrar brechas en áreas rurales.

Las inversiones a largo plazo en el sector saneamiento a veces han restado importancia a la necesidad de garantizar la sostenibilidad financiera de las inversiones en infraestructura. La Política Nacional de Saneamiento incluye el Eje 2 de Política de Sostenibilidad Financiera, que tiene como objetivo asegurar la generación de recursos financieros y su uso eficiente por parte de las EP. Se toman disposiciones para planificar inversiones a largo plazo en servicios de agua, alcantarillado y tratamiento de aguas residuales a nivel nacional, regional y local. Además, los recursos financieros se asignan de acuerdo con un plan de inversión multianual y metas nacionales. Los recursos nacionales se compatibilizan con los recursos disponibles a nivel regional y local. En los últimos años, estas inversiones han sido impulsadas por la política prioritaria de cierre de brechas en los servicios de agua y saneamiento, pero esto a veces ha restado importancia a la necesidad de garantizar la sostenibilidad financiera de las inversiones en infraestructura. Parte de las preocupaciones por la autosuficiencia se explica por los bajos niveles de tarifas. Ha resultado difícil transmitir la idea de que una estructura de tarifas progresivas ayudaría en gran medida a garantizar una recaudación sostenible de ingresos para cumplir los objetivos de recuperación de costos y permitir esquemas de subsidios cruzados para los hogares de bajos ingresos.

Muchas empresas de agua no pueden cubrir sus costos operativos. Según el Plan Nacional de Saneamiento 2017-21, entre todas las EP del país, SEDAPAL había registrado un margen operativo positivo en cuatro años consecutivos (19,92% en 2015; 23,75% en 2014; 16,86% en 2013; y 3,69% en 2012). Esta situación revela que las tarifas no cubren los costos de manera sistemática. En algunos otros casos, los aumentos de tarifas, si los hay, son absorbidos por costos que aumentan a un ritmo más rápido. Los planes regionales de saneamiento también contienen un capítulo *ad hoc* con un plan financiero que muestra las principales fuentes de financiamiento. Cada gobierno regional debe tener un plan regional de saneamiento para un período de tres años. Este plan se prepara con base a la programación de inversiones multianuales del MVCS. El plan debe actualizarse periódicamente.

Falta reducir el tiempo promedio de aprobaciones y de la evaluación de necesidades una vez que los proyectos han sido incluidos en el sistema de inversión pública. Esto ha sido señalado por PROINVERSION como una de las debilidades del marco para la inversión en Perú (ex SNIP, actual Invierte.pe). El tiempo promedio de aprobación es de siete años. Además, se ha observado un grado significativo de fragmentación de proyectos en evaluación. También se ha sugerido fortalecer la coordinación entre el Fondo de Estímulo al Desempeño y Logro de Resultados Sociales (FED), FONAVI (Fondo Nacional de Vivienda) y PROINVERSION.

Marcos regulatorios

En general, sigue desarrollándose la capacidad institucional para la gestión de los recursos hídricos. Fundamentalmente, parece haber un desajuste entre el sofisticado marco legal y la capacidad de las instituciones peruanas para implementarlo. La falta de capacidades contribuye a la falta de claridad en torno a los roles y responsabilidades, y se ve agravada por ello, lo que obstaculiza la consecución de los ambiciosos objetivos de abastecimiento de agua y saneamiento de Perú. Por ejemplo, tanto el Ministerio de Vivienda, Construcción y Saneamiento (MVCS) como el Ministerio de Desarrollo e Inclusión Social (MIDIS) desempeñan roles en el saneamiento rural. Mientras que el MVCS establece las políticas e inversiones del sector, el MIDIS, a través del Fondo de Cooperación para el Desarrollo Social (FONCODES), canaliza los fondos de asistencia al desarrollo hacia programas dirigidos a las poblaciones rurales pobres, inclusive en apoyo a los gobiernos locales para la prestación de servicios básicos de agua y saneamiento (MIDIS, 2019[22]). El Capítulo 4 presenta un análisis detallado de los obstáculos regulatorios.

Confianza y participación

Es necesario avanzar en términos de GIRH a nivel de cuenca para prevenir, mitigar y gestionar los conflictos sociales. Actualmente existen dos enfoques principales para abordar los conflictos sociales, que siguen diferentes conceptualizaciones, metodologías y tipologías. Por un lado, la Defensoría del Pueblo clasifica los conflictos sociales según áreas y características (socioambientales, asuntos del gobierno nacional, asuntos del gobierno regional, asuntos del gobierno local, comunidad, demarcación territorial, laboral, cultivo ilícito de coca, disputas electorales). Persisten algunas dudas sobre la existencia de un mejor enfoque metodológico actualizado para la identificación y gestión de conflictos sociales. Por otro lado, la Oficina Nacional de Diálogo y Sostenibilidad-ONDS (adscrita a la PCM) identifica ocho tipos de conflictos relacionados con las siguientes actividades/sectores: minería; energía; hidrocarburos; hidrológico; minería informal/ilegal, demarcación territorial, agricultura, silvicultura y cultivo de coca, y empleo. Además, el Ministerio de Energía y Minas cuenta también con una unidad especializada para atender conflictos vinculados a la actividad minera.

La representación de varias categorías de actores en los CRHC debe mejorarse para lograr mayor confianza ciudadana y rendición de cuentas por parte del gobierno. Con la creación de los CRHC se ha desarrollado un espacio para una participación más amplia de actores, incluso en la negociación y definición de sus prioridades o demandas. Los grupos de trabajo *ad hoc* sobre disponibilidad de agua, calidad del agua, financiamiento, investigación, cultura del agua y gestión de riesgos también agregan valor en términos de inclusión y rendición de cuentas. Es necesario mejorar la participación de los actores clave, como las pequeñas comunidades campesinas, debido a que están claramente sub-representadas a pesar de su papel fundamental en la conservación de las cabeceras de cuenca (ANA, 2017[23]; 2017[24]). Además, las secretarías técnicas de los CRHC deben mejorar la coordinación con los órganos descentralizados de la ANA (AAA y ALA). No todas las entidades con representantes en los grupos de trabajo son miembros formales de los CRHC.

La implementación de los MERESE es un buen ejemplo del margen potencial de mejora en términos de rendición de cuentas. Por definición, el éxito en su implementación depende en gran medida de las decisiones políticas a diferentes niveles (sectores y niveles de gobierno). Las decisiones críticas pueden tomarse en instituciones estatales y organizaciones de base, como las juntas de los distritos de riego, las comunidades campesinas o las juntas directivas de las empresas de agua (dado que la firma del convenio depende de la aceptación social de las intervenciones de cada MERESE). A nivel nacional, existe una clara falta de capacidad instalada en términos de recursos humanos en las EP para desplegar sus MERESE. La falta de voluntad de las partes y la ausencia de canales fluidos de comunicación y diálogo afectan a algunos de estos mecanismos de retribución por servicios ambientales. Además de mejorar la implementación real de los MERESE, desbloqueando algunos de los obstáculos prevalecientes, parece imperativo desarrollar mecanismos de comunicación que permitan a los contribuyentes saber dónde y cómo se invertirían sus contribuciones. Por ejemplo, los usuarios de agua potable desconfían significativamente de las EP relevantes—a las que realmente pagan el MERESE en el recibo de agua—y de las propias EP por el uso de los fondos recaudados. Asimismo, las comunidades agrícolas y los usuarios agrícolas tienen desconfianza en aceptar proyectos financiados con fondos públicos o privados, lo que genera retrasos en la implementación del proyecto y hasta los impide en algunos casos.

Caminos a seguir para fortalecer la gobernanza multinivel del agua

La gobernanza del agua como medio para alcanzar un fin

La gobernanza del agua juega un papel fundamental en la mejora de la seguridad hídrica en Perú. El agua es un activo económico valioso y un motor del desarrollo social, entre muchas otras características. La seguridad hídrica contribuye directamente a crear un sector agrícola competitivo orientado a la exportación, cada vez más insertado en la economía mundial, la expansión potencial de una industria minera y energética moderna y un adecuado proceso de urbanización. Asimismo, la seguridad hídrica también impulsa el crecimiento, dado que es de vital importancia para todo el sistema de producción y para la demanda inducida de servicios asociados con las actividades económicas y la oferta de productos y servicios vinculados.

El desafío de Perú consiste en gran medida en pasar de enfoques de gestión de crisis hacia la administración de los recursos hídricos basada en la gestión de riesgos y oportunidades en un contexto de creciente incertidumbre y necesidad de adaptación al cambio climático. La actual recesión económica y el esfuerzo de consolidación fiscal asociado, en un contexto de pandemia y crisis sanitaria mundial, contribuyen a reducir la disponibilidad de fondos públicos para impulsar el desarrollo de nuevas infraestructuras grises, respuestas *ad hoc* a sequías e inundaciones, así como la gestión de conflictos por el agua mediante el aporte de recursos adicionales, subsidios u otras medidas de política fiscal expansiva a corto plazo.

La mejora de la gobernanza del agua es un medio para lograr un fin. No es importante en sí misma, sino por los beneficios que aporta, no solo en términos de mejora de calidad medioambiental sino, en última instancia, de bienestar social. En Perú, el desafío en términos de la gobernanza del agua consiste, en gran medida, en mejorar la respuesta de la sociedad a la escasez de agua y mitigar más los riesgos derivados del agua, al tiempo que se aumenta la resiliencia del desarrollo social y económico.

Caminos a seguir

Con base en las características específicas del marco legal e institucional de Perú, en los enfoques existentes para la gestión del agua, como recurso y como servicio, y en las mejores prácticas internacionales, la siguiente sección sugiere formas de avanzar para:

- Progresar hacia un **enfoque holístico e integrado** de la seguridad hídrica.
- Garantizar las **capacidades suficientes** en términos de personal y perfiles de calificación a nivel nacional, regional y local.
- Fortalecer la **base de información y conocimientos** sobre los riesgos actuales y futuros de contaminación, sequías e inundaciones.
- Mejorar la **planificación estratégica** para aumentar la eficacia de la inversión pública.
- Rediseñar los **incentivos** económicos y financieros.
- Involucrar a los **actores** en la definición de los niveles aceptables de riesgo hídrico.

Progresar hacia un enfoque holístico e integrado de seguridad hídrica

Perú debe garantizar que las formas (por ejemplo, estructuras de gobernanza como ministerios, etc.) respondan a las funciones (por ejemplo, el agua como motor del desarrollo sostenible y el crecimiento económico). Esto implica que, independientemente de su adscripción institucional, la ANA debe fortalecer su carácter multisectorial. Esto implicaría las siguientes acciones:

- Elevar el perfil de la política de recursos hídricos a nivel ejecutivo (es decir, PCM, vicepresidencia, etc.) y a nivel legislativo, evitando reestructurar los poderes legales en las agencias públicas y las carteras de los ministerios como un mero cambio administrativo (por ejemplo, la adscripción de la ANA a un ministerio). Independientemente de su ubicación y pertenencia en el gabinete ministerial, la ANA debe tener acceso directo, efectivo y de alto nivel a la formulación de políticas interministeriales a nivel nacional y debe ser fortalecida de diferentes maneras para ser reconocida por todos los usuarios del agua y todos los formuladores de políticas como referente de la política de recursos hídricos, como es el caso de la Agencia Nacional del Agua en Brasil, por ejemplo (Recuadro 2.4). Todas las partes interesadas deben percibir a la ANA como un "intermediario honesto" independiente sustentado en los vínculos y estatuto de la ANA en la estructura general del gobierno.
- Distinguir claramente entre aquellas facultades legales de la ANA que tienen que ver con el agua para riego y aquellas que claramente exigen un fuerte enfoque multisectorial.
- Mejorar la representación de áreas de política conectadas dentro de diferentes instituciones (en particular la ANA, DIGESA, EP y los CRHC, así como en organismos similares en otras áreas de formulación de políticas y en los gobiernos locales y regionales). Los posibles indicadores para evaluar el progreso podrían ser el número de reuniones efectivas del Consejo Directivo de la ANA al año y el número de usuarios no agrícolas representados en el mismo.
- Establecer mecanismos formales de coordinación sectorial, por ejemplo, mediante un memorando de entendimiento con la ANA. Por ejemplo, en Australia, la Iniciativa Nacional del Agua (NWI por sus siglas en inglés) se desarrolló en 2004 como un acuerdo intergubernamental mediante el cual

todos los niveles de gobierno realizan y supervisan cuidadosamente los compromisos requeridos para alcanzar los objetivos relacionados con la gestión eficiente y sostenible del agua.

Recuadro 2.4. Agencia Nacional del Agua de Brasil (ANA)

La Agencia Nacional de Agua de Brasil (*Agência Nacional de Águas*, ANA) fue creada en 2000 por ley federal, con rango de agencia reguladora. Su estructura se definió por decreto. Es una entidad especial, con autonomía administrativa y financiera, adscrita al Ministerio del Medio Ambiente. Su objetivo principal es implementar la política nacional de recursos hídricos. La agencia sirve como punto de encuentro entre las tendencias y políticas de forma ascendente y descendente, así como de vínculo general entre la descentralización basada en la subsidiariedad (estados y municipios) y la basada en la solidaridad (cuencas hidrográficas).

La ANA se creó como el "punto de encuentro" de dos necesidades distintas y, hasta cierto punto, con dinámicas contrapuestas. Por un lado, es el motor del proceso de reforma para ayudar a los estados a crear sus propias agencias y brindar incentivos y apoyo a la creación de comités de cuenca. En resumen, ANA debería ayudar a impulsar la descentralización. Por otro, es el "cerebro" a nivel central con muy buenas capacidades técnicas e independencia política, capaz de dar respuesta a las múltiples necesidades de la nación.

La combinación de una posición jerárquica y de alto nivel de un regulador a nivel federal y la capacidad de mantener los "pies en tierra" como una agencia ejecutiva nacional para asuntos relacionados con los ríos federales (por ejemplo, otorgar licencias para el uso del agua, cobrar las tarifas del agua) da a la ANA cierta flexibilidad, credibilidad y presencia nacional.

Fuente: OCDE (2015[25]), *Water Resources Governance in Brazil*, https://dx.doi.org/10.1787/9789264238121-en.

Una segunda forma de avanzar es integrar aún más las políticas relacionadas con todos los ámbitos del agua (glaciares, ecosistemas fluviales, zonas costeras y ecosistemas marinos), bajo el paraguas de las políticas de adaptación al cambio climático (ACC) y reducción del riesgo de desastres (RRD), con un enfoque más claro de resiliencia socioambiental. Una estrategia nacional o un plan para la seguridad hídrica a largo plazo en el contexto del cambio climático podría proporcionar consistencia adicional (interna y externa) a las políticas actuales y los esfuerzos de planificación, así como conectar la política de recursos hídricos de una manera mucho más explícita con otras políticas sectoriales y esfuerzos de mitigación y adaptación al cambio climático. Por ejemplo, el Programa Delta es un programa nacional para garantizar la seguridad hídrica en los Países Bajos a largo plazo, durante los próximos 100 años, y para asegurarse de que el país siga siendo un lugar seguro y atractivo para vivir y trabajar para las generaciones presentes y futuras (Recuadro 2.5).

Recuadro 2.5. El Programa Delta de los Países Bajos

El Programa Delta (PD) es un programa nacional implementado en los Países Bajos desde el 2010 que consiste en estrategias para proteger al país de las crecidas e inundaciones, para garantizar un suministro suficiente de agua dulce y para contribuir a que los Países Bajos sean resistentes a los eventos hídricos y climáticos. El programa tiene como objetivo promover un enfoque de gobernanza adaptativa y se basa en estándares actualizados para la protección contra inundaciones, un marco de políticas sobre el (re)desarrollo urbano a prueba de inundaciones y esfuerzos para mejorar la gestión de desastres.

Como parte de este programa, las juntas de agua de distrito, los municipios, las provincias, los ministerios y el Rijkswaterstaat (la rama ejecutiva del Ministerio de Infraestructura y Gestión del Agua) están representados en el Comité Directivo del Programa Delta, así como en la junta temática y regional. Preparan conjuntamente decisiones clave, desarrollan estrategias e implementan medidas, en estrecha cooperación con partes interesadas privadas, incluidas ONG e instituciones académicas. El Comisionado del Delta dirige este proceso multi-gubernamental, monitorea los avances, informa al parlamento todos los años y toma las medidas necesarias cuando surgen problemas.

El PD dio como resultado una nueva Ley Delta que proporciona el marco legal para que el Comisionado Delta independiente formule, actualice y ejecute el PD, y para la constitución del Fondo Delta para asegurar la continuidad financiera para abordar el costo de mantenimiento y desarrollo de nueva infraestructura. Además, las Decisiones Delta formuladas se han integrado en el Plan Nacional del Agua como decisiones de política del gobierno holandés desde 2014; en 2014 las provincias, las juntas de agua, los municipios y el Ministro de Infraestructura y Medio Ambiente firmaron el Acuerdo del Programa Delta para incluir las Decisiones del PD y las estrategias escogidas en sus propios planes; y se estableció un Programa Nacional de Conocimiento e Innovación en Agua y Clima para estimular las innovaciones, la programación conjunta y conectar a los clientes con los contratistas.

El PD es uno de los cinco elementos de este plan de inversión a largo plazo; los otros cuatro son las Decisiones Delta, el Comisionado Delta, el Fondo Delta y la Ley Delta.

Junto con la continuidad de las políticas, el éxito del PD puede explicarse por la combinación efectiva de procesos ascendentes y descendentes en este desarrollo, que garantizan la apropiación y el compromiso a largo plazo para una implementación exitosa, al tiempo que aseguran el progreso oportuno y la racionalidad de la toma de decisiones.

Algunas medidas del PD están financiadas total o parcialmente por el Fondo Delta, que comporta recursos financieros que el gobierno central ha destinado a financiar inversiones en la gestión del riesgo de inundaciones, el suministro de agua dulce y la calidad del agua. En el período 2021-34, se dispondrá de una suma de aproximadamente 18.600 millones de euros del Fondo Delta, lo que lleva el presupuesto a una media anual de 1.300 millones de euros.

Fuente: OCDE (2013[26]), *Water and Climate Change Adaptation: Policies to Navigate Uncharted Waters*, https://doi.org/10.1787/9789264200449-en; OCDE (2014[27]), *Water Governance in the Netherlands: Fit for the Future?*, https://doi.org/10.1787/9789264102637-en; OCDE (n.d.[28]), *Country Profile: The Netherlands*, OCDE, París; EC (2018[29]), "Mission-oriented R&I policies: In-depth case studies", Case Study Report Delta Plan/ Delta Programme (The Netherlands), European Commission; Government of the Netherlands (n.d.[30]), "National Delta Programme 2021, Staying on track in climate-proofing the Netherlands".

En tercer lugar, dejar gradualmente de lado la gestión de crisis para pasar a la gestión de riesgos y oportunidades, explorando vínculos complejos entre políticas sectoriales (con énfasis en el nexo agua-energía-minería-alimentos-clima-biodiversidad), mediante las siguientes alternativas:

- Mejorar la gestión de la demanda de agua, desde un enfoque de nexos, midiendo el número de vínculos intersectoriales identificados y las iniciativas de alto nivel para promover el diálogo a través de temas transversales. MIDAGRI, MVCS, MINEM, MINSA y PRODUCE podrían coordinar las políticas sectoriales y transversalizar las políticas de agua. Para lograrlo, el MINAM podría asumir las responsabilidades correspondientes.
- Considerar la inclusión de tarifas en otros sectores que dependen de los recursos hídricos para la sostenibilidad (generación de energía, agricultura) para recuperar efectivamente los costos asociados con los usos (consuntivos y no consuntivos) del agua.

- Fortalecer un enfoque integral para atender temas relevantes de salud pública, como la anemia infantil y la minería ilegal, a través de iniciativas conjuntas del sector público (MINEM, MIDIS, MINSA, MINAM, etc.).

También es muy necesario complementar los proyectos tradicionales de aumento de la oferta con mejoras importantes en la eficiencia del uso del agua y soluciones basadas en la naturaleza. Hay más por hacer en la política hídrica contemporánea que solo ocuparse de la disponibilidad a largo plazo, con un sesgo hacia el aumento de la oferta o el manejo convencional de las inundaciones. En principio, el desarrollo oportuno de infraestructura natural o convencional, o un enfoque híbrido, podría evitar situaciones críticas debido a la falta (o exceso) de agua. De hecho, la consideración de enfoques híbridos y adaptativos para el desarrollo de infraestructura (combinando soluciones grises y basadas en la naturaleza) podría lograrse mediante acciones como:

- Asegurar que los planes de reconstrucción con cambios incluyan la obligación de ejecutar un porcentaje de acciones basadas en la naturaleza dentro de los proyectos de infraestructura gris bajo la responsabilidad del MVCS y PGRHC.
- Incluir la obligación de considerar un componente de infraestructura natural que se integre a los componentes de infraestructura gris en el PGRHC y los proyectos de infraestructura gris a cargo de las autoridades competentes en saneamiento.
- Desarrollar el análisis de riesgos hídricos a escala de cuenca para el uso efectivo de los fondos MERESE y que permitan tomar decisiones para el diseño e implementación de infraestructura natural en las cuencas prioritarias.
- Iniciar un proceso de evaluación y documentación sobre los resultados y desempeño de las intervenciones de infraestructura natural en función del resultado hidrológico deseado.

La gestión de los recursos hídricos de Perú se esfuerza por diversificar las fuentes de suministro de agua (a través de la reutilización del agua y la desalinización de agua salada y salobre), además de considerar la escorrentía superficial y el agua subterránea (incluyendo su manejo conjunto). Se deben considerar suministros adicionales para hacer frente a la escasez temporal, al mismo tiempo que se promueve la sustitución de las fuentes de suministro de agua más vulnerables para reducir la sobreexplotación. Esto último debería hacerse mediante la diversificación de las fuentes de suministro de agua, pero también mediante esquemas de gestión de la demanda de agua. Para ambos, es fundamental perfeccionar los esquemas de precios para rediseñar los incentivos. También sería útil colaborar más estrechamente con la academia y las instituciones de investigación para fomentar la investigación y el desarrollo tecnológico de fuentes alternativas de suministro de agua para diferentes propósitos (por ejemplo, el agua de mar podría ser útil para las áreas costeras de Tacna a Tumbes, que carecen de agua, pero que cuentan con suelos de buena calidad).

Otra prioridad es fortalecer el vínculo entre la gestión de los recursos hídricos y los servicios de saneamiento para evitar políticas inconexas. Posibles acciones en esta área son:

- Que la ANA elabore o mejore un plan nacional de recursos hídricos para escenarios a largo plazo (incluidos los de cambio climático) y evaluaciones de riesgo (más de 30 años), y desarrolle, junto con SUNASS, un inventario nacional de recursos hídricos aptos para la producción de agua potable. El plan estratégico podría tomar la forma de una revisión exhaustiva del PNRH y poner en marcha una acción más concertada para mejorar la resiliencia y la seguridad hídrica a largo plazo en el contexto de los esfuerzos de la ACC, aprovechando la oportunidad que brindan las NDC para fortalecer la coordinación, en el marco del Acuerdo de París de 2016, beneficiándose también de la aprobación de la Ley Marco sobre el Cambio Climático (LMCC). Por ejemplo, la Actualización del Plan de Agua de California (2018) es el plan estratégico más reciente del Estado para administrar y desarrollar de manera sostenible los recursos hídricos para las generaciones presentes y futuras. El Plan de Agua es mucho más que un documento de planificación u orientación, dado que proporciona un foro de políticas para autoridades elegidas, agencias, las comunidades nativas norteamericanas de California, administradores de recursos, empresas, academia, partes interesadas y la ciudadanía en general para, de manera colaborativa, investigar resultados y formular recomendaciones que alimenten las decisiones sobre políticas, acciones e inversiones en el sector hídrico. Es una herramienta clave para fortalecer estas acciones conjuntas.

- Para los ministerios activos en áreas rurales (por ejemplo, el Ministerio de Desarrollo e Inclusión Social), con quienes la SUNASS tenía poco o ningún contacto cuando sus funciones se limitaban a los servicios públicos en áreas urbanas, establecer una coordinación efectiva entre la gestión del agua y el acceso a servicios de saneamiento de calidad. Existen muchos mecanismos de coordinación en Perú (Recuadro 2.6); sin embargo, sería clave mejorar la representación de las áreas de formulación de políticas conectadas dentro de diferentes instituciones (en particular la ANA, DIGESA, EP y CRHC, así como en organismos similares en otras áreas de formulación de políticas, y los gobiernos locales y regionales). Se necesita un mecanismo duradero para incentivar la cooperación intergubernamental para mejorar la planificación y la inversión estratégicas, la gestión de cuencas y la regulación de los servicios de saneamiento, entre otros.

Recuadro 2.6. Mecanismos de coordinación entre niveles de gobierno en Perú

En Perú, existen varios mecanismos de coordinación a nivel horizontal y vertical al interior del gobierno:

- El Sistema Nacional de Gestión de los Recursos Hídricos puede considerarse un mecanismo de coordinación multisectorial entre varias instituciones a nivel nacional y subnacional y una serie de partes interesadas. A escala nacional, la coordinación se lleva a cabo a través del Consejo Directivo, grupos multisectoriales ad hoc (por ejemplo, comités multisectoriales, mesa redonda temática) y comités asesores.
- A escala subnacional, a través de Consejos de Recursos Hídricos de Cuenca, Grupos Especializados de Trabajo Multisectorial (GETRAM) y mesas o grupos de trabajo temáticos. Los gobiernos regionales y las autoridades locales se coordinan entre sí y con la ANA para armonizar sus políticas y objetivos sectoriales; evitar conflictos de competencia; y contribuir con coherencia y eficiencia en el logro de los objetivos y propósitos del SNGRH. Sin embargo, se podría lograr una mejora significativa a este nivel.
- Una plataforma para el diálogo transversal de los niveles de gobierno es el MUNI Ejecutivo que promueve, desarrolla y fortalece la acción conjunta y coordinada de los gobiernos municipales y el gobierno nacional, reforzando la descentralización y mejorando las condiciones para que los gobiernos municipales desarrollen la gestión de sus iniciativas, proyectos y políticas.
- De acuerdo a ley, las entidades públicas vinculadas a la gestión del recurso hídrico deben coordinar sus acciones con la ANA. Estas entidades son SUNASS, SENAMHI, OSINERGMIN, OEFA, DICAPI, autoridades ambientales sectoriales competentes y empresas prestadoras de servicios de agua y saneamiento (EP). El MVCS, SUNASS y OTASS coordinan sus acciones para brindar asistencia técnica a las EP para la aplicación de umbrales máximos de descarga de aguas residuales de usuarios industriales. Además, el MVCS coordina con el MEF en el marco del Programa Nacional de Saneamiento Rural (PNSR) a través del PI (Programa de Incentivos para la Mejora y Modernización de la Gestión Municipal), que es implementado por el MEF e incluye objetivos específicos para la vivienda. La financiación tiene como objetivo crear capacidades para garantizar la sostenibilidad de los proyectos de saneamiento en las zonas rurales. El MVCS también colabora con el MINSA en la implementación de una estrategia para incrementar el porcentaje de hogares rurales con acceso a agua clorada en áreas rurales de Perú.

- En materia de gestión de conflictos sociales, varios órganos están coordinando sus actividades: la Secretaría de Gestión Social y Diálogo, adscrita a la PCM; la Unidad de Prevención y Gestión de Conflictos (UPGC) de la ANA y la Unidad de Gestión Social del MINEM. Además, el Tribunal Nacional de Resolución de Controversias Hídricas es un órgano adscrito a la ANA con autonomía funcional. Es un tribunal administrativo de última instancia que resuelve las quejas administrativas y los recursos emitidos contra la resolución administrativa de las autoridades administrativas del agua y la ANA.
- El Centro Nacional de Planeamiento Estratégico (CEPLAN) es una entidad adscrita a la Presidencia del Consejo de Ministros que promueve la articulación entre los instrumentos sectoriales y regionales, especialmente los vinculados a las políticas nacionales. CEPLAN contribuye a coordinar las políticas nacionales, en ausencia de mecanismos de incentivos para la implementación de la PENRH y PNRH que actualmente están sujetos a la disposición de cada miembro del SNGRH para incluir las políticas y estrategias en sus propias cajas de herramientas y combinaciones de políticas.

Garantizar las capacidades suficientes en términos de personal y perfiles de calificación a nivel nacional, regional y local.

El país se beneficiaría del fortalecimiento de capacidades y de la memoria institucional al proporcionar a su personal las competencias pertinentes acompañadas de fuertes incentivos para permanecer en sus cargos y así reducir la rotación de personal tanto a nivel del gobierno central como local (CRHC, EP y AAA). Entre las iniciativas de creación de capacidades, debe considerarse un enfoque multidisciplinario para comprender mejor la complejidad de la gestión de los recursos hídricos. También es necesario crear capacidades para que los PGRHC existentes estén plenamente operativos. Un liderazgo político regional o local más fuerte en los CRHC debe ir acompañado de recursos humanos y técnicos adecuados, así como acceso a financiamiento y subsidios gubernamentales condicionados al diseño e implementación efectivos de los PGRHC y planes de saneamiento. Se recomienda revisar las necesidades de recursos para la gestión de los recursos hídricos en todas las autoridades involucradas, incluyendo una evaluación de alcance para la racionalización y eliminación de tareas superpuestas, y considerar cómo se pueden financiar estas necesidades, bien sea a través de cobros al usuario o con fondos públicos.

Los pasos prácticos podrían ser los siguientes:

- Continuar el proceso de creación de los 29 CRHC.
- Mejorar el nivel de autonomía de las autoridades de cuencas hidrográficas.
- Incrementar (el número y calidad) del personal y sus habilidades. Por ejemplo, se necesita un cambio en la capacitación de ingenieros y profesionales para hacer posible una evaluación más rápida y bien informada que también permita la toma de decisiones basada en el conocimiento experto cuando faltan datos, etc.
- Centrarse en organizaciones comunales (por ejemplo, JASS), donde el personal es voluntario, no remunerado y con muy baja capacidad de administración, operación y mantenimiento.
- Promover una gestión profesional que evite la captura política de los servicios públicos.
- Reducir la inestabilidad y la alta rotación de los responsables de la formulación de políticas en los gobiernos locales y regionales.

Recuadro 2.7. Pacto Nacional de Gestión del Agua del Brasil

El Programa del Pacto Nacional para la Gestión del Agua instituido en 2011 del Brasil (Progestão) es un acuerdo voluntario de gobernanza multinivel cuyo objetivo es apoyar la implementación de un modelo de gestión del agua integrado, descentralizado y participativo. Reconociendo que mejorar la gestión del agua requiere una mejor integración de los sistemas de gestión del agua a nivel federal y estatal, se diseñó el Pacto Nacional para la Gestión del Agua para mejorar la capacidad y fortalecer la gestión de los recursos hídricos a nivel estadual, fomentar la convergencia entre los estados y aumentar la flexibilidad y adaptabilidad para abordar las diversas situaciones y niveles de capacidad que varían entre los estados. Sus objetivos generales consisten en:

- Establecer compromisos entre unidades federativas para superar desafíos comunes y falta de armonización.
- Fomentar el uso múltiple y sostenible de los recursos hídricos, especialmente en las cuencas hidrográficas compartidas.
- Promover una articulación efectiva entre los procesos de gestión y regulación de los recursos hídricos a nivel nacional y estatal.
- Empoderar a los estados para lograr una mayor capacidad y conciencia para hacer frente a los riesgos del agua.

A través del pacto, la ANA brasileña crea capacidades a nivel estadual y municipal al proporcionar financiamiento basado en objetivos y resultados a través del Programa de Consolidación del Pacto, Progestão, que distribuye BRL 100 millones (aproximadamente USD 40 millones) en un período de cinco años a los estados que alcanzan sus metas. El financiamiento es proporcional y depende de la implementación exitosa de los compromisos formulados por los propios estados. Progestão también interactúa con otros programas de la ANA, como INTERAGUAS, que contribuye a fortalecer la planificación y la gobernanza. La ANA también brinda apoyo técnico, instrumentos y recursos para identificar las debilidades y necesidades de los estados.

El primer ciclo del proyecto, en el que participaron 27 estados, comenzó en 2013 y finalizó en 2017. El segundo ciclo que comenzó en 2018 durará hasta 2022 con 24 estados; la diferencia en el número de estados participantes se debe algunos estados no cumplen con los requisitos administrativos.

La evaluación realizada al final del primer ciclo dio como resultado algunas modificaciones como cambios en los criterios para la gestión de recursos, la creación de un nuevo objetivo relacionado con la cooperación federativa, énfasis en la formación en recursos hídricos, etc.

Fuente: OCDE (2015[25]), *Water Resources Governance in Brazil*, http://dx.doi.org/10.1787/9789264238121-en; P.A.C. Libanio (2017[31]), "Promoting and assessing water governance at subnational level: the experience of Brazil's National Water Management Pact", https://doi.org/10.1080/02508060.2017.1328638; Fundación BCG (2016[32]), "The Brazilian Progestão, a national agreement for managing freshwater resources", https://www.centreforpublicimpact.org/case-study/brazils-national-pact-for-water-management/.

Fortalecer la base de información y conocimientos sobre los riesgos actuales y futuros de contaminación, sequías e inundaciones.

Para apoyar el desarrollo de PGRHC, las AAA deberían preparar escenarios a largo plazo a nivel de cuencas hidrográficas y sus subcuencas, basados en los balances hídricos y teniendo en cuenta los desarrollos posibles o esperados en el uso del suelo, la actividad económica, el clima y la demografía en la cuenca. Desde 2014, se han modernizado las redes de medición hidrológica, automatizando los procesos de registro y transmisión de datos. Con los aumentos previstos en los riesgos de sequías e inundaciones, la inversión en indicadores relevantes de políticas cobrará aún más importancia. Sin embargo, los indicadores hídricos nacionales pueden ser menos significativos en el caso de un país grande como Perú, caracterizado por una alta diversidad de zonas bioclimáticas, regímenes hidrológicos y demandas de agua. Por lo tanto, los promedios nacionales pueden ocultar condiciones graves de estrés hídrico a escala regional y a nivel de cuenca. Debería ser una prioridad, por lo tanto, establecer balances hídricos precisos a nivel de cuenca. Tener datos hídricos fiables y de calidad garantizada y medir el estrés hídrico a escala de cuenca hídrica y agregarlas a nivel nacional constituiría una mejora en este sentido. El MINAM, la ANA y SUNASS podrían colaborar para:

- Continuar promoviendo redes de medición para obtener balances hídricos precisos a nivel de cuenca.
- Tener datos de agua fiables y de calidad garantizada, especialmente para los recursos hídricos subterráneos.
- Aumentar la granularidad de los datos a nivel subnacional: un indicador a escala de país puede enmascarar condiciones graves de estrés hídrico a escala regional y a nivel de cuenca.
- Reducir la asimetría o falta de información debido a los compartimentos estancos institucionales o disfunciones en la asignación de poderes legales y mecanismos de coordinación administrativa.
- Proporcionar mecanismos para monitorear las retribuciones, especialmente para uso agrícola.

Mejorar la planificación estratégica para una inversión pública más eficaz

La planificación estratégica puede ser una palanca importante para simplificar y acelerar los procedimientos de inversión pública y alinearlos mejor con los esquemas de toma de decisiones. Es particularmente clave agilizar los procedimientos de evaluación de inversiones dentro del Sistema Nacional de Programación Multianual y Gestión de Inversiones (Invierte.pe) para minimizar los obstáculos, en comparación con los proyectos de infraestructura convencionales. Si bien existen varios esquemas para la conservación de la biodiversidad y los servicios ecosistémicos, que van desde la protección legal de las cabeceras de cuenca hasta los MERESE, la infraestructura natural permitiría sinergias entre las políticas sectoriales de bosques, desarrollo territorial, y agua. Se podrían aplicar medidas regulatorias específicas para permitir la racionalización de las inversiones en infraestructura natural mediante la aprobación de alternativas al sistema de inversión pública.

Para el saneamiento, también se podrían considerar incentivos financieros para que los gobiernos locales adopten y cumplan con los planes de saneamiento del departamento, por ejemplo, modulando el acceso al financiamiento de subvenciones gubernamentales. Un ejemplo de un programa eficaz de creación de capacidades en todos los niveles de gobierno es el Pacto Nacional de Gestión del Agua del Brasil (Recuadro 2.7). La UE apoya la implementación de políticas y legislación proporcionando incentivos financieros a los estados miembro, aplicando como condición ex ante que cada país debe cumplir para calificar para el apoyo financiero. En particular se debe considerar lo siguiente:

- Aumentar los recursos e inversiones fiscales municipales y regionales, por ejemplo, transfiriendo una parte de los ingresos recaudados a través del llamado impuesto especial a las exportaciones mineras (canon minero) a los gobiernos regionales y locales.
- Simplificar y acelerar los procesos de inversión pública y alinearse con los esquemas de toma de decisiones para maximizar los plazos y la coordinación. Un ejemplo de un enfoque de este tipo podría involucrar el alineamiento de los Planes Maestros Optimizados (PMO), que incluye proyectos de inversión, con los planes de desarrollo concertado municipales, que incluye proyectos de desarrollo urbano. Es fundamental señalar que la Resolución No. 004-2019-EF/63.01, que aprobó la Guía General de Identificación, Formulación y Evaluación de Proyectos de Inversión, establece que todos los proyectos de inversión deben seguir el mismo ciclo de evaluación de inversiones. También es importante establecer que, conjuntamente con otros

actores de las cuencas, las EP tienen la responsabilidad de invertir en el abordaje de los riesgos hídricos para la prestación del servicio público que brindan y de que el PMO se coordine con los instrumentos y planes de gestión pública en las cuencas hidrográficas para asegurar el financiamiento de intervenciones en infraestructura natural en función de las necesidades.

- Crear fuertes incentivos financieros para que los gobiernos locales adopten y cumplan con los planes departamentales de saneamiento; por ejemplo, modulando el acceso a la financiación de subvenciones gubernamentales.
- Seguir criterios uniformes de inversión en agua y saneamiento para áreas urbanas y rurales, es decir, con instrumentos de inversión estandarizados que, basados en criterios técnicos y de menores costos, permitan tomar decisiones de inversión eficientes para el sector.

También es necesario un mayor compromiso con el sector privado, a través del fortalecimiento de la regulación pública para garantizar el interés público y mejorar la conexión entre la investigación, el desarrollo tecnológico y, sobre todo, la innovación en el sector de los recursos hídricos, que se ha convertido en una prioridad. Se ha alcanzado un progreso significativo en la cooperación con el sector privado a través de iniciativas de valor compartido promovidas por donantes multilaterales y organizaciones nacionales. Sin embargo, los socios privados más proactivos parecen enfrentarse a una serie de limitaciones en términos de procedimientos de inversión, facilidades de gestión de riesgos, evaluación de proyectos y compras. Se deben tener en cuenta los conocimientos de las plataformas de múltiples actores para garantizar las contribuciones más beneficiosas del sector privado, más allá de los mecanismos existentes (es decir, APP, obras por impuestos, etc.). Las siguientes acciones pueden ser consideradas por el MEF, MIDAGRI, MINEM y MVCS:

- Crear incentivos fiscales o ampliar esquemas de Obras por Impuestos.
- Eliminar los subsidios perjudiciales.
- Promover inversiones privadas en servicios e infraestructura públicos a través de APP de iniciativa pública o privada.
- Proporcionar servicios de información a los inversionistas y ayudar a crear un entorno propicio y atractivo para las inversiones privadas, mejorando el intercambio de información entre las políticas públicas.
- Mejorar los plazos de las evaluaciones de proyectos en el sistema de inversión pública (Invierte.pe).
- Evitar la fragmentación de los proyectos de inversión.
- Fortalecer la coordinación entre Fondo de Estímulo al Desempeño y Logro de Resultados Sociales (FED), Fondo Nacional de Vivienda (FONAVI) y PROINVERSION.
- Promover un marco para APP en proyectos de agua y resiliencia, mientras se desarrolla una nueva clase de activos (por ejemplo, infraestructura natural).

Rediseñar los incentivos económicos y financieros

Los incentivos económicos y financieros no solo deben dirigirse a aumentar los ingresos, sino también los objetivos de cantidad y calidad del agua, teniendo en cuenta sus efectos distributivos. Como tal, mejorar los esquemas de precios, con énfasis en el agua cruda (retribuciones de la ANA por extracción de agua y vertimiento de aguas residuales tratadas), contribuiría a adaptar la disponibilidad y demanda de agua, especialmente en las cuencas con mayor estrés hídrico. A su vez, esto garantizaría aportes adicionales para hacer frente a las escaseces temporales, al tiempo que promovería la sustitución de las fuentes de abastecimiento de agua más vulnerables para reducir la sobreexplotación. Más específicamente, esta mejora debería contribuir a fijar el precio del acceso a fuentes de agua no convencionales, de manera que induzca a los agricultores al uso responsable de los recursos de agua subterránea que controlan. Esto conduciría a un aumento de la resiliencia mediante el incremento de la seguridad hídrica para usos urbanos al reducir la escasez de agua para riego, gracias a normas menos estrictas de extracción de aguas superficiales. Un resultado probable también sería el aumento de las reservas de agua a mediano plazo (por exceso de oferta de fuentes no convencionales en períodos normales) y a más largo plazo (al permitir mejores niveles de conservación en los acuíferos).

Establecer un costo de oportunidad para la sobreexplotación de las aguas subterráneas permitiría recuperar el control de los recursos de aguas subterráneas. La tarifa vigente de gestión y control de las aguas subterráneas es un tema relevante. Se puede considerar incentivos para una extracción y consumo más eficientes del uso de aguas subterráneas, iniciativas de monitoreo más ambiciosas, análisis de patrones de comportamiento de los usuarios de aguas subterráneas, ampliación de la micro-medición del uso de aguas subterráneas, control a los usuarios informales, fomento de la reutilización de aguas residuales recuperadas o conexión de la retribución de uso de aguas subterráneas al MERESE, como en el caso de la región Lima. Sin embargo, sin más información sobre las tendencias actuales de los recursos de agua subterránea (tanto en términos de disponibilidad como de calidad), es probable que la retribución tenga un impacto limitado. Además, esta retribución no se aplica actualmente a los usuarios agrícolas. Los acuíferos se están utilizando de facto como póliza de seguro, sin que el sector financiero desempeñe todavía ningún papel. En el futuro, en caso de que se prevea un costo de oportunidad en el uso de las aguas subterráneas en todo el país, se podrían estabilizar los ingresos de los agricultores en los períodos de sequía mediante la reducción de los incentivos para extraer de los acuíferos ya agotados y proporcionando incentivos para señalar el uso responsable de los acuíferos. Esto garantizaría el control colectivo de los acuíferos, dado que la compensación en períodos de sequía podría depender de demostrar que no se han sobreexplotado los recursos hídricos en un distrito de riego en particular.

Al rediseñar los incentivos económicos y financieros, nadie debe quedar excluido y deben considerarse los efectos distributivos. La protección de los consumidores y los agricultores de bajos ingresos es una parte esencial de la GIRH, que se encuentra rezagada. Perú aún no cuenta con suficientes herramientas para proteger a los consumidores o los medios de subsistencia de la población rural en general, a pesar de que existe la legislación correspondiente. Deben crearse nuevas herramientas para proteger a los hogares de bajos ingresos y a los agricultores de subsistencia, principalmente a través de subsidios centrados en la demanda y medidas más allá de la política de recursos hídricos que aborden el verdadero desafío social, es decir, la pobreza y la exclusión social. Por ejemplo, se podría considerar lo siguiente:

- Reforzar el papel del CEPLAN.
- Promover la cobertura y sostenibilidad de los servicios de saneamiento en áreas rurales.
- Explorar una estructura de tarifas progresivas como la mejor manera de garantizar una recaudación sostenible de ingresos para cumplir los objetivos de recuperación de costos y establecer esquemas de subsidios cruzados para hogares de bajos ingresos.
- Definir mecanismos operativos para dar justa compensación mediante beneficios a quienes están directamente vinculados a alcanzar los objetivos y resultados de los proyectos en las cuencas.

Las Directrices de la OCDE sobre Gobierno Corporativo de las Empresas Públicas aportan recomendaciones concretas para hacer que las empresas de propiedad estatal sean más competitivas, eficientes y transparentes (OECD, 2015[33]). Se pueden encontrar ejemplos de órganos de consulta en la Comisión de Servicios Esenciales de Australia del Sur, el Foro de Clientes en Escocia, la Comisión de Consulta de Servicios Públicos Locales en Francia.

Involucrar a los actores en la definición de niveles aceptables de riesgo hídrico

Convocar a las partes interesadas para acordar niveles aceptables de riesgo hídrico para la comunidad daría a la ANA un "punto de entrada" extremadamente poderoso al terreno y le permitiría desempeñar su papel integral como autoridad del agua. La economía peruana ha perdido importantes inversiones (por ejemplo, inversiones mineras), debido a la falta de un acuerdo previo sobre niveles aceptables de riesgo.

El enfoque basado en el riesgo también mitigaría el riesgo de tener que recurrir al Tribunal Nacional de Resolución de Controversias Hídricas para resolver las apelaciones contra las decisiones administrativas emitidas por la ANA. Los CRHC, a pesar de su naturaleza consultiva y de importantes brechas en términos de capacidades financieras y técnicas, tienen experiencia en convocar a las partes interesadas. Sin embargo, la representación de varios usuarios y su voz en la planificación y gestión de los recursos hídricos debe considerarse cuidadosamente para evitar el riesgo de captura por algunas categorías de actores (es decir, los usuarios agrícolas). Como tal, sería importante:

- Fortalecer el involucramiento de las autoridades regionales y locales, y su compromiso para la implementación del plan nacional y el adecuado cumplimiento de las funciones de los CRHC.
- Mejorar la coordinación entre secretarías técnicas y las AAA y ALA mediante grupos de trabajo.
- Incrementar la legitimidad social de las retribuciones y tarifas cobradas (desarrollar mecanismos de comunicación que permitan a quienes pagan saber dónde y cómo se invertirían sus contribuciones).
- Convocar una cumbre nacional que reúna a los gobiernos nacionales, provinciales y locales, y los formuladores de políticas.
- Culminar el proceso de conformación de Grupos de Trabajo Multisectoriales (GETRAM) incluyendo a los gobiernos regionales.

Un ejemplo de participación de las partes interesadas en la política del agua son las Directrices de la UE para la Mejora de la Legislación. Tras su adopción en 2015, la Comisión Europea ha ampliado su gama de métodos de participación de actores para permitir que expresen su punto de vista sobre el ciclo de vida completo de una política, incluida la política del agua (verificación de la adecuación de la Directiva Marco del Agua - WFD y Directiva sobre Inundaciones - FD).

Referencias

Acuerdo Nacional (2012), *Política de Estado sobre Recursos Hídricos, Secretaría Ejecutiva del Acuerdo Nacional, Perú*, https://www.ana.gob.pe/sites/default/files/politica_de_recursos_hidricos_33_documento.pdf. [1]

Albán Contreras, L. (2017), *El Fondo del Agua Quiroz-Chira: Un mecanismo de gestión para los ecosistemas de montaña de Piura, Perú - Sistematización de la experiencia*, Naturaleza y Cultura Internacional and Andean Forests programme of the Swiss Agency for Development and Cooperation (COSUDE), https://cooperacionsuiza.pe/wp-content/uploads/2017/02/faqch-final-web.pdf. [6]

ANA (2020), *Consejos de Recursos Hídricos de Cuenca*, https://www.ana.gob.pe/nosotros/planificacion-hidrica/plan-gestion-cuencas (accessed on 18 March 2021). [11]

ANA (2019), "Autoridad Nacional del Agua informa sobre proceso de zonificación de cabeceras de cuenca, noticia (11 junio 2019)", Autoridad Nacional del Agua, https://www.ana.gob.pe/noticia/autoridad-nacional-del-agua-informa-sobre-proceso-de-zonificacion-de-cabeceras-de-cuenca. [15]

ANA (2019), *Compendio nacional de estadísticas de recursos hídricos 2017 (SNIRH)*, Autoridad Nacional del Agua, https://www.ana.gob.pe/publicaciones/compendio-nacional-de-estadisticas-de-recursos-hidricos-2017. [19]

ANA (2017), *Gestión integrada de recursos hídricos en el Perú: Consejos de Recursos Hídricos de Cuenca, avances y retos para la gobernanza hídrica*, Autoridad Nacional del Agua, http://repositorio.ana.gob.pe/handle/20.500.12543/681. [23]

ANA (2017), *Marco de Gestión Ambiental y Social del Proyecto de Gestión Integrada de los Recursos Hídricos en Diez Cuencas Hidrográficas (Código SNIP N° 302961)*, Autoridad Nacional del Agua, https://www.ana.gob.pe/proyectos-ana/pgirh. [2]

ANA (2017), *Plan Estratégico Institucional–PEI 2018-2021*, Autoridad Nacional del Agua, https://www.ana.gob.pe/sites/default/files/archivos/manager/2018-10/PEI%202018%20-%202021_FINAL.pdf. [20]

ANA (2017), "Representatividad y poder de decisión en Consejos de Recursos Hídricos de Cuenca Perú", Autoridad Nacional del Agua, https://www.riob.org/sites/default/files/IMG/pdf/JAVER_-_PRESENTACION_BRASILIA_JRP.pdf. [24]

ANA (2014), "Protocolo para la prevención y gestión de conflictos sociales vinculados con los recursos hídricos", Autoridad Nacional del Agua, http://repositorio.ana.gob.pe/handle/20.500.12543/216. [4]

ANA (2013), *Plan Nacional de Recursos Hídricos del Perú: Memoria*, Autoridad Nacional del Agua, http://www.ana.gob.pe/sites/default/files/plannacionalrecursoshidricos2013.pdf. [21]

BCG Foundation (2016), "The Brazilian Progestão, a national agreement for managing freshwater resources", https://www.centreforpublicimpact.org/case-study/brazils-national-pact-for-water-management/. [32]

Chirinos, K. (2018), "Implicancias de establecer un Marco Metodológico para identificar, delimitar y zonificar las cabeceras de cuenca en el Perú. Análisis de la modificación del artículo 75º de la Ley de Recursos Hídricos", PUCP, Facultad de Derecho, Perú, http://tesis.pucp.edu.pe/repositorio/bitstream/handle/20.500.12404/13733/Chirinos_Espinoza_Implicancias_establecer_marco1.pdf?sequence=1&isAllowed=y. [16]

EC (2018), "Mission-oriented R&I policies: In-depth case studies", Case Study Report Delta Plan/ Delta Programme (The Netherlands), European Commission. [29]

Gobierno del Perú (2016), "Se destrabaron 170 obras de agua potable y alcantarillado en beneficio de un millón de Peruanos", https://www.gob.pe/institucion/presidencia/noticias/9416-se-destrabaron-170-obras-de-agua-potable-y-alcantarillado-en-beneficio-de-un-millon-de-peruanos (accessed on 15 March 2021). [10]

Government of the Netherlands (n.d.), "National Delta Programme 2021, Staying on track in climate-proofing the Netherlands". [30]

MIDIS (2019), *Quiénes Somos?*, http://www.foncodes.gob.pe/portal/index.php/nosotros/quienessomos3. [22]

MINAM (2011), *Conversatorio internacional: Mecanismos de financiamiento para la conservación de los ecosistemas y la biodiversidad*, http://repositorio.ana.gob.pe/bitstream/handle/20.500.12543/4433/ANA0002933.pdf?sequence=1&isAllowed=y. [5]

MVCS (2019), *Programa Nacional de Saneamiento Rural*, http://pnsr.vivienda.gob.pe/portal/ (accessed on 12 March 2021). [8]

MVCS (2018), *DATASS: Modelo para la toma de decisiones en Saneamiento. Sistema de Diagnóstico sobre Abastecimiento de Agua y Saneamiento en el Ámbito Rural*, Ministerio de Vivienda, Construcción y Saneamiento, https://cooperacionsuiza.pe/wp-content/uploads/2018/11/DATASS-Modelo-para-la-toma-de-decisiones-web.pdf. [7]

OECD (2016), *Regulatory Policy in Peru: Assembling the Framework for Regulatory Quality*, OECD Reviews of Regulatory Reform, OECD Publishing, Paris, https://doi.org/10.1787/9789264260054-en. [18]

OECD (2015), *OECD Guidelines on Corporate Governance of State-Owned Enterprises, 2015 Edition*, OECD Publishing, Paris, https://dx.doi.org/10.1787/9789264244160-en. [33]

OECD (2015), *OECD Principles on Water Governance*, OECD, Paris, http://www.oecd.org/cfe/regional-policy/OECD-Principles-on-Water-Governance.pdf. [12]

OECD (2015), "OECD Studies on Water, Country profile, Spain", OECD, Paris, https://www.oecd.org/spain/Water-Resources-Allocation-Spain.pdf. [14]

OECD (2015), *Water Resources Governance in Brazil*, OECD Studies on Water, OECD Publishing, Paris, https://dx.doi.org/10.1787/9789264238121-en. [25]

OECD (2014), *Water Governance in the Netherlands: Fit for the Future?*, OECD Studies on Water, OECD Publishing, Paris, https://doi.org/10.1787/9789264102637-en. [27]

OECD (2013), *Water and Climate Change Adaptation: Policies to Navigate Uncharted Waters*, OECD Studies on Water, OECD Publishing, Paris, https://doi.org/10.1787/9789264200449-en. [26]

OECD (2011), *Water Governance in OECD Countries: A Multi-level Approach*, OECD Studies on Water, OECD Publishing, Paris, https://doi.org/10.1787/9789264119284-en. [13]

OECD (n.d.), *Country Profile: The Netherlands*, OECD, Paris. [28]

OECD/ECLAC (2017), *OECD Environmental Performance Reviews: Peru 2017*, OECD Environmental Performance Reviews, OECD Publishing, Paris, https://doi.org/10.1787/9789264283138-en. [3]

P.A.C. Libanio (2017), "Promoting and assessing water governance at subnational level: The experience of Brazil's National Water Management Pact", *Water International*, Vol. 42/4, pp. 385-399, https://doi.org/10.1080/02508060.2017.1328638. [31]

PCM (2017), *Peru: A Reliable Partner for the OECD*, Gobierno de Perú/GIZ/World Bank, https://sgp.pcm.gob.pe/wp-content/uploads/2017/05/brochure-PERU-OECD.pdf. [9]

World Bank (2017), *Project Appraisal Document on a Proposed Loan in the Amount of us$ 40 Million to the Republic of Peru for a Peru Integrated Water Resources Management in Ten Basins Project (April 05, 2017)*, Report No: PAD2104, World Bank, Washington, DC, http://documents.worldbank.org/curated/en/634181493604098313/pdf/Peru-Integrated-Water-Resources-Mngt-in-Ten-Basins-P151851-PAD-04112017.pdf. [17]

Referencias adicionales

ANA (2017), *Plan Estratégico Institucional–PEI 2018-2021*, Autoridad Nacional del Agua, https://www.ana.gob.pe/sites/default/files/archivos/manager/2018-10/PEI%202018%20-%202021_FINAL.pdf.

ANA (2018), *Memoria Anual 2017*, Autoridad Nacional del Agua, https://hdl.handle.net/20.500.12543/00.12543/2442.

ANA/MINAGRI (2016), *Priorización de Cuencas para la Gestión de los Recursos Hídricos*, https://www.ana.gob.pe/sites/default/files/publication/files/priorizacion_de_cuencas_para_la_gestion_de_los_recursos_hidricos_ana.pdf.

OCDE (2011), *Water Governance in OECD Countries: A Multi-level Approach*, OECD Studies on Water, Publicaciones OCDE, París, https://doi.org/10.1787/9789264119284-en.

Notas

[1] El Acuerdo Nacional fue firmado en 2002 por todas las fuerzas políticas representadas en el Congreso, miembros de la sociedad civil y el ejecutivo, para alcanzar consensos sobre las políticas de estado y contribuir a una visión compartida del país.

[1] Art. 17, Ley No. 29158: Ley Orgánica del Poder Ejecutivo, LOPE.

[2] PCM ROF, Decreto Supremo No. 022-2017-PCM.

[3] Decreto Supremo No. 18-2017-VIVIENDA

[1] En el marco del Sistema Nacional de Evaluación de Impacto Ambiental (SEIA) y de conformidad con lo dispuesto en el artículo 53 del Reglamento de la Ley SEIA, así como lo dispuesto en el Artículo 81 de la Ley N ° 29338 de Recursos Hídricos.

[2] Artículo 19, Reglamento de la Ley de Recursos Hídricos.

[3] Creado mediante Resolución No. 546-2009-ANA de la ANA sobre la base del MINAGRI-ANA, 2009.

[4] Los artículos 11, 87 y 90 de la Ley General del Ambiente, No. 28611, regulan el manejo integral de los recursos naturales transfronterizos y aguas continentales, señalando que el Estado promueve y controla su uso sustentable y crea alianzas estratégicas para tal fin, considerando el cumplimiento de las normas ambientales nacionales.

[5] La protección de cabeceras de cuencas es impulsada por la ANA, MINAM, MEF, MIDAGRI y MINAM a través de un grupo de trabajo para la elaboración de un Marco Metodológico de Criterios Técnicos para la Identificación, Delimitación y Zonificación de Cabeceras de Cuencas, según Ley No. 30640, destacando, entre los aportes del MINAM, la inserción del enfoque ecosistémico en la vulnerabilidad ambiental y la zonificación de las cabeceras de la cuenca, sustentados en el Mapa Nacional de Ecosistemas, que permitirá alcanzar un consenso para el bien del país.

[6] Art. 84, Ley de Recursos Hídricos.

[7] Esto se hace en coordinación con la ANA y con el apoyo científico del Instituto Nacional de Investigaciones de Ecosistemas de Glaciares y Montañas (INAIGEM), el Instituto de Investigaciones de la

Amazonía Peruana (IIAP) y el Instituto Geofísico del Perú (IGP), todos ellos bajo el paraguas institucional del MINAM.

[8] Decreto Supremo No. 002-2017-MINAM.

[9] El MINAM es responsable de proponer metas ambientales y velar por la protección del medio ambiente y la conservación de los recursos naturales en el marco de la Política Nacional Ambiental. Esto se hace a través de sus direcciones generales, Dirección General de Políticas y Regulación en Construcción y Saneamiento (DGPRCS), y la Dirección Adjunta de Saneamiento, Dirección General de Programas y Proyectos en Construcción y Saneamiento (DGPPC) y Dirección General del Ambiente (DGA). La Dirección General de Asuntos Ambientales (DGAA) es el órgano encargado de fijar los objetivos ambientales, redactar orientaciones y estrategias para el desarrollo de las competencias legales del MINAM, velando por la protección del medio ambiente y la conservación de los recursos naturales en el marco de la Política Nacional de Medio Ambiente.

[10] Art. 12, Reglamento de la Ley de Recursos Hídricos.

[11] Decreto Supremo No. 18-2017-VIVIENDA.

[12] Art. 12, Ley No. 30215.

[13] Modificada por Decreto Legislativo No.1078 (Artículo 2).

[14] Para la elaboración del Inventario Nacional de Humedales se ha creado un grupo de trabajo. Está integrado por el Ministerio del Ambiente, la Autoridad Nacional del Agua, el Servicio Forestal y de Vida Silvestre, el Instituto de Investigaciones de la Amazonía Peruana y el Instituto del Mar del Perú, presidido por la ANA, con la tarea de definir los "Lineamientos Generales para la Elaboración del Inventario Nacional de Humedales". El propósito de este proceso es generar información sobre la distribución de los humedales en el país, lo que, junto con el inventario de fuentes de agua, permitirá tomar decisiones adecuadas para el manejo de estos ecosistemas estratégicos. A la fecha, se han implementado una serie de pilotos de la metodología en diferentes cuencas del país, a la espera de la definición y aprobación de los lineamientos para orientar la realización de este importante instrumento de planificación y gestión a nivel nacional.

[15] Ley No. 31075, Ley de Organización y Funciones del MIDAGRI (23 de noviembre de 2020).

[16] Artículo 13, Reglamento de la Ley de Recursos Hídricos.

[17] Según lo establecido en el Decreto Legislativo No. 1280 (Ley Marco de la Gestión y Prestación de los Servicios de Saneamiento, en adelante Ley Marco), los servicios de saneamiento comprenden los siguientes: suministro de agua potable, alcantarillado, tratamiento de aguas residuales y disposición sanitaria de excretas).

[18] Decreto Legislativo No. 1280.

[19] Numeral 3, inciso 7.1 del Artículo 7 del Decreto Supremo 019-2017-VIVIENDA sobre reglamentación de la Ley Marco de la Gestión y Prestación de Servicios de Saneamiento.

[20] Resolución Ministerial No. 078-2019-VIVIENDA.

[21] Decreto Supremo No. 006-2007-VIVIENDA.

[22] Decreto Supremo No. 002-2012-VIVIENDA.

[23] Decreto Supremo No. 006-2019-VIVIENDA.

[24] Promulgación de la nueva Ley Marco de la Gestión y Prestación de Servicios de Saneamiento, mediante Decreto Legislativo No. 1280 de 2016 y su reglamento (Decreto Supremo 019-2017-VIVIENDA) Art. 8, Reglamento de la Ley Marco de la Gestión y Prestación de Servicios de Saneamiento, Decreto Supremo No. 019-2017-VIVIENDA.

[25] Decreto Legislativo No. 25965.

[26] Ley No. 27332, Ley Marco de los Organismos Reguladores de la Inversión Privada en los Servicios Públicos, Decreto Supremo No. 042-2005-PCM.

[27] Con la promulgación en 2016 del nuevo marco legal de los servicios de saneamiento (Ley Marco de la Gestión y Prestación de Servicios de Saneamiento, Decreto Legislativo No. 1280 y su Reglamento: Decreto Supremo No. 019-2017-VIVIENDA) se derogó la Ley General de Servicios de Saneamiento de 1994 y la Ley de Modernización de los Servicios de Saneamiento de 2013.

[28] Área de servicio: "la zona bajo la responsabilidad de un proveedor para el suministro de servicios de saneamiento. También incluye el área potencial en la que se podrían brindar servicios de manera eficiente" (metodología para el establecimiento de las áreas de prestación de servicios, Resolución No. 13-2020-SUNASS-CD).

[29] Decreto Supremo No. 031-2010-SA.

[30] Artículo 20, Reglamento de la Ley de Recursos Hídricos, Decreto Supremo No. 001-2010-AG, con competencias claramente definidas en su Parte II, Capítulo IV.

[31] Resolución No. 575-2010-ANA, según los Lineamientos Generales para la Creación de Consejos de Cuenca y lineamientos específicos para su reglamento interno, según lo establecido en la Resolución No. 290-2012-ANA.

[1] Art. 194.1 del reglamento de desarrollo de la Ley de Recursos Hídricos: Decreto Supremo No. 001-2010-MINAGRI.

[2] De acuerdo con sus leyes orgánicas, la Ley de Recursos Hídricos y su Reglamento, como en el Art. 15.

[3] De acuerdo con el artículo 141 de la Ley No. 27972, Ley Orgánica de Municipios, los municipios ubicados en el área rural, además de las competencias básicas, están a cargo de aquellas relacionadas con la promoción del manejo sostenible de los recursos naturales: suelo, agua, flora, fauna, biodiversidad, con el fin de integrar la lucha contra la degradación ambiental a la lucha contra la pobreza y la generación de empleo, en el marco de planes de desarrollo concertados.

[4] Ley Marco de la Gestión y Prestación de los Servicios de Saneamiento (Decreto Legislativo No. 1280) siguiendo la Ley Orgánica de Gobiernos Regionales No. 27867 y la Ley Orgánica de Municipios No. 27972.

[5] En el marco del Sistema Nacional de Información sobre Recursos Hídricos, se firmaron convenios específicos con los generadores de datos, tales como el Servicio Nacional de Meteorología e Hidrología (SENAMHI); el Proyecto Especial Chira - Piura; el Proyecto Especial Tacna; el Proyecto Especial Olmos - Tinajones; el Proyecto Especial Pasto Grande; el Instituto Geográfico Nacional de SEDAPAL (IGN); el

Instituto Geológico, Minero y Metalúrgico (INGEMMET); el Centro Nacional de Estimación, Prevención y Reducción del Riesgo de Desastres (CENEPRED); y la Comisión Nacional de Investigación y Desarrollo Aeroespacial (CONIDA). La información, de libre acceso, está disponible en http://www.ana.gob.pe/portal/snirh.

[6] Estos lineamientos fueron aprobados mediante Resolución RJ No. 307-2015-ANA y modificados por Resolución No. RJ 337-2016-ANA.

3 Instrumentos económicos para la gestión del riesgo hídrico

Este capítulo analiza el estado de la cuestión y los caminos a seguir para establecer y utilizar instrumentos económicos para la gestión de los recursos hídricos, con un enfoque en los pagos por servicios ecosistémicos y cobros ambientales. Examina cómo se podría considerar el apoyo financiero público para la rehabilitación de los ríos de Perú. Finalmente, el capítulo subraya la necesidad de coherencia entre los instrumentos económicos para la gestión de los recursos hídricos y las políticas sectoriales.

Para gestionar los riesgos hídricos, como la escasez, la contaminación, las inundaciones y el riesgo de debilitar la resiliencia de los sistemas de agua dulce, se pueden utilizar instrumentos de política de muy variado diseño y aplicación práctica. Con base a la clasificación proporcionada por la OCDE (2008[1]), dichos instrumentos pueden ordenarse en siete categorías: impuestos/cobros ambientales y sistemas de permisos negociables (instrumentos de fijación de precios), apoyo financiero público y pagos por servicios ecosistémicos (instrumentos de apoyo financiero), medidas de información y esquemas voluntarios. El análisis de la eficacia, la rentabilidad y la viabilidad de todos estos instrumentos, y sus combinaciones, escapa al alcance de este capítulo.

En cambio, el capítulo analiza en profundidad dos instrumentos clave en la gestión del riesgo hídrico en Perú, a saber, los pagos por servicios ecosistémicos y los cobros ambientales, evaluando su implementación y proponiendo caminos a seguir. El capítulo también evalúa los méritos de movilizar apoyo financiero público para implementar una política de rehabilitación de ríos en Perú. Finalmente, el capítulo subraya la necesidad de que estos instrumentos de política de recursos hídricos sean consistentes con las políticas sectoriales y ambientales.

Pagos por servicios ecosistémicos

Marco conceptual

Existen varias definiciones de pagos por servicios ecosistémicos (PSE), sin que se haya acordado una definición única (Schomers and Matzdorf, 2016[2]). Sin embargo, los PSE pueden definirse en términos amplios como una transacción voluntaria en la que los administradores de ecosistemas (p. ej., propietarios de tierras) son compensados mediante pagos condicionales por parte de los beneficiarios del ecosistema (a menudo los gobiernos, siendo el público el beneficiario general), para cubrir el costo adicional de mantener los servicios ecosistémicos por encima de los niveles requeridos por ley. La evaluación de PSE implica criterios de eficacia y costo-eficiencia. Se puede decir que los PSE que son a la vez eficaces y costo-eficiente, son costo-efectivos. Otro criterio es la viabilidad de la implementación de PSE, que obviamente es esencial si realmente se va a introducir un PSE y para que opere de manera económicamente efectiva.[1]

Eficacia

Para ser eficaces, los instrumentos de PSE aplican el principio de “el beneficiario paga”. Los beneficiarios (o compradores de servicios ecosistémicos) realizan pagos condicionales a los administradores de servicios ecosistémicos (o vendedores de servicios ecosistémicos, por lo general propietarios de tierras) para mantener un nivel de servicios ecosistémicos que de otro modo no estaría en el interés económico privado del gestor de los servicios de los ecosistemas (o en la obligación reglamentaria). Los pagos al propietario (que pueden ser en efectivo o en especie) (Asquith, Vargas and Wunder, 2008[3]) están destinados a hacer de la conservación de los bosques, el objetivo más común de los PSE, particularmente en los países en desarrollo (Engel, Pagiola and Wunder, 2008[4]), al menos tan económicamente atractivo para el propietario como la siembra de pastizales. Esto preserva el agua y, con ella, la biodiversidad y los servicios de secuestro de carbono. Los compradores pueden ser del sector público o privado, dependiendo de la naturaleza del servicio ecosistémico objetivo (Figura 3.1). Por ejemplo, el comprador puede ser un generador de energía hidroeléctrica privada, que paga a los propietarios de las tierras aguas arriba para que conserven los servicios ecosistémicos relacionados con la gestión del recurso hídrico (por ejemplo, a través de la conservación de los bosques), para obtener un beneficio económico privado (un sistema financiado por el usuario). El comprador en este escenario también puede ser un gobierno u otras entidades gubernamentales que pagan para mantener los servicios ecosistémicos relacionados con los bosques que son bienes públicos, como la preservación de la biodiversidad (un sistema financiado por el gobierno).

Figura 3.1. Lógica de un instrumento de PSE

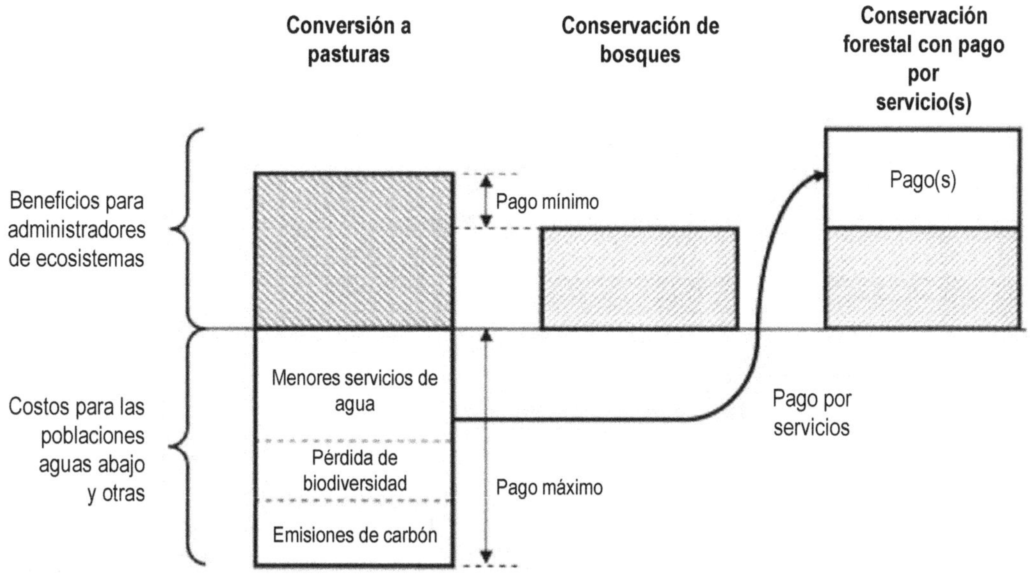

Fuente: Engel, S., S. Pagiola y S. Wunder (2008[4]), "Designing payments for environmental services in theory and practice: An overview of the issues", https://doi.org/10.1016/j.ecolecon.2008.03.011.

Con el fin de proporcionar incentivos suficientes para que los vendedores acepten los PSE y, por lo tanto, permitan que el instrumento funcione, el nivel mínimo de pago debe ser el diferencial entre el valor económico privado obtenido de la presencia de los servicios ecosistémicos (por ejemplo, la conservación de los bosques) y el uso más rentable de la tierra autorizado por la ley para el propietario (por ejemplo, conversión a pasturas), compensando así la pérdida de ingresos. El nivel máximo de pago por la operación costo-efectiva del instrumento se analiza en la sección de costo-eficiencia a continuación.

El punto de aplicación debe basarse en el impacto y realizarse en relación con los servicios ecosistémicos prestados. Sin embargo, medir la provisión de "unidades adicionales" de servicios ecosistémicos entregados contra una línea de base predefinida requiere conocer al detalle las vías causales (reconociendo la extensión espacial y la distribución) (Tomich, Thomas and Noordwijk, 2004[5]), que a menudo no se comprenden plenamente o no son fáciles de controlar. En tales casos, se pueden utilizar sustitutos o indicadores, como la extensión o densidad adicional de la cobertura forestal, en base a los cuales se pueden realizar pagos. Es común monitorear tales herramientas indirectas relacionadas con el uso de la tierra (Pagiola and Platais, 2007[6]).

Hasta ahora, a pesar de su creciente uso en todo el mundo, relativamente pocos sistemas de PSE han sido objeto de análisis ex post rigurosos en países de ingresos altos o bajos (Engel, Pagiola and Wunder, 2008[4]; Pattanayak, Wunder and Ferraro, 2010[7]). Sin embargo, Pattanayak, Wunder y Ferraro (2010[7]), utilizando una muestra disponible de dichos estudios, encontraron una efectividad generalmente positiva pero limitada en la prestación de servicios ecosistémicos adicionales. Sin embargo, estos análisis adolecen de dificultades especiales para determinar las condiciones contrafactuales (especialmente en lo que respecta a la "adicionalidad") y, por lo tanto, el cambio inducido.

Al igual que con los instrumentos de "quien contamina paga", los sistemas de PSE pueden inducir el efecto de refugio de la contaminación cuando la actividad que originalmente degrada el servicio ecosistémico simplemente se desplaza ("fuga") a otra ubicación. Wunder, Engel y Pagiola (2008[8]) concluyen que, aunque se sabe poco acerca de las fugas de los sistemas de PSE debido a dificultades de monitoreo, algunos estudios citan evidencia anecdótica de fugas locales (es decir, simplemente convertir otra parcela de tierra cercana para sustituir aquella comprendida en un contrato de PSE). Si bien la oportunidad de fuga de servicios ecosistémicos localizados disminuye con la ampliación del alcance del instrumento (por ejemplo, la proporción de cobertura en una cuenca para servicios relacionados con el agua), aumenta la probabilidad de fuga de actividades que degradan servicios de bienes público globales (por ejemplo, deforestación y preservación de la biodiversidad), que son el objetivo de los sistemas financiados por el gobierno (Wunder, Engel and Pagiola, 2008[8]). Las fugas también pueden ocurrir a lo largo del tiempo, como cuando un inminente sistema de PSE crea un incentivo perverso para que los propietarios dañen aún más sus servicios ecosistémicos para recibir pagos adicionales para su restauración en el futuro (por ejemplo, deforestación para permitir la futura reforestación). Esto puede superarse, por ejemplo, estableciendo la línea de base a partir de condiciones históricas.

Costo-Eficiencia

Al igual que con otros instrumentos basados en el mercado, los instrumentos de PSE son costo-eficientes cuando se trata de abordar deficiencias del mercado. Además, el pago máximo debe ser el beneficio privado marginal o el beneficio social recibido de las "unidades adicionales" del servicio ecosistémico en cuestión (como también se ilustra en la Figura 3.1), dependiendo de si el instrumento es financiado por el usuario o por el gobierno, respectivamente. Las subastas inversas pueden ser útiles para determinar el precio más costo-efectivo dentro de estos parámetros y entre los actores (OECD, 2010[9]).

Pagiola y Platais (2007[6]) sostienen que, en teoría, los sistemas financiados por usuarios probablemente sean los más rentables y Wunder, Engel y Pagiola (2008[8]) encuentran evidencia empírica para apoyar este punto de vista. Es probable que los actores de los sistemas financiados por los usuarios (en particular los compradores) tengan más información sobre el beneficio marginal de la prestación de un servicio ecosistémico y, por lo tanto, el nivel máximo de pago, mientras que calcular el beneficio social marginal de los servicios ecosistémicos de los bienes públicos es una tarea extremadamente difícil. Además, los actores de los sistemas financiados por el usuario tienen incentivos más claros para garantizar que el instrumento funcione de manera eficaz, pueden señalarlos más específicamente y observar directamente si se está prestando el servicio requerido, y pueden responder rápidamente y renegociar los términos del acuerdo (o rescindirlo). Los instrumentos financiados por el gobierno que compran servicios de bienes públicos generalmente carecen de suficiente capacidad para monitorear si se están proporcionando servicios adicionales y dan poco incentivo para asegurar que el instrumento esté funcionando de manera efectiva. Otros objetivos de los sistemas financiados por el gobierno, como la reducción de la pobreza, también pueden afectar la costo-eficiencia en la búsqueda del objetivo ambiental (Pagiola and Platais, 2007[6]). Los instrumentos financiados por el gobierno también pueden constituir un subsidio para algunos actores del sector privado si no se aplican directamente a un bien público puro (es decir, no excluible y que no rivalice con el consumo), como la preservación de la biodiversidad. Muchos servicios de agua son, por ejemplo, bienes de “club” (es decir, excluibles) (Engel, Pagiola and Wunder, 2008[4]).

¿Podemos pagar al mismo territorio por diferentes servicios ecosistémicos? Si bien un sistema de PSE dado puede apuntar a un solo servicio ecosistémico, a menudo no es posible separar dichos servicios (como también se ilustra en la Figura 3.1). Los PSE pueden producir efectos secundarios tanto positivos como negativos (mejorar un servicio ecosistémico puede degradar o reforzar otro). Por ejemplo, la prestación de servicios de gestión de los recursos hídricos puede cambiar el hábitat local, reduciendo o aumentando los servicios de biodiversidad. Cuando se identifican sinergias, los servicios de los ecosistemas pueden "agruparse", lo que permite la posibilidad de obtener beneficios adicionales y reducir los costos de transacción (OECD, 2010[9]) [2]

Viabilidad

Los instrumentos de PSE pueden aplicarse a una gama de servicios ecosistémicos proporcionados por varios entornos gestionados por diferentes tipos de entidades. Cuando un enfoque basado en el impacto no es factible, como suele ser el caso de los instrumentos de PSE, el uso de sustitutos o indicadores en un enfoque basado en resultados puede adaptarse al entorno local (y responder a otras limitaciones). Los requisitos de condicionalidad también pueden adaptarse para tener en cuenta eventos que escapan al control de los administradores de ecosistemas (como enfermedades de la vegetación o incendios forestales). Por ejemplo, siempre que se alcancen los umbrales de los indicadores cada cuatro de cinco años, todavía se podrían recibir los pagos completos (Schwarz et al., 2008[10]).

Para que un instrumento de PSE (particularmente si es financiado por el gobierno) sea efectivo, los criterios deben ser claros sobre quién tiene derecho a recibir pagos, así como las definiciones acordadas para la línea de base, las "unidades" de adicionalidad y las métricas de desempeño. Si bien los instrumentos de PSE no requieren necesariamente un marco legal específico más allá de la ley básica de contratos, la definición y atribución claras de los derechos de propiedad son una condición previa para un sistema viable (Greiber, 2009[11]). La construcción del instrumento y los requisitos de supervisión y aplicación potencialmente sustanciales pueden producir altos costos de transacción y requieren una significativa capacidad administrativa. Estos problemas pueden reducir la viabilidad de los instrumentos de PSE en países de bajos ingresos, en particular para los sistemas financiados por el gobierno. Otras complicaciones legales también pueden afectar la viabilidad de un instrumento de PSE. Por ejemplo, las reglas de la Organización Mundial del Comercio (OMC) pueden impedir el uso de sistemas de PSE financiados por el gobierno (u otros sistemas de apoyo), si los actores comerciales privados (como los agricultores) reciben pagos que subsidian efectivamente su producción. Para que un instrumento esté incluido en el "compartimento verde"[3] de la OMC, los pagos a una industria productiva (por ejemplo, la agricultura) solo pueden compensar el costo adicional o la pérdida de ingresos derivados del mantenimiento o el aumento de la prestación de servicios ambientales (FAO, 2007[12]).

Como instrumento de apoyo financiero, los destinatarios prefieren los instrumentos de PSE a los instrumentos de "quien contamina paga" y están igualmente sujetos a costos de "peso muerto" cuando se paga a los actores para que presten servicios que habrían prestado de todos modos. Aunque se han discutido las dificultades de monitorear los sistemas de PSE, tiende a ser más fácil asegurar la cooperación de los administradores de servicios ecosistémicos (por ejemplo, propietarios de tierras) cuando "les ofrecen zanahorias antes que cuando los amenazan con un palo" (Engel, Pagiola and Wunder, 2008[4]). En los países de ingresos altos, los grandes productores agrícolas han podido orientar la dirección de la política hacia el apoyo financiero para los bienes ambientales, en vez de que se fijen impuestos sobre los daños medioambientales. En los países de bajos ingresos, generalmente se piensa que los prestadores de servicios medioambientales son más pobres que los usuarios (o compradores) del servicio, lo que crea una preferencia por la equidad en los PSE (Pagiola and Platais, 2007[6]). Aunque la reducción de la pobreza es un objetivo secundario (o paralelo) común de muchos sistemas de PSE financiados por el gobierno (a menudo introducidos para aumentar la aceptación del público), existe poca verificación empírica en torno a sus impactos distributivos (Engel, Pagiola and Wunder, 2008[4]).

La necesidad de financiamiento continuo sin retorno económico directo puede reducir sustancialmente la viabilidad política de los sistemas financiados por el gobierno. Aunque los sistemas financiados por el gobierno son la única opción cuando se considera la protección de los servicios ecosistémicos que son bienes públicos puros (como la conservación de la biodiversidad), los gobiernos nacionales no tienen incentivos para implementar dichos instrumentos unilateralmente cuando producen beneficios públicos globales. Es muy probable que este sea el caso en los países de ingresos más bajos. En tales casos, es probable que se requiera proporcionar otros incentivos, como la búsqueda de beneficios colaterales de la biodiversidad a través de medidas dirigidas a otros objetivos ambientales, como el secuestro de carbono.

La situación en Perú

Perú ha creado un marco legal para los PSE. En 2015, el Ministerio del Ambiente (MINAM) creó un mecanismo innovador de PSE, denominado Mecanismos de Retribución por Servicios Ecosistémicos (MERESE). La Ley de MERESE No. 30215 de 2014 y su reglamento (Decreto Supremo No. 009-2016-

MINAM) tienen como objetivo canalizar recursos financieros hacia la conservación, recuperación y uso sostenible de fuentes de servicios ecosistémicos a través de acuerdos entre las partes. Fomenta la participación de los sectores público y privado en la conservación de las fuentes de servicios ecosistémicos y estipula que las acciones de quienes proporcionan estos servicios pueden ser remuneradas. A cargo del MINAM, la ley tiene como objetivo asegurar la continuidad de los beneficios generados por los ecosistemas.

Previamente, la Ley de Modernización de los Servicios de Saneamiento No. 30045 de 2013 ya requería que cada Empresa Prestadora del Servicio de Saneamiento (EP) estableciera mecanismos de compensación ambiental y de manejo de cuencas hidrográficas en su Plan Maestro Optimizado (PMO). El PMO prevé inversiones (por un plazo de 30 años) así como aumentos de tarifas (cada cinco años), sujetos a la aprobación de la Superintendencia Nacional de Servicios de Saneamiento (SUNASS) que aprueba la estructura tarifaria de cada EP (mediante resolución), incluido el porcentaje de los ingresos por tarifas asignados al MERESE. Así, muchas EP han creado fondos específicos de tipo MERESE financiados con la factura de agua, que representan hasta el 11% de su facturación. Los fondos compensarán a las comunidades que se comprometan a brindar servicios hidrológicos, como la protección de las cuencas hidrográficas de los lagos de alta montaña mediante la reforestación (se han recaudado USD 44 millones en todo el país hasta 2020) (SUNASS, 2020[13]).

El Reglamento de los MERESE de 2016 establece la obligación de que las EP participen en ellos. A finales de 2020, 40 de las 50 EP tenían una resolución aprobada por SUNASS para la creación de un fondo de reserva de MERESE, de acuerdo con su PMO. El Reglamento del MERESE también abre la posibilidad de que la Junta de Usuarios del Sector Hidráulico (JUSH) pueda participar voluntariamente en la financiación de un MERESE, en el marco de su Plan de Operación, Mantenimiento y Desarrollo de la Infraestructura Hidráulica (POMDIH). El Reglamento del MERESE especifica que la JUSH y los operadores de infraestructura hidráulica pueden suscribir convenios de tipo MERESE siempre que incluyan acciones para la conservación, mejora y uso sostenible de las fuentes de recursos hídricos en el POMDIH. La Resolución Jefatural No. 230-2019-ANA brinda orientación para la preparación e implementación del POMDIH para los pequeños operadores de infraestructura hidráulica. Además de ser voluntario, el proceso de participación de JUSH en un MERESE (la decisión de participar en el financiamiento de la conservación de fuentes de agua) es más complejo que el de las EP ya que debe ser aprobado por la asamblea de regantes, lo que implica un amplio proceso de sensibilización para llegar a un acuerdo.

La Tabla 3.1 detalla la participación de los ingresos de las EP asignados al fondo de reserva de tipo MERESE a fines de 2018 (es decir, en 34 ciudades en 19 departamentos de Perú). Durante el período quinquenal de vigencia de las tarifas de agua, SUNASS puede aprobar un aumento en la cantidad del fondo de reserva si los proyectos MERESE "viables" exceden el monto originalmente estimado en el PMO. Esto puede incrementar la tarifa del agua sujeto a la aprobación de SUNASS a solicitud de las EP. En 2011 se implementó un mecanismo similar para la creación de fondos para la Gestión de Riesgo de Desastres (GRD) y la Adaptación al Cambio Climático (ACC) de conformidad con la Ley No. 29664 de 2011 que creó el Sistema de Gestión de Riesgo de Desastres (SINAGERD) (Tabla 3.1). En junio de 2015, SUNASS ayudó a desarrollar y aprobó el PMO del Servicio de Agua Potable y Alcantarillado de Lima (SEDAPAL) que destina el 1% de la facturación de la empresa a un fondo MERESE, y del 3,8% al 3,5% a un fondo de mitigación de desastres y adaptación al cambio climático (GRD/ACC). Para SEDAPAL, esto representa, respectivamente, montos de PEN 86 millones (EUR 23 millones) y PEN 315 millones (EUR 85 millones) durante cinco años (2015-19). En septiembre de 2019, SEDAPAL recaudó PEN 60 millones (EUR 16 millones) para su fondo MERESE.

El impacto en el presupuesto familiar es modesto. A menudo, es menos de PEN 1 por mes para el fondo MERESE, lo que sugiere que se han tenido en cuenta los criterios de asequibilidad (Tabla 3.1). La otra cara de la moneda, sin embargo, es que las cuantías de los fondos de reserva a menudo son limitados (excepto en Lima, dado el número de usuarios que atiende SEDAPAL). Los fondos MERESE a veces financian la infraestructura de abastecimiento de agua y saneamiento además de la protección de los ecosistemas, como lo muestra el ejemplo del Cusco (Tabla 3.2). En el Cusco, la instalación de baños para las comunidades locales fue un requisito previo para la recuperación de una laguna contaminada por excretas. La lógica del PMO que subyace al funcionamiento financiero de los fondos MERESE puede conducir a un desequilibrio entre los recursos dedicados a los servicios de saneamiento y los dedicados a los servicios ecosistémicos a los que normalmente se destina el fondo, como es el caso de la EP de Cusco (Tabla 3.2).

Las actividades previstas varían considerablemente de una EP a otra. El Decreto Legislativo No. 1280 de 2016 establece tres modalidades para el uso de los fondos MERESE: programación de inversiones públicas (Sistema Nacional de Programación y Gestión Multianual de Inversiones); pagos directos a proveedores de PSE; y subcontratación a entidades privadas especializadas creadas por ley para la administración de fondos del patrimonio ambiental. La Resolución No. 039-2019-SUNASS-CD de 2019 agregó la posibilidad de utilizar fondos de tipo MERESE para la contratación de bienes y servicios. Sin embargo, este sistema de PSE bajo la política de abastecimiento de agua y saneamiento (orientada a asegurar la protección de las fuentes de agua corriente arriba), muestra limitaciones para la identificación de las actividades que prestan servicios hidrológicos, un paso fundamental para calibrar el fondo de reserva. Entre los estudios tarifarios desarrollados a fines de 2018 (Ayacucho, Chachapoyas, Huancayo y Moyobamba, en 2015), solo Moyobamba incluye criterios para medir el impacto (efectividad) de los pagos. La participación de organizaciones no gubernamentales (ONG) y académicos en el comité de gestión del fondo ciertamente ha contribuido a mejorar la calidad del estudio de precios de Moyobamba. Por otro lado, los estudios tarifarios de Ayacucho y Huancayo no brindan detalles sobre las medidas contempladas en su fondo MERESE (Tabla 3.2).

Tabla 3.1. Creación de fondos de reserva MERESE y GRD / ACC por parte de las EP

Empresa prestadora del servicio de saneamiento (EP)		Periodo quinquenal	Reserva para la Gestión del Riesgo de Desastres (GRD) y Adaptación al Cambio Climático (ACC)	Reserva para el Mecanismo de Retribución por Servicios Ecosistémicos (MERESE)		Comentarios	Publicación en diario oficial
				Contribución mensual promedio/conexión			
Ciudad/Provincia	Departamento[1]		Porcentaje (o monto) de ingresos[2]	Porcentaje	En PEN[3]		
Tacna	Tacna	2019-23	0,5	1	0,45		21-Dic-18
Huancavelica	Huancavelica	2019-23	Entre 1 y 6,6	Entre 2,9 y 5,8	0,93		21-Dic-18
Quillabamba	Cusco	2019-23	0,7, Años 3-4, 0,8, Año 5	0,5 a 1,5	0,33		21-Dic-18
Pucallpa	Ucayali	2019-23	0,72, Año 1	Entre 1,27 y 2,1	1,00		14-Dic-18
Chincha	Ica	2019-23	0,8 a 0,6	2,6 a 2,0	1,00		14-Dic-18
Nasca	Ica	2019-23	0,8, Año 3	Entre 0,4 y 2,2	0,11 a 0,69		14-Dic-18
Cañete	Lima	2019-23	0,2, Año 2	Entre 3,3 y 4,4	0,9 a 1,2		14-Dic-18
Tarma	Junín	2018-22	1, Años 1-2, luego 0,8	2,4 a 1,9	0,50		06-Nov-18
Calca	Cusco	2018-22	0,5, Años 2-5	2,0 a 0,5, Años 1-4	0,12		30-Oct-18
Grau	Piura	2018-22	Entre 1,09 y 1,97	Entre 0,76 y 2,51	0,32 a 1,51		23-Ago-18
Pisco	Ica	2018-22	1	1,5 a 2,0	0,57		30-May-18
Chiclayo	Lambayeque	2018-22	Entre 3,2 y 6,2	Entre 0,1 y 1,3	0,54 a 0,57	PEN 0,50, Año 1	23-May-18
Moquegua	Moquegua	2018-22	0,5	1 a 3, Años 2-5	0,85		29-Dic-17
Ica	Ica	2018-22	1	1.0 a 1.5	0.55		29-Dic-17
Bagua Grande	Amazonas	2018-22	Entre 0.8 y 2.5	2.2, Años 1-2, luego 2.0	0.50		29-Dic-17
Mantaro	Junín	2017-21	1, Años 1-2	3, Años 2-5	0.64		14-Dic-17
Sicuani	Cusco	2017-21	0.5, Año 1, luego 0.4	0.6 a 3.2	0.39		14-Dic-17
Cajamarca	Cajamarca	2017-21	1, Años 1-2	4	1.13		14-Dic-17
Puerto Maldonado	Madre de Dios	2017-21	Entre 1.4 y 6,7	Entre 0,7 y 1,8	1,16	PEN 0,44, Año 1	10-Nov-17
Bagua	Amazonas	2017-21	PEN 12 272-12 832, Años 1-2	PEN 18 223 a PEN 85 377			10-Nov-17

Empresa prestadora del servicio de saneamiento (EP)		Periodo quinquenal	Reserva para la Gestión del Riesgo de Desastres (GRD) y Adaptación al Cambio Climático (ACC)	Reserva para el Mecanismo de Retribución por Servicios Ecosistémicos (MERESE)		Comentarios	Publicación en diario oficial
				Contribución mensual promedio/conexión			
Ciudad/Provincia	Departamento[1]		Porcentaje (o monto) de ingresos[2]	Porcentaje	En PEN[3]		
Andahuaylas	Apurímac	2017-21	0,20	2	0,70		22-Sept-17
Rioja	San Martín	2017-21	1,1, Año 3-5	Entre 2,2 y 5,4	1,40	PEN 0,80, Año 1	21-Jul-17
Chimbote	Chimbote	2017-21	1,1, Años 2-5		..	Articulación GRD/ACC/MERESE	09-Mar-17
Iquitos	Loreto	2016-20	1	0,5, Año 1	..		10-Oct-16
La Oroya	Junín	2016-20	4,7-4,5, Años 1-2	1	..		04-Oct-16
Huánuco	Huánuco	2016-20	1,5	1	..		21-Jul-16
Chanchamayo	Junín	2016-20	1,2	1, Año 1	..		09-Mar-16
Ayacucho	Ayacucho	2015-19	2	2	..		30-Oct-15
Chachapoyas	Amazonas	2015-19	4 a 1	11,8, Año 2	..	PEN 8 317, Año 1	20-Ago-15
Huancayo	Junín	2015-19	2,5	2,5	..		07-Jul-15
Lima	Lima	2015-19	3,8 a 3,5	1	...		15-Jun-15
Moyobamba	San Martín	2015-19	1,1, Años 3-5	..	1.00		18-Dic-14
Abancay	Apurímac	2014-18		..	..	Incremento de tarifas[4]	18-Jun-14
Cusco	Cusco	2013-17		..	..	Incremento de tarifas[5]	06-Sep-13

Nota:
1. 19 de 26 departamentos.
2. Los ingresos se refieren al monto facturado por los servicios de agua potable y alcantarillado, incluido el cargo fijo, excl. Impuesto General a las Ventas (IGV) e Impuesto de Promoción Municipal; Porcentaje (o monto) que se recauda anualmente durante el período de cinco años, a menos que se indique lo contrario.
3. ".." significa valor faltante o no disponible.
4. Aumento de tarifa de agua para financiar la protección de la Laguna Conococha (7,5% Año 2, 8,3% Año 4).
5. Incremento de tarifa de agua para financiar la prevención de la contaminación de la Laguna Piura y por nutrientes (4,8% Años 1-2, 4,2% Años 3-5).
Fuente: SUNASS (n.d.[14]), "SUNASS comprometida con el cuidado de las fuentes de agua".

Tabla 3.2. Actividades financiadas por los fondos de reserva MERESE de las empresas de agua

Empresas Prestadoras del Servicio de Saneamiento (EP)	Presupuesto quinquenal (millones de PEN)[1]	Financiamiento[1]	Problema[1]	Actividades[1]	Criterios de efectividad[1]	Arreglo institucional[1]
Huancayo[2]	..	..	..	..	..	..
Ayacucho[2]	..	..	..	..	..	..
Cusco	136.5 (INV)	EP (40%), GORE (35%) + préstamo de JICA (27%)	Escasez de agua en la Laguna de Piura y, principal fuente de agua para EP, y contaminación por nutrientes (nitrógeno, fósforo).	Mejorar el saneamiento de las aldeas rurales cercanas a la laguna para tratar las aguas residuales domésticas y, en mucho menor grado, desarrollo de la agricultura orgánica para reducir el uso de fertilizantes.	..	Convenio de Cooperación Tripartita entre EP, Municipalidad Distrital de Chinchero y el comité de gestión de la cuenca.
Moyobamba	1.3 (INV) + 0.2 (O&M)	EP (cobro mensual de PEN 1 por conexión) y GORE (62% del costo de inversión)	Las malas prácticas agrícolas en las microcuencas de Almendra, Mishquiyacu y Rimiyacu provocan deforestación y erosión del suelo. Como resultado, la turbidez del agua recolectada aguas abajo por EP Moyobamba está generando cortes en el servicio a los usuarios.	- Reforestación de riberas de protección de quebradas y zonas de mayor fragilidad (90 ha). - Mejores prácticas agrícolas: cultivo de café (300 ha); cría de ganado en parte al aire libre y agroforestería en pastizales existentes (120 ha). - Instalación de medidores en quebradas de las tres microcuencas; registro mensual de flujos. - Creación de capacidad: capacitaciones; estudios de flora y fauna; sensibilización.	Registros diarios de turbidez del agua a la entrada y salida de la Planta de Tratamiento de Agua Potable San Mateo.	Un comité de gestión con personalidad jurídica vela por el cumplimiento de los acuerdos. Incluye las oficinas regionales de los ministerios (educación, salud, producción); GORE de San Martín, municipio de Moyobamba, EP de Moyobamba, ALA de Rioja, comunidades locales, asociación de agricultores, empresa hidroeléctrica, organizaciones no gubernamentales (ONG) y académicos.
Chachapoyas	0.5 (INV) + 0.6 (O&M)	Totalmente financiado en la EP (PEN 8.317 por mes	El incremento de ganadería, la plantación	- En la ACP: vigilancia (fiscalización), información	..	..

Empresas Prestadoras del Servicio de Saneamiento (EP)	Presupuesto quinquenal (millones de PEN)[1]	Financiamiento[1]	Problema[1]	Actividades[1]	Criterios de efectividad[1]	Arreglo institucional[1]
		el primer año, aumento de la tarifa de suministro de agua potable de 11,8% a partir del segundo año)	de pinos en los pastizales y la tala y quema en el Área de Conservación Privada de Tilancancha (ACP) interrumpieron la función de regulación del agua de la cuenca alta y produjeron sedimentos en el agua recolectada por la EP río abajo, reduciendo el suministro de agua. debido a la turbidez.	(servicio de regulación hídrica mediante el monitoreo de precipitaciones en el área de recarga de la EP; identificación de la fuente de sedimentos en la Quebrada de Tilacancha); y reforestación (restauración de bosques nativos). - Fuera de la ACP: mejorar la productividad agrícola (producción lechera y riego) en las cuencas media y baja para reducir las presiones (sobrepastoreo y plantación de pinos) en la ACP.		

Nota.:
INV = Inversión; O&M = Operación y Mantenimiento; GORE = Gobierno Regional; JICA = Agencia Japonesa de Cooperación Internacional; ALA = Autoridad Local del Agua
1. ".." significa valor faltante o no disponible
2. Si bien estas dos EP cuentan con un fondo MERESE, su estudio de precios no brinda información sobre su funcionamiento.
Fuente: SUNASS, varios estudios de precios de EP (estudio tarifario).

Cobros medioambientales

Los cobros medioambientales son pagos exigibles[1] a los consumidores por los proveedores de servicios de gestión medioambiental, incluyendo los correspondientes a la gestión de los recursos hídricos. Difieren de los impuestos medioambientales, definidos como "pagos al gobierno general, obligatorios y sin contraprestación,[2] recaudados sobre bases tributarias consideradas de particular relevancia para el medioambiente" (OECD, 2001[15]).

Marco conceptual

Eficacia

Morley y Abdullah (2010[16]) evaluaron la eficacia de los impuestos y cobros medioambientales y encontraron una relación significativa entre sus niveles y la reducción de la contaminación. Sin embargo, la eficacia de un instrumento individual depende en gran medida del diseño específico del instrumento, las circunstancias en las que opera (por ejemplo, la disponibilidad de capital) y su objetivo principal (por ejemplo, reducir la extracción/contaminación del agua o simplemente la recaudación de ingresos) (Dias Soares, 2011[17]; Wakabayashi and Sugiyama, 2009[18]). Estos aspectos también dificultan las estimaciones ex ante de la eficacia de los instrumentos tributarios y de establecimiento de cobros para lograr su objetivo.

El punto de aplicación de un cobro medioambiental puede ser aguas arriba del punto de extracción de agua/vertimiento de aguas residuales (por ejemplo, en tierras de regadío o insumos de fertilizantes), en el punto de extracción/descarga en sí (por ejemplo, en el volumen de extracción o carga contaminante), o en el punto de "impacto" de las emisiones (por ejemplo, en las condiciones medioambientales, como el caudal mínimo o la concentración de contaminantes de los cuerpos de agua afectados, con el impuesto pagado por los usuarios/fuentes contaminantes). Cada punto de aplicación tiene diferentes limitaciones de viabilidad y consecuencias para la eficiencia.

En un mercado perfecto con competencia perfecta, el punto de aplicación no importa, ya que la señal del precio y, por lo tanto, el incentivo para la reducción de contaminación en todo el sistema, a largo plazo, es equivalente. Si el instrumento se aplica de abajo hacia arriba, los productores (agricultores, industria) deberían transferir el 100% del costo de producción (incluido el impuesto o el cargo) a los consumidores (ya que la curva de oferta a largo plazo es plana),[3] reduciendo la demanda de un producto o servicio determinado según la elasticidad de la demanda. Si el instrumento se aplica en el punto de extracción/ vertimiento, la demanda se ve directamente influenciada y se esperaría que los proveedores aguas arriba reaccionen consecuentemente. Sin embargo, independientemente del punto de aplicación, los mercados imperfectos, a los que se suman problemas de diseño específico y restricciones de viabilidad, también impactan sobre la efectividad y pueden evitar que los instrumentos de precios alcancen su máximo potencial teórico.

Relación costo - eficiencia

Los instrumentos de fijación de precios son rentables estáticamente si el precio explícito o implícito es aplicable y se iguala para todos los usuarios de agua/fuentes de contaminación dentro del alcance del instrumento. Sin embargo, una tasa equiparada sobre un usuario/contaminante dado no considera los perjuicios marginales, que pueden variar según el momento, ubicación, medio, concentración y otras características de su extracción/vertimiento, independientemente del punto de aplicación. Esto hace que los cobros sean instrumentos bastante burdos e incapaces de abordar de manera efectiva los "puntos críticos" de escasez / contaminación (OECD, 2008[1]), con consecuencias para la eficacia general.

Este es particularmente el caso de los cobros de abajo hacia arriba. Además, un instrumento de precios aguas arriba también puede prevenir el uso de medidas de reducción al "final de la tubería", que pueden producir una mitigación del impacto a un costo marginal más bajo que otras opciones. En los precios de abajo hacia arriba, los actores aguas abajo solo pueden reducir los costos aumentando la eficiencia de los insumos y sustituyendo productos, lo que podría reducir la eficiencia de los costos estáticos desde el principio. La aplicación de instrumentos de fijación de precios en el punto de extracción/vertimiento puede atacar estas dificultades hasta cierto punto al permitir la diferenciación de tasas, entre diferentes tipos de usuarios/ vertimiento de contaminantes en diferentes puntos (por ejemplo, extracción de agua/efluente descargado en áreas de diferente riesgo ecológico) y permitiendo potencialmente que la reducción de contaminación se logre donde el costo sea menor. Sin embargo, existen límites a la viabilidad de cada enfoque (ver infra).

Los subsidios medioambientalmente perjudiciales, bien porque generan escasez o contaminación (como los subsidios al riego o los fertilizantes), pueden reducir significativamente la efectividad de los instrumentos de fijación de precios. Por ejemplo, el bombeo de agua subterránea sujeto a una menor tarifa eléctrica, que produce un subsidio implícito al agua, contrarresta el incentivo para aumentar la eficiencia del uso del agua (por ejemplo, adoptar tecnología de riego moderna), resultante del cobro por extracción.

Los instrumentos de fijación de precios, al brindar un pasivo que los actores del mercado buscan constantemente minimizar, estimulan teóricamente la innovación y adopción de nuevos productos, procesos y prácticas, produciendo una alta rentabilidad dinámica. Si bien es difícil emplear indicadores efectivos para medir la innovación y su atribución a un solo factor, la evidencia empírica sugiere que los impuestos y cobros medioambientales son efectivos para producir innovación organizativa y técnica (OECD, 2010[9]), aunque el diseño de instrumentos y el contexto operativo son determinantes considerables (Kemp and Pontoglio, 2011[19]). Además, la certidumbre política es un motor importante para la innovación, independientemente del tipo de instrumento en cuestión. La falta de certeza en torno, por ejemplo, al nivel y alcance de la aplicación de los cobros futuros y, por lo tanto, de los costos pasivos, puede disuadir a las organizaciones de invertir en investigación y desarrollo, dado que el rendimiento de tales inversiones se vuelve inherentemente más riesgoso.

Viabilidad

En general, los instrumentos de cobros medioambientales son altamente viables desde el punto de vista administrativo; la mayoría de países ya cuentan con las instituciones y los sistemas administrativos necesarios. Aun así, existen varias excepciones y matices. Por ejemplo, es probable que un cargo de abajo hacia arriba sea más factible desde el punto de vista administrativo que un cargo en el punto de extracción/vertimiento, dado que el primero se dirige a muchos menos actores que el segundo, lo que reduce los costos de transacción y aumenta el potencial para un monitoreo y aplicación efectivos, particularmente en países de bajos ingresos que carecen de la capacidad administrativa necesaria para implementar y hacer cumplir los instrumentos aplicados en el punto de extracción/descarga. Además, por su naturaleza, un cargo de abajo hacia arriba también reduce el potencial de elusión y evasión.

Sin embargo, persisten desafíos técnicos para los instrumentos de abajo hacia arriba y para los aplicados en el punto de extracción/vertimiento. Si bien los contaminantes como los nitratos o los pesticidas dependen en gran medida del contenido de nitrógeno o productos químicos del fertilizante/producto fitosanitario, la cantidad de agua desviada para el riego depende en gran medida de la ubicación y la tecnología empleada, lo que hace inviable un instrumento de fijación de precios eficiente. Por el contrario, el seguimiento de la contaminación por nitrógeno en el punto de emisión de pequeñas fuentes estacionarias (por ejemplo, hogares) o de las vías múltiples y difusas de la contaminación de fuentes difusas en el sector agrícola puede ser técnica y administrativamente inviable. Para tales fuentes de contaminación, un impuesto o cobro sobre las condiciones ambientales (por ejemplo, concentración de contaminantes en una masa de agua), por ejemplo, puede ser una solución práctica. De manera similar, aunque monitorear el uso del agua en el punto de extracción es teóricamente simple, requiere un dispositivo de medición, que rara vez se usa en los sistemas de riego pequeños. Para estos usuarios de agua, un cargo por las condiciones ambientales (por ejemplo, el caudal mínimo de un río) también puede ser una solución práctica. Sin embargo, tal enfoque solo puede ser efectivo si los actores individuales creen que su uso del agua o vertimientos impactan sustancialmente en el conjunto, produciendo un incentivo para reducir las extracciones / descargas. Este puede ser el caso de la escasez/contaminación del agua en una pequeña cuenca con pocos productores agrícolas, pero no, por ejemplo, en una zona urbana con un gran número de habitantes que contribuyen individualmente de manera muy marginal a los niveles agregados de uso/contaminación (Karp, 2005[20]).

La oposición de la industria y el público, que a su vez influye en la aceptabilidad política, a menudo resulta ser el impedimento más importante para la creación de impuestos y cobros medioambientales. La oposición a los cobros parece tener ocho causas generales. La primera es una mala comprensión o desconfianza de la razón fundamental detrás de la introducción de tales instrumentos. Tanto los individuos como las organizaciones tienden a considerar los cobros como simples instrumentos de recaudación de ingresos, más que incentivos o medios de maximización del bienestar. En segundo lugar, incluso si se entienden los principios que sustentan el cobro, el público en general cree a menudo que es ineficaz para influir en el comportamiento y, en tercer lugar, el público puede dudar que sean necesarios. Esta opinión se sustenta en las actitudes de las personas hacia el medioambiente, que a su vez están asociadas con circunstancias socioeconómicas y visiones del mundo. Esto se relaciona con el cuarto aspecto del "nombre" de las políticas. Es probable que una política que se denomine como un cobro sea menos popular que el mismo instrumento con un nombre menos emotivo. El quinto aspecto es la percepción de coercitividad y afectación de las libertades individuales y organizacionales que causan los impuestos y cobros medioambientales. Vinculado a esto está el sexto aspecto, el de la equidad: los cobros medioambientales, particularmente cuando se asocian con bienes consumidos en todo el espectro socioeconómico (como el agua), pueden ser regresivos. Sétimo, los cobros medioambientales pueden tener, o se puede percibir que tienen, impactos negativos en la competitividad industrial. El octavo y último aspecto se refiere al uso de los ingresos recaudados: los instrumentos de fijación de precios son menos populares cuando los ingresos "desaparecen" en los presupuestos gubernamentales, en lugar de ser asignados para un propósito determinado, cuestión que a menudo está relacionada con la desconfianza en el gobierno.

Para reducir la posibilidad de una carga administrativa excesiva y de impactos distributivos y de competitividad, ciertas entidades como las pequeñas organizaciones, hogares o industrias, que de otra manera podrían verse significativamente afectadas, pueden estar exentas de las disposiciones de los instrumentos de fijación de precios, quedar sujetas a tarifas reducidas o recibir una compensación. Si bien esto aumenta la viabilidad política, reduce la eficacia y la eficiencia medioambientales. De manera similar, se puede otorgar un trato diferencial a otros usuarios/fuentes de contaminación para los cuales los costos serían prohibitivos, como las instalaciones industriales anticuadas. Sin embargo, a fin de evitar incentivos perversos para mantener el funcionamiento de estas instalaciones, dichas disposiciones deben tener un límite de tiempo. Una opción alternativa a las exoneraciones y tasas diferenciadas es el uso de los principios de la Reforma Fiscal Ambiental (RFA), según la cual los impuestos y cobros sobre las actividades nocivas para el medioambiente se compensan reduciendo los impuestos y, por lo tanto, estimulando las actividades positivas (como el empleo). Esto puede combinarse con alguna forma de asignar los ingresos a fines específicos; mayor transparencia, que se debe apoyar fuertemente según sugiere la evidencia empírica, y que en la medida en que ayuda a las industrias contaminantes a reducir el costo neto de la reducción de la contaminación, puede ayudar a prevenir la migración de actividades contaminantes a otras jurisdicciones (efecto de refugio de la contaminación), manteniendo el nivel general de eficacia del instrumento. Sin embargo, la capacidad de los principios de una RFA para lograr la neutralidad de los ingresos y los costos puede variar entre los países de ingresos altos y bajos. Estos últimos tienden a tener una menor proporción de la población empleada en la economía formal, por ejemplo, lo que hace que la compensación a través de una reducción de las cargas laborales sea menos efectiva. En tales casos, la prestación de servicios de costo bajo (o nulo), como medidas para aumentar la eficiencia en el uso del agua, la atención médica o la educación, puede ser un mecanismo adecuado para el reciclaje de ingresos.

Los impuestos y cobros medioambientales son instrumentos relativamente flexibles, dado que las proporciones pueden modificarse con relativa facilidad. Sin embargo, la asignación específica de ingresos para un propósito determinado puede crear dependencia respecto de los ingresos, lo que puede afectar la capacidad de ajustar las proporciones (particularmente de arriba hacia abajo) o alterar el instrumento de una manera más estructural. Esto puede verse como un atributo positivo o negativo, dependiendo de la actitud que se adopte hacia el instrumento.

La situación en Perú

Desde 2009, la Autoridad Nacional del Agua ha venido cobrando por la extracción de agua y las descargas de aguas residuales a una serie de actores. Por ley (Artículo 95 de la Ley de Recursos Hídricos de 2009), los cobros deben cubrir los costos de gobernanza de la gestión integral del agua aprobada por la ANA y la rehabilitación de los recursos hídricos sujetos a extracción y descarga de aguas residuales. Sin embargo, los ingresos recaudados por la ANA no bastan para cubrir sus costos operativos ordinarios (USD 55 millones en 2018; ver infra).

Cobros por gestión del riesgo de escasez de agua

Perú cobra por la extracción de agua (Retribución Económica por el Uso del Agua, REUA) de acuerdo con la disponibilidad de agua (y, por lo tanto, el riesgo de escasez), aplicando así el principio de "quien contamina, paga". El Ministerio de Desarrollo Agrario y Riego (MIDAGRI) es el organismo competente para fijar las REUA, a propuesta de la ANA (adscrita al MIDAGRI), y se establecen anualmente por decreto supremo. Los ingresos recaudados por las REUA se asignan al presupuesto de la ANA. De esta manera, se aplica el principio de "agua paga por agua", dado que Perú considera que la ANA brinda servicios (manejo del agua, monitoreo, etc.) que los usuarios deben pagar.

En particular, la ANA utiliza los ingresos por REUA para financiar las siguientes acciones (ANA, 2015[21]):

- Formulación de planes de gestión de recursos hídricos por cuenca; gestión y administración de recursos hídricos en fuentes naturales de agua; gestión integrada del agua en cuencas hidrográficas desfavorecidas; y preservación de los recursos hídricos en las cabeceras de las cuencas.
- Medidas de control y monitoreo para asegurar la protección de la calidad del agua, el aumento de la disponibilidad hídrica, la conservación de las fuentes de producción y la eficiencia del uso del agua.

Si bien los ingresos por REUA se asignan al presupuesto de la ANA, las REUA son recaudadas por diferentes actores, dependiendo de los derechos otorgados para el uso del agua (Resolución Jefatural No. 083-2019-ANA):

- Los usuarios de aguas superficiales con fines agrícolas que reciben el servicio de abastecimiento de agua pagan sus tarifas a los operadores de la infraestructura hidráulica:
  - Después del uso de agua, por el volumen de agua utilizado.
  - Previo al uso de agua, por el volumen de agua solicitado.
- Los usuarios de agua superficial que no sean agricultores, usuarios de agua subterránea, usuarios de agua de mar y usuarios con su propio sistema de abastecimiento pagan anualmente a la ANA, según el volumen de agua utilizado durante el año previo. Si no se envía el informe, el volumen utilizado para calcular el cobro será igual al volumen estipulado en el derecho de uso.

- Los usuarios autorizados para verter aguas residuales tratadas pagan anualmente a la ANA por adelantado, en función del volumen de descarga autorizada.
- Los usuarios autorizados a usar agua pagan anualmente a la ANA en función del volumen de agua utilizada. En caso de no presentar los informes, el volumen utilizado será igual al volumen otorgado en el derecho de uso.

Según los datos disponibles de la OCDE,[4] más de la mitad de los países de la OCDE han introducido tarifas de extracción similares, pero muy pocos países de la OCDE tienen en cuenta el riesgo de escasez en el diseño del instrumento. En este sentido, Perú está más avanzado. Lo que debe corregirse es la tasa diferencial de REUA entre sectores (Tabla 3.3), que debe eliminarse porque el impacto de la extracción de agua en el ambiente es el mismo, independientemente del usuario.

En Perú, la REUA toma en cuenta tres factores: i) el volumen utilizado (en m^3); ii) un coeficiente de valor (en PEN/m^3) según el uso (por ejemplo, industrial, minero, poblacional, agrícola); y iii) modulación del coeficiente de valor de acuerdo con la demanda / disponibilidad de agua (en parte, según determine la ANA (2015[21])). El coeficiente de valor toma en cuenta criterios económicos—que se aplican a los sectores productivos (industria, minería)—y criterios sociales, para el consumo humano y agrícola. Así, los coeficientes de valor son más altos para los sectores productivos, lo que lleva a un subsidio cruzado del sector productivo a los sectores de consumo humano y agrícola. La modulación del coeficiente de valor se basa en criterios ambientales, es decir, la disponibilidad de agua per cápita (m^3/habitante/año) para cada cuerpo de agua superficial. La modulación se realiza entre masas de agua en equilibrio (alta disponibilidad), masas de agua en peligro (la demanda está cercana a la oferta; se deben asignar prioridades en el uso y mejorar la eficiencia de uso) y masas de agua ya sobreexplotadas (que comprometen el desarrollo económico y social). Asimismo, los acuíferos peruanos se clasifican en tres categorías: subexplotados, en equilibrio y sobreexplotados, según la relación demanda/disponibilidad de cada acuífero. El coeficiente de modulación del agua subterránea se basa en estas tres categorías de riesgo de escasez. En este tipo de escenario se intenta “matar varios pájaros de un tiro”. La fórmula combina criterios sociales, económicos y ambientales. Esta es la mejor manera de no lograr ningún objetivo cuando existe el riesgo de escasez de agua (el problema no surge en caso de alta disponibilidad de agua).

Una REUA vinculada a la disponibilidad de agua crea un incentivo para usar cuerpos de agua donde la presión de extracción (el riesgo de escasez) es menor, lo que permite el desarrollo económico y la protección del medioambiente. Pero dar una tarifa preferencial a los “sectores sociales” reduce los incentivos y puede llevar a estos sectores a recurrir a cuerpos de agua donde el agua es menos abundante, aumentando el riesgo de escasez, comprometiendo el objetivo ambiental y, en última instancia, el objetivo social (cuando la escasez está probada).

Además, en el caso del riesgo de escasez, Perú ya cuenta con un régimen de asignación que favorece a los sectores sociales y un flujo ecológico. La tarifa preferencial de REUA se duplica con estos instrumentos regulatorios directos, que bastarían de por sí.

Se aplican diferentes REUA a diferentes sectores. Más específicamente, la REUA para el sector agrícola difiere según la altitud, con una tasa casi la mitad más baja para los agricultores ubicados en las cuencas altas, en comparación con otros agricultores. Se trata de una medida social que no tiene justificación desde el punto de vista de la protección del ambiente (ver un análisis más detallado a continuación). La protección de los recursos hídricos (y de los ecosistemas naturales) en la zona de la cabecera, es de hecho decisiva para regular la hidrología de toda la cuenca, lo que justifica los pagos por servicios ecosistémicos a través del fondo MERESE. Reducir a la mitad la REUA en la parte superior de la cuenca va en contra de la política del MERESE de gestión del recurso hídrico, a escala de la cuenca.

Varias juntas de usuarios del sector hidráulico (JUSH) pagan una REUA fija, independientemente de la disponibilidad de recursos hídricos. Esto no se justifica desde el punto de vista de la protección de los recursos hídrico, incluso si algunas de estas JUSH tienen que pagar una cantidad superior al que pagan quienes están sujetos a una REUA variable y ubicados en una zona donde los recursos hídricos son insuficientes. Una REUA fija no permite tener en cuenta la estacionalidad de la escasez de agua.

De manera similar, el monto de REUA en "proyectos especiales" se basa en la tarifa del agua (es decir, la tarifa que recupera el costo de operación y mantenimiento (O&M) de la infraestructura de riego que atiende a una asociación de usuarios de agua. Nuevamente, no hay razón para no mantener el vínculo con la disponibilidad de agua, especialmente porque los "proyectos especiales" a menudo se refieren a proyectos de riego a gran escala (por ejemplo, el Proyecto Especial Olmos Tinajones, PEOT - en el departamento de Lambayeque) y, por tanto, son grandes consumidores de agua.

Los mismos montos de REUA diferenciadas se aplican por igual a las aguas superficiales y subterráneas. Sin embargo, generalmente es más difícil (costoso) recargar un acuífero sobreexplotado que restaurar el flujo o el volumen de una masa de agua superficial. Las REUA deberían ser más altas para las aguas subterráneas que para las superficiales, como es el caso en la mayoría de los países de la OCDE para los que se dispone de información (no publicada), manteniendo la diferenciación basada en el riesgo, como sucede actualmente.

Para asegurar un ingreso mínimo regular para la ANA, los usuarios del agua deben pagar un primer bloque de extracción de agua, a la misma REUA implícita que para los volúmenes por encima del bloque (Tabla 3.4). Para el sector de consumo humano, el bloque de agua subterránea (y por lo tanto la REUA mínima fija) es la mitad que la de agua superficial, lo que fomenta el uso de agua subterránea en lugar de agua superficial. Las empresas comunales de agua en áreas rurales disfrutan de REUA implícitas preferenciales para tres bloques de extracción de agua, con un mayor subsidio a medida que el bloque crece (70% de la REUA implícita para el primer bloque, 93% para el segundo y 96% para el tercero). Esta estructura de precios por bloques decrecientes desalienta el ahorro de agua.

Tabla 3.3. Retribuciones económicas por el uso de agua (REUA)

Disponibilidad de agua		Sector (PEN/m^3)[1]						
Agua superficial	Agua subterránea	Agricultura[2]		Población	Energía[3]	Minería	Otros usos[4]	Turismo[5]
Alto	Subexplotado	0,0011	0,0006	0,0050	0,0792	0,1017	0,0330	0,0408
Medio	En equilibrio	0,0022	0,0012	0,0203	0,1583	0,2035	0,0659	0,0817
Bajo	Sobreexplotado	0,0033	0,0018	0,0356	0,2375	0,3053	0,0988	0,1225

Notas:

1. Se aplica una tarifa de PEN 0,0020/m^3 por el uso de agua de mar en actividades productivas.
2. La columna de la izquierda se aplica al uso de aguas subterráneas y a los usuarios de aguas superficiales con su propio sistema de suministro de agua. La columna de la derecha corresponde al uso de aguas superficiales por parte de las organizaciones de usuarios en la cuenca alta a una altitud superior a 2.000 m (Sierra). Se aplican tarifas entre PEN 0,006 y PEN 0,0054/m^3 al uso de agua superficial por otras asociaciones de usuarios (JUSH), con una tarifa establecida para cada JUSH independientemente de la disponibilidad de agua. Se aplica un cargo del 2,61% de la tarifa por uso de infraestructura hidráulica menor al uso de aguas superficiales en "proyectos especiales" entregados en concesión. El uso de agua para la acuicultura no está sujeto al pago de REUA.
3. Para el uso de agua en plantas termoeléctricas. En cuanto al uso de aguas superficiales para energía hidroeléctrica, las REUA no podrán exceder el 1% del precio promedio de la energía a nivel de generación de acuerdo a lo establecido en el artículo 107 del Decreto Ley No. 25844 de 1993, Ley de Concesiones Eléctricas.
4. Para el uso del agua en: i) estudios y obras de sectores productivos excepto energía y minas; y ii) la limpieza de vías públicas, fuentes, edificios públicos, comercios, estaciones de servicio y otros.
5. Para el uso del agua con fines medicinales, recreativos y turísticos.

Fuente: Gobierno de Perú (2019[22]), "Decreto Supremo No. 011-2019-MINAGRI del 24 de diciembre de 2019 que aprueba las tasas que se aplicarán en 2020 por el uso de aguas superficiales y subterráneas y por el vertido de aguas tratadas residuales", https://cdn.www.gob.pe/uploads/document/file/473663/DECRETO_SUPREMO_N__0011-2019-MINAGRI.pdf.

Tabla 3.4. Cargo fijo por extracción de agua (REUA)

Bloque (m^3)		Sector						
Agua superficial	Agua subterránea	Agricultura[1]	Población[2]		Energía	Minería	Turismo[3]	Otros usos
Alto	Subexplotado	10.000	22.200	11.000	1.427	1.111	2.721	3.364
Medio	En equilibrio	5.000	5.468	2.710	714	555	1.359	1.684
Bajo	Sobreexplotado	3.333	3.118	1.545	476	370	906	1.123
REUA fijas (PEN/bloque)		11	111	55	113	113	111	111

Notas:

1. Se aplica al uso de aguas subterráneas y a los usuarios de aguas superficiales con su propio sistema de suministro de agua.
2. La columna de la izquierda se aplica al uso de aguas superficiales. La columna de la derecha se aplica al uso de aguas subterráneas. Sin embargo, las organizaciones comunales encargadas del saneamiento en las zonas rurales pagan sólo una suma fija anual por la extracción de agua superficial: PEN 68 por menos de 45.000 m^3; PEN 136 entre 45.000 y 90.000 m^3 y PEN 204 entre 90.000 y 135.000 m^3; para extracciones de más de 135.000 m^3, se aplica la tasa volumétrica (ver Tabla 3.4).
3. Para el uso del agua con fines medicinales, recreativos y turísticos.

Fuente: Gobierno de Perú (2019[22]), "Decreto Supremo No. 011-2019-MINAGRI del 24 de diciembre de 2019 que aprueba las tasas que se aplicarán en 2020 por el uso de aguas superficiales y subterráneas y por el vertido de aguas tratadas residuales", https://cdn.www.gob.pe/uploads/document/file/473663/DECRETO_SUPREMO_N__0011-2019-MINAGRI.pdf.

Cobros por gestión de riesgos de contaminación del agua

Perú también aplica retribuciones económicas por el vertimiento de aguas residuales tratadas (REVART), según el tipo de uso del agua receptora (y por lo tanto el riesgo de contaminación), aplicando así el principio de quien contamina, paga. Perú está más avanzado que muchos países de la OCDE en esta área. Según los datos disponibles de la OCDE, alrededor de un tercio de los países de la OCDE han introducido tarifas de contaminación similares, pero muy pocos países de la OCDE tienen en cuenta la sensibilidad de las aguas receptoras en el diseño del instrumento. En este sentido, Perú se encuentra por delante de otros países.

A diferencia de la REUA, el método de cálculo de la REVART no tiene en cuenta factores económicos y sociales sino únicamente criterios ambientales. La REVART tiene en cuenta tres factores: i) el volumen de aguas residuales vertidas (m^3) - volúmenes vertidos anualmente, según la autorización correspondiente; ii) un coeficiente de valor (PEN/m^3) que considera la persistencia y toxicidad de las sustancias contenidas en el efluente; y iii) la modulación del coeficiente de valor en función de la sensibilidad a la contaminación del cuerpo de agua receptor.

El coeficiente de valor considera la peligrosidad de las sustancias contenidas en el efluente para el medioambiente, en particular el tiempo necesario para restaurar una condición natural de referencia. En estas condiciones, se obtienen coeficientes diferenciados en función del tipo de actividad generadora de aguas residuales, ya sean efluentes domésticos (municipales) o sectores industriales (industria, pesca, minería, energía y agroindustria) (Tabla 3.5).

Tabla 3.5. Retribuciones económicas por el vertimiento de aguas residuales tratadas (REVART)

Estándar de calidad ambiental (ECA) de aguas receptoras[1]	Carga de contaminación por sector (PEN/m^3)[2]						
	Municipal	Industrial					
		Saneamiento y otras[3]	Energía	Minería	Agroindustria	Industria	Pesca
Abastecimiento público de agua [4]	0,0069	0,0035	0,0554	0,0623	0,0139	0,0276	0,0208
Piscicultura [5]	0,0065	0,0033	0,0517	0,0583	0,0129	0,0259	0,0194

Irrigación [6]	0,0059	0,0030	0,0461	0,0520	0,0115	0,0230	0,0174
Ambiente [7]	0,0061	0,0031	0,0480	0,0540	0,0121	0,0240	0,0180

Notas:
1. Establecidos por el MINAM, los ECA establecen los niveles de parámetros físicos, químicos y biológicos en el agua que no representan un riesgo significativo para la salud y el medio ambiente (de acuerdo con el Artículo 31 de la Ley General del Ambiente No. 28611 de 2005).
2. Se aplica una REVART mínima por año multiplicando los valores dados en la tabla por 100.000 m^3, incluso para descargas inferiores a 100.000 m^3 por año. Sin embargo, las organizaciones comunales encargadas del saneamiento en las zonas rurales pagan sólo una suma global de PEN 69 al año.
3. Otros se refieren a las aguas residuales generadas durante el proceso de potabilización y desalinización del agua.
4. ECA1: Aguas superficiales destinadas a la producción de agua potable o destinadas a la recreación.
5. ECA2: Aguas superficiales destinadas a la pesca y la acuicultura en lagos, lagunas y agua de mar.
6. ECA3: Aguas superficiales destinadas al riego y la ganadería.
7. ECA4: Aguas superficiales destinadas a la conservación del medio acuático: lagunas y lagos, ríos, ecosistemas marinos costeros.

Fuente: Gobierno del Perú (2019[22]), "Decreto Supremo No. 011-2019-MINAGRI del 24 de diciembre de 2019 que aprueba las tasas que se aplicarán en 2020 por el uso de aguas superficiales y subterráneas y por el vertido de aguas tratadas residuales", https://cdn.www.gob.pe/uploads/document/file/473663/DECRETO_SUPREMO_N__0011-2019-MINAGRI.pdf.

La modulación del coeficiente de valor refleja la clasificación de los cuerpos de agua receptores de acuerdo con los estándares peruanos de calidad ambiental del agua. Así, la modulación difiere según se trate de una masa de agua utilizada por la población, para actividades marinas costeras, para riego o para la conservación del medio acuático. El objetivo es incentivar la reducción de la carga contaminante de los vertidos autorizados de aguas residuales en función de la sensibilidad de los cuerpos de agua receptores a la contaminación.

Como es el caso de la REUA, se debe pagar un primer bloque por descargas de aguas residuales, a la misma tasa implícita de REVART como para los volúmenes superiores al bloque (Tabla 3.5). El tamaño del bloque (100.000 m^3) es el mismo para todos los sectores. Sin embargo, se aplica una REVART implícita preferencial del 90% dentro del bloque a las empresas de agua comunales en las áreas rurales, aunque las aguas residuales generalmente están menos tratadas que en las áreas urbanas y, por lo tanto, tienen una mayor carga contaminante. Si bien el objetivo no es obstaculizar el necesario desarrollo de la infraestructura de saneamiento en estas áreas, esta REVART preferencial desalienta la búsqueda de tratamientos avanzados de aguas residuales. Como regla general, cualquier apoyo financiero público a la infraestructura de saneamiento debe ser considerado temporal, debiendo las tarifas, en el largo plazo, recuperar todos los costos de inversión, operación y mantenimiento de la infraestructura para asegurar su adecuada gestión (ver discusión adicional en Cox y Borkey (2015[23])). Además, la REVART debería reflejar la toxicidad de los contaminantes en las aguas residuales para la salud y el ambiente.

Ingresos por extracción de agua (REUA) y por vertimientos contaminantes autorizados (REVART)

Los ingresos por cobros por extracción de agua y vertimiento de aguas residuales han aumentado en términos constantes (no ajustados por inflación) desde su creación hace unos 10 años (Tabla 3.6 y Figura 3.2). La mayor parte de los ingresos sigue procediendo de las REUA aparte de la agricultura (más del 50% en los últimos años). Los ingresos totales por estos cobros ascendieron a PEN 205 millones (55 millones de EUR) en 2018 (Tabla 3.6). Según la ANA, los ingresos están destinados a cubrir los "costos de gestión integral del agua" de la ANA, que incluyen: i) el desarrollo de planes de gestión de recursos hídricos por cuenca; ii) la administración regular de los recursos hídricos (por ejemplo, la emisión de licencias de agua); y iii) el seguimiento y aplicación de la normativa hídrica (ANA, 2019[24]).

Tabla 3.6. Recaudación por cobros

En millones de PEN

Año	Extracción de agua superficial (REUA)		Extracción de agua subterránea (REUA)	Vertimiento de aguas residuales tratadas (REVART)	Total
	Agricultura	Aparte de la agricultura			
2009	13	33	0	0	45
2010	10	38	0	3	51
2011	10	34	1	6	51
2012	11	37	2	7	56
2013	13	56	11	25	104
2014	13	48	21	42	124
2015	15	53	18	41	126
2016	16	94	24	39	172
2017	15	89	32	41	177
2018	20	112	32	41	205

Fuente: ANA (2019[24]), *Country Submission (Información presentada por el país)*; Datos oficiales de Perú.

Figura 3.2. Ingresos por retribuciones por extracción de agua y vertimiento de aguas residuales tratadas

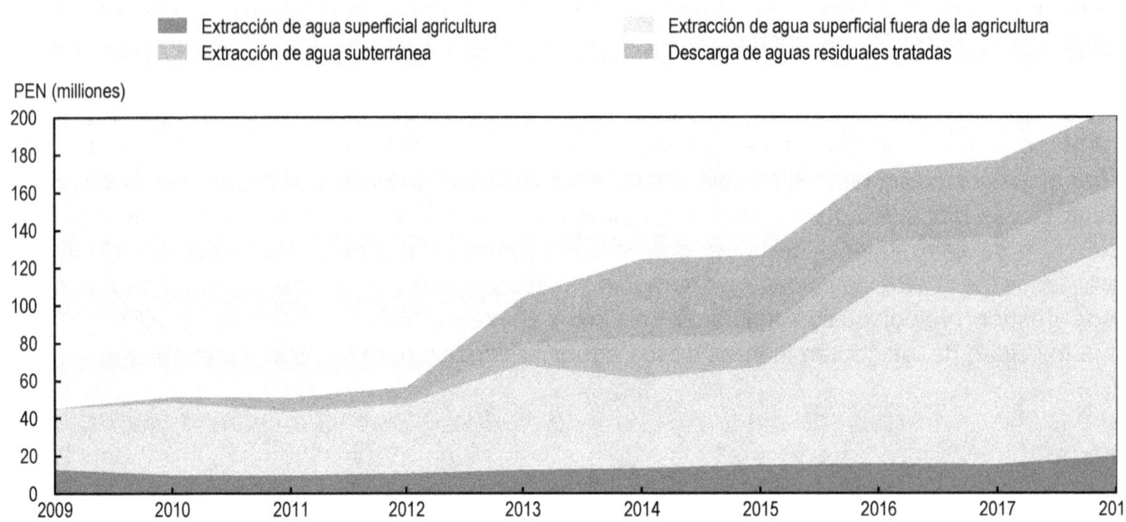

Fuente: ANA (2019[24]), *Country Submission (Información presentada por el país)*; Datos oficiales de Perú.

Apoyo financiero público para la rehabilitación de ríos

En esta sección se analiza cómo se podría proporcionar apoyo financiero gubernamental para la rehabilitación de cursos de agua. Esta política aún no existe en Perú, pero contribuiría en gran medida a una mejor gestión de los riesgos hídricos. El desarrollo fluvial (encausamiento y canalización, desconexión de llanuras aluviales, recuperación de tierras, represas, presas, refuerzos de riberas) para facilitar la agricultura, producir energía y proteger contra inundaciones afecta la morfología e hidrología de los sistemas hídricos. La restauración de buenas condiciones hidro-morfológicas (rehabilitación de ríos) y la dotación de espacio suficiente a los ríos, les permiten cumplir sus funciones naturales (conectar ecosistemas y proporcionar el agua necesaria para la vida, autodepuración de aguas y recarga de aguas subterráneas) y garantizar la protección natural contra inundaciones.

Por todas estas razones, conviene otorgar ayuda financiera pública para la rehabilitación de ríos (a través de la política ambiental) y crear espacio para los cursos fluviales (a través de la política agrícola), mientras que los consumidores de electricidad (a través de un impuesto sobre las facturas de electricidad) pueden apoyar la mejora ecológica de las instalaciones relacionadas a la energía hidroeléctrica (ver la sección sobre energía más adelante). Estos instrumentos deben combinarse con regulaciones directas sobre caudales mínimos y complementarse con cualquier apoyo financiero público para el control de inundaciones (es decir, el uso de infraestructura gris).

La rehabilitación de ríos puede recibir apoyo financiero del gobierno, dado que contribuye a la protección de la biodiversidad acuática y fluvial. Por la misma razón (preservación de la biodiversidad), la protección de los bosques aluviales también puede recibir apoyo financiero público en el marco de la política forestal. El espacio para el agua se puede usar para cultivos, pero solo como áreas de protección de la biodiversidad, en cuyo caso las tierras agrícolas pueden recibir apoyo financiero público. Esto se justifica en la medida en que se paga a los agricultores para que hagan más de lo que les exige la política agrícola. Siempre que contribuya a la mejora de las condiciones de producción agrícola mediante la concentración parcelaria, la rehabilitación de pequeños ríos en zonas agrícolas puede recibir apoyo financiero del gobierno como parte de la política de ajuste estructural de la agricultura. Se debe favorecer la regulación directa (delimitación de zonas de riesgo en los planes de ordenamiento territorial) y los incentivos económicos (prima de seguro más alta en estas zonas de riesgo) para hacer frente al riesgo de inundaciones en áreas pobladas.

Diferentes formas de apoyo financiero gubernamental pueden permitir a los propietarios rehabilitar su río para proteger la naturaleza, proporcionar espacio para los cursos de agua, proteger contra inundaciones y mejorar las tierras agrícolas. Es necesario asegurar sinergias y coherencia entre estos diferentes objetivos, especialmente cuando se asignan a un mismo tramo de río. Esto significa evaluar la adicionalidad (agrupación) de los servicios ecosistémicos (por ejemplo, protección contra inundaciones, protección de la naturaleza, mejora de la tierra). En el caso de objetivos superpuestos, no debe permitirse la doble financiación por la prestación del mismo servicio.

Instrumentos financieros para la gestión de los recursos hídricos y la coherencia de políticas

Además de mejorar el diseño de instrumentos económicos, como los pagos por servicios ecosistémicos (PSE) y los cobros medioambientales, o de introducir otros nuevos, como el apoyo financiero público para la rehabilitación de ríos, es importante garantizar que las políticas sectoriales no compensen sus efectos fomentando el uso excesivo o la contaminación del agua. Este puede ser el caso de las políticas para estimular la producción agrícola o el desarrollo de la energía hidroeléctrica como energía renovable. La coherencia de las políticas también debe buscarse con políticas medioambientales que no estén dirigidas principalmente a la gestión de los recursos hídricos, pero que sí puedan influir sobre ella, como las políticas destinadas a promover la captura de carbono.

Agricultura

Dado que fomentan un aumento de la producción agrícola, las formas de apoyo más estrechamente vinculadas a la producción agrícola (sostenimiento de los precios de mercado y pagos basados en la producción o el uso de insumos) suelen ser las que más afectan el manejo de los recursos hídricos (Henderson and Lankoski, 2019[25]). Es de esperar que el efecto en la gestión de los recursos hídricos de los pagos por el número de animales (pagos por cabeza) o el área de cultivo (pagos por superficie) será menor e incluso caerían aún más cuando los pagos por cabeza o superficie se establezcan con base histórica, sin relación con el número efectivo de animales o el área realmente cultivada (pagos desacoplados).

Así, el otorgamiento de apoyo financiero gubernamental a las técnicas modernas de riego se entendería como un "subsidio a los insumos" (pago basado en el uso de insumos), con un efecto distorsionante sobre la producción (y el comercio) agrícola y el uso del agua. Además, esto contrarrestaría el incentivo de la REUA para utilizar el agua de manera más eficiente, en particular mediante la adopción de técnicas de riego más modernas. En el caso de las Juntas de Usuarios del Sector Hidráulico (JUSH), la REUA se traslada a las tarifas del agua de riego. Según una encuesta de 2010, solo el 4,3% de los agricultores peruanos recurría a técnicas modernas de riego (MINAGRI, 2019[26]).

El impacto del apoyo a la agricultura sobre los recursos hídricos también varía dependiendo de si ocasiona o no un cambio en el uso del suelo. Por ejemplo, los pagos agroambientales y los pagos por servicios ecosistémicos en el sector agrícola pueden tener efectos negativos no deseados sobre el agua si favorecen las tierras de cultivo en detrimento de las tierras forestales o los pastizales permanentes.

El tamaño de la explotación agrícola no debería ser un criterio de política agraria para la gestión del riesgo hídrico. Un agricultor en pequeña escala de las zonas altas debería tener igual cuidado en el manejo del agua que un gran regante de la costa. De no ser así, en ambos casos, se pondría en peligro la buena gestión del agua a escala de cuenca. Sin embargo, puede ser difícil para un agricultor de bajos ingresos implementar una política de agua por falta de medios financieros o tecnológicos. La decisión de implementar una política explícita para apoyar los ingresos de los agricultores (desvinculándolos de la producción agrícola) es una decisión política. En Colombia, por ejemplo, las políticas de desarrollo rural se consideran complementarias a las políticas agrícolas. Financiadas por la redistribución de los ingresos provenientes de la explotación de recursos naturales no renovables, incluyen medidas sociales como los subsidios a la vivienda en las zonas rurales.

Acuicultura

La actividad acuícola en Perú requiere un permiso de uso del espacio acuático (mar, ríos o lagos) expedido por la Dirección General de Capitanía y Guardacostas de Perú (DICAPI), un permiso de uso de agua expedido por la ANA y una autorización sanitaria para piensos y antibióticos expedidos por la Organismo Nacional de Sanidad Pesquera (SANIPES) del Ministerio de la Producción (PRODUCE). Las piscfactorías deben realizar un seguimiento periódico de la calidad de sus aguas (superficial, promedio y de fondo) y presentar los resultados al Organismo de Evaluación y Fiscalización Ambiental (OEFA) del MINAM, que supervisa que los cuerpos de agua cumplan con los estándares de calidad ambiental (ECA).

La acuicultura en Perú no está sujeta a REUA debido al uso no consuntivo del recurso hídrico. En general, los efluentes de la acuicultura no requieren autorización de descarga (Decreto Legislativo No. 1195, Ley General de Acuicultura de 2015). Sin embargo, las descargas de efluentes de la acuicultura en un ambiente natural sensible están sujetas a la autorización previa de la ANA y al pago de REVART (Tabla 3.5). Sin embargo, el uso de antibióticos y fungicidas, el exceso de pienso utilizado en las piscifactorías y las heces contaminan el agua. La REVART se diferencia entre sectores según la persistencia y toxicidad de las sustancias contenidas en sus efluentes, en promedio, pero con una tasa única por sector y tipo de uso del agua (ver Tabla 3.5). Una mayor diferenciación de REVART, dentro de cada sector, crearía un mejor incentivo para avanzar en el uso de sustancias menos nocivas para la salud y el ambiente.

Energía

En Perú se aplica un cargo por extracción (REUA) al uso (no consuntivo) de aguas superficiales para energía hidroeléctrica. Se justifica por los riesgos medioambientales asociados a la generación de energía hidroeléctrica: riesgo de picos de descarga, modificación del transporte de sedimentos y eutrofización, impedimentos para la migración de peces u otros. Por otro lado, la REUA se basa en el precio de la electricidad a nivel de generación, desincentivando la generación de energía renovable libre de carbono. Muchos países de la OCDE han hecho lo contrario al adoptar tarifas de alimentación para promover la generación de energía hidroeléctrica. Ninguna de estas dos medidas es recomendable debido a las distorsiones que provocan en el mercado eléctrico. En cambio, la REUA para el sector hidroeléctrico debería reflejar los riesgos medioambientales asociados con la generación hidroeléctrica. En particular, tomando en cuenta los efectos negativos sobre el flujo de agua, el transporte de sedimentos, la dilución de contaminantes y la migración de peces, pero también el papel positivo de las represas en el manejo de la escasez de agua y los riesgos de inundaciones. La decisión también debe tener en cuenta la política energética, en particular los objetivos relacionados con la matriz energética. A diferencia de las plantas fotovoltaicas y eólicas (y nucleares) que generan electricidad de forma continua, las centrales hidroeléctricas con represas de almacenamiento pueden adaptar el suministro de electricidad a la demanda, reduciendo la dependencia de las centrales térmicas respecto de los combustibles fósiles durante los períodos de máxima demanda.

De acuerdo con el principio de "quien contamina, paga", los operadores de centrales hidroeléctricas deben cubrir el costo de modernizar las plantas anticuadas adoptando nuevos estándares de hidroelectricidad. Esto se debe a que las frecuentes fluctuaciones en los caudales y niveles de agua aguas abajo y aguas arriba de las plantas ("hidrópicos") dificultan la gestión adecuada de los recursos hídricos a nivel de cuenca. Un impuesto a las facturas de electricidad podría financiar los costos de las mejoras en caso de que se adquieran derechos de los operadores, garantizándoles una compensación por cualquier limitación en el uso de la energía hidroeléctrica.

Mitigación del cambio climático

También se debe buscar la coherencia de las políticas con las políticas medioambientales que no están dirigidas principalmente a la gestión de los recursos hídricos. Por ejemplo, una política para fomentar el secuestro de carbono puede ayudar a reducir los riesgos hídricos. En los sistemas de comercio de emisiones de gases de efecto invernadero (GEI) donde los emisores de GEI pueden compensar sus emisiones adquiriendo créditos de carbono, según lo dispuesto por el Mecanismo de Desarrollo Limpio del Protocolo de Kioto de la Convención Marco de las Naciones Unidas (ONU) sobre el Cambio Climático, los agricultores que aceptan capturar carbono pueden recibir una compensación económica si se comprometen a convertir las tierras agrícolas o de pastoreo en bosques, lo que a menudo reduce la presión sobre los recursos hídricos.

Caminos a seguir para fortalecer el uso de instrumentos económicos para una mayor seguridad hídrica

Aumentar el uso de Pagos por Servicios Ecosistémicos (PSE) para proteger las cabeceras de cuenca

Los fondos MERESE establecidos en 2013 como parte de la política de abastecimiento de agua y saneamiento de Perú deben continuar expandiéndose a medida que se actualizan los Planes Maestros Optimizados de las empresas prestadoras de servicios de saneamiento (EP). El volumen de actividad de las EP relacionado al MERESE podría revisarse en función de la costo-efectividad de los PSE en comparación con el gasto de inversión en la infraestructura gris tradicional. El uso costo-efectivo de los fondos MERESE requiere identificar proyectos apropiados para otorgar financiamiento a partir de un análisis de costo-beneficio. Las comunidades locales que viven en el altiplano peruano tienen altas expectativas del instrumento de PSE, que también tiene beneficios sociales (evitar la migración de estas poblaciones a las ciudades) y turísticos (preservación de paisajes culturales). Es urgente estimar las necesidades y los costos de proteger las cabeceras mediante la evaluación de los riesgos de escasez de agua y contaminación en la cuenca si no se las protege. Los beneficiarios de los PSE (a las poblaciones que viven en las cabeceras) deben respaldar los proyectos de PSE propuestos y comprometerse plenamente con ellos dado que de ello depende la viabilidad de los proyectos de PSE. Es igualmente importante la disposición a pagar entre los beneficiarios de los servicios ecosistémicos, lo que implica que estén explícitamente informados del propósito de estos pagos. La recaudación de fondos MERESE podría extenderse a otros beneficiarios de la protección de los ecosistemas de montaña, como pueden ser los agricultores y las industrias. Finalmente, se debe buscar la consistencia en el uso de los fondos MERESE y los fondos para la mitigación de desastres y la adaptación al cambio climático (GRD/ACC) para evitar duplicaciones y promover sinergias en el logro de objetivos. A continuación, se proponen algunas opciones para un diseño y uso eficiente, efectivo y factible de los PSE.

Llevar a cabo análisis del riesgo hídrico para el uso efectivo de los fondos MERESE (Mecanismo de Retribución por Servicios Ecosistémicos)

La definición de la dotación de fondos MERESE basada principalmente en la asequibilidad no permite identificar las necesidades y el costo técnico de proteger las fuentes de agua en las cuencas altas. Primero se deben identificar las fuentes clave de servicios hidrológicos entre los ecosistemas terrestres (incluidos los humedales) y evaluar su contribución a la mitigación de los riesgos de escasez de agua y contaminación de la cuenca. A continuación, se puede realizar un análisis de costo-beneficio de los proyectos MERESE propuestos. El "diagnóstico hidrológico rápido" propuesto por SUNASS como parte de la implementación del MERESE es un paso positivo en esta dirección.[5] El diagnóstico tiene como objetivo entender más fácilmente los procesos hidrológicos en las cuencas para caracterizar los servicios ecosistémicos hídricos y sus beneficios. La Resolución de Consejo Directivo No. 039-2019-SUNASS-CD instituye que las EP establecerán prioridades en la implementación de los fondos MERESE. Sin embargo, no proporciona información clara sobre cómo hacerlo.

A la espera de una mejor comprensión de los servicios hidrológicos de los ecosistemas, la priorización del uso de los fondos de tipo MERESE podría buscar sinergias con la política de biodiversidad. Así, el uso de fondos MERESE para ecosistemas terrestres podría tomar en cuenta las áreas naturales protegidas que carecen de apoyo financiero público. En ausencia de un análisis de los servicios de los ecosistemas terrestres, el uso de fondos MERESE tenderá a centrarse en impactos fácilmente identificables. Hasta ahora, se ha dado prioridad a la protección de las lagunas. Este es el caso, por ejemplo, de la protección de la laguna de Piuray, que abastece de agua potable a la ciudad de Cuzco. Existe mayor dificultad para estimar el flujo de los servicios de regulación hídrica que brindan los ecosistemas terrestres (por ejemplo, bosques) que el riesgo de contaminación o agotamiento de una laguna de cabecera (cuenca alta). Así, la prioridad de uso de los fondos MERESE para ecosistemas terrestres podría darse a las Áreas Naturales Protegidas (ANP), nacionales y regionales, con el fin de movilizar financiamiento privado para la protección de la biodiversidad. Se recomienda intervenir prioritariamente en las ANP porque cuentan con un plan de manejo y están bajo la supervisión del MINAM, a través del Servicio Nacional de Áreas Naturales Protegidas por el Estado (SERNANP). Por ejemplo, el fondo del MERESE de la EP de Chiclayo podría priorizar el financiamiento de medidas para preservar 71.000 ha de ANP en el distrito de Carmen de la Frontera ubicado en su zona de cabecera (Departamento de Lambayeque). Las retribuciones podrían incluir ayudas a las comunidades que viven cerca de la ANP regional para prevenir actividades ilegales en dicha ANP (creando una especie de zona de amortiguamiento alrededor de la ANP).

La priorización del uso de los fondos MERESE también podría buscar sinergias con los Planes de Gestión de Recursos Hídricos (PGRHC). Un fondo MERESE podría contribuir útilmente a la implementación de los PGRHC, aprobado por la Autoridad Nacional del Agua (ANA), y viceversa. De un lado, el diseño del fondo MERESE (el porcentaje tomado de los ingresos de las EP) podría buscar la coherencia con los PGRHC para afrontar los riesgos hídricos. Por otro lado, los PGRHC podrían prestar mayor atención a los servicios ecosistémicos y no solo a las transferencias de agua entre cuencas (trasvase, Recuadro 3.1) y la infraestructura gris (represas, embalses).

Recuadro 3.1. Trasvase de agua entre cuencas en Perú

Perú realiza trasvases de aguas entre cuencas, a menudo a través de los llamados "proyectos especiales", con el objetivo de llevar agua a zonas con escasez de agua para apoyar el desarrollo socioeconómico. En particular, el agua se desvía de las cuencas de los ríos que desembocan en el Océano Atlántico (por el Río Amazonas) a las cuencas de los ríos que desembocan en el Océano Pacífico (atravesando la Costa). También hay transferencias entre las cuencas que fluyen hacia el Océano Pacífico. La siguiente tabla muestra las transferencias entre diferentes unidades hidrográficas que se encuentran actualmente operativas y que tienen como objetivo mitigar los efectos de la escasez de agua.

Tabla 3.7. Trasvases de aguas entre cuencas en Perú

Cuenca	Origen			Destino			Volumen transferido (hm³/año)
	Cuencas (número de unidades hidrográficas)	AAA	Volumen (hm³/año)	Cuencas (número de unidades hidrográficas)	AAA	Volumen (hm³/año)	
Transferencias entre cuencas de la región hidrográfica del Pacífico							
Chira-Piura	Chira (56)	V. Jequetepeque-Zarumilla	2.535	Piura (55)	V. Jequetepeque-Zarumilla	1.157	981
Sistema San Lorenzo	Chira (56)	V. Jequetepeque-Zarumilla	2.535	Piura (55)	V. Jequetepeque-Zarumilla	1.157	593
Chavimochic	Santa (43)	IV. Huarmey-Chicama	4.464	Chao (44)-Virú (45)-Moche (46)	IV. Huarmey-Chicama	536	671
Chinecas	Santa (43)	IV. Huarmey-Chicama	4.464	Casma (40)-Nepeña (41)-Lacramarca (42)	IV. Huarmey-Chicama	274	785
Majes-Siguas	Camaná(11)	I. Caplina-Ocoña	2.366	Quilca (10)	I. Caplina-Ocoña	439	396
Sistema Chili	Camaná (11)	I. Caplina-Ocoña	2.366	Quilca (10)	I. Caplina-Ocoña	439	146
Pasto Grande	Tambo (9)	I. Caplina-Ocoña	1.054	Ilo-Moquegua (7)	I. Caplina-Ocoña	67	72
Mauri-Tacna	Uchusuma (149)	I. Caplina-Ocoña	14	Caplina (4)	I. Caplina-Ocoña	25	37
Mauri-Tacna	Mauri (147)	I. Caplina-Ocoña	108	Locumba (6)	I. Caplina-Ocoña	118	13
Volumen total trasvasado							**3 694**
Trasvases entre las regiones hidrográficas del Pacífico y Amazonas							
Huancabamba-Olmos	Chamaya (118)	VI. Marañón	3.227	Olmos (53)	V. Jequetepeque-Zarumilla	19	406

Huancabamba-Chancay-Lambayeque	Chamaya (118)	VI. Marañón	3.227	Chancay-Lambayeque (51)	V. Jequetepeque-Zarumilla	1 365	238
Mantaro-Rímac	Mantaro (143)	X. Mantaro	14.013	Rímac (31)	III. Cañete-Fortaleza	822	188
Mantaro-Chancay-Huaral	Mantaro (143)	X. Mantaro	14.013	Huaral (33)	III. Cañete-Fortaleza	523	7
Tambo-Ccaracocha	Pampas (145)	XI. Pampas-Apurímac	8.174	Ica (22)	II. Cháparra-Chincha	267	111
Volumen total trasvasado							**950**

Nota: AAA: Autoridades Administrativas del Agua.
Fuente: ANA (2019[24]), *Country Submission (Información presentada por el país)*; Datos oficiales de Perú.

En resumen, las siguientes acciones podrían ser consideradas por el MINAM, las EP, los gobiernos regionales (GORE) y las comunidades locales para usar rentablemente los fondos MERESE:

- Desarrollar un conjunto de criterios (técnicos, sociales y económicos) para el análisis de costo-efectividad (ACE) de los servicios hidrológicos que brindan los ecosistemas en las cabeceras de cuenca y sistematizar el ACE de las iniciativas de PSE, actuales (ex post) y futuras (ex ante).
- A la espera de lograr un mejor entendimiento de los servicios hidrológicos que prestan los ecosistemas en las partes altas de las cuencas, seguir utilizando los fondos MERESE para principalmente proteger los ecosistemas que rodean las lagunas de alta montaña, dado su papel fundamental en la regulación hídrica en Perú.
- Considerar las áreas naturales protegidas (nacionales y regionales) como otra prioridad en el uso de los fondos MERESE, en particular aquellas que carecen de apoyo financiero gubernamental.
- Priorizar la asignación de fondos MERESE para promover las prácticas tradicionales de siembra y cosecha de agua, por ejemplo, a través de pagos que sirvan para construir o fortalecer sistemas de andenes, dado que esta práctica ha demostrado su efectividad para mejorar el suministro de agua a cuerpos de agua corriente abajo.
- Diseñar el esquema MERESE con un enfoque más global para la gestión del riesgo hídrico por cuenca.
- Buscar la coherencia del uso de los fondos MERESE con los Planes de Gestión de Recursos Hídricos, donde los haya.
- Relacionar el uso de los fondos MERESE con los riesgos hídricos de la cuenca y realizar un análisis de costo-beneficio de los proyectos MERESE propuestos.
- La ciudad de Nueva York, Estados Unidos, es un ejemplo interesante de una ciudad que depende de la protección de las cuencas hidrográficas para asegurar el suministro de agua potable (Recuadro 3.2).

Recuadro 3.2. Programa de protección de cuencas hidrográficas de la ciudad de Nueva York

La ciudad de Nueva York recibe agua de dos cuencas hidrográficas forestales al norte de la ciudad, a saber, la cuenca de Croton y la mayor cuenca de Catskill/Delaware. Aproximadamente el 10% de la demanda de agua de la ciudad de Nueva York proviene del agua de la cuenca de Croton, que ahora se filtra, y la cuenca de Catskill/Delaware proporciona el 90% restante. El Programa de Protección de Cuencas (WPP), lanzado en 1997 y que cubre ambas cuencas, ha permitido al Departamento de Protección Ambiental de la Ciudad de Nueva York, que administra el suministro de agua, obtener una serie de exoneraciones de los requisitos de filtración de la Norma de Tratamiento de Aguas Superficiales de la Agencia de Protección Ambiental (EPA) de EE. UU., generando así ahorros sustanciales para la ciudad de Nueva York. Desde 1997, se han gastado 2.500 millones de dólares en el WPP, un promedio de 100 millones de dólares al año. El WPP tiene dos objetivos principales: proteger la calidad del agua y dinamizar las comunidades en las dos cuencas. El WPP controla la contaminación del agua en las cuencas fomentando el empleo de mejores prácticas agrícolas, la protección de los ecosistemas terrestres y acuáticos (bosques, humedales), la restauración de ríos, el tratamiento de aguas residuales (plantas de tratamiento de aguas residuales, pozos sépticos) y la desinfección para combatir patógenos transmitidos por el agua, como bacterias y virus fecales. En agricultura, el WPP se concentra en el uso de nutrientes y pesticidas. Las granjas inscritas voluntariamente en el WPP deben tener un plan integral de la granja que especifique las mejores prácticas de gestión utilizadas para evitar que los contaminantes entren en los cuerpos de agua cercanos. La restauración del río tiene como objetivo reducir la erosión de las riberas y el transporte de sedimentos (con beneficios colaterales en la mitigación del riesgo de inundaciones y la mejora del hábitat acuático). El WPP prevé además la adquisición de terrenos para evitar ciertas actividades o desarrollos que puedan afectar negativamente la calidad del agua.

Fuente: National Academies of Sciences, Engineering, and Medicine (2020[27]), *Review of the New York City Watershed Protection Program*, https://doi.org/10.17226/25851.

Lograr la plena adhesión a las iniciativas MERESE

Es necesario que las poblaciones que viven en las partes altas de la cuenca suscriban plenamente las iniciativas propuestas por los MERESE. Para lograrlo, la retribución mínima debe ser al menos tan atractiva para el propietario como la conversión a otro uso del suelo permitido por ley. En otras palabras, el "consentimiento para recibir pago" por las actividades de PSE de las poblaciones que viven en las partes altas de la cuenca (a menudo comunidades agrícolas) debe evaluarse para asegurar su total adhesión a las iniciativas MERESE. Solo con esta información se puede definir el porcentaje recaudado sobre los ingresos de las EP. Las estimaciones de costos deben reevaluarse de acuerdo con los principios económicos del PSE, lo que implica un estudio socioeconómico detallado de las poblaciones afectadas. La Ley MERESE de 2014 podría introducir el concepto de retribución mínima y retribución máxima. La retribución mínima debe hacer que la conservación del ecosistema sea al menos tan atractiva para el propietario como la conversión a otro uso de la tierra permitido por la ley. La retribución máxima debe reflejar coste de la reducción de los servicios hídricos para las poblaciones aguas abajo.

Mejorar la disposición a pagar de los beneficiarios de los servicios ecosistémicos

Por razones de economía de costos y transparencia, el PSE debe estar vinculado al consumo individual de agua. Hacer explícita la contribución individual de los beneficiarios de los PSE (por ejemplo, al vincular los pagos de los hogares urbanos a su consumo de agua, en lugar de tomar un porcentaje de los ingresos de las EP) aumenta la transparencia y coherencia del mecanismo de PSE y, por lo tanto, su sostenibilidad.

Se ha avanzado en este sentido en Perú. SUNASS exige que las facturas individuales de agua mencionen el monto asignado al fondo MERESE. Idealmente, esto debería ir acompañado de una evaluación de la "disposición a pagar" de los habitantes de la ciudad y otros beneficiarios de PSE. Vincular el PSE a la factura individual del agua dará lugar a la costo-efectividad (pago basado en resultados) y la transparencia (el beneficiario sabe para qué está pagando).

El MERESE debería desarrollarse más en el sector del riego y extenderse a los sectores como la industria y la energía hidroeléctrica. Los costos de los PSE (ya sean niveles de retribuciones mínimas o máximas tal como se definen más arriba) deben transferirse a los beneficiarios de los servicios ecosistémicos aguas abajo, incluidas las ciudades, pero también a los agricultores, la industria y las centrales hidroeléctricas. Actualmente, este esquema lo aplican las ciudades y, de forma voluntaria, algunas asociaciones de regantes. Al participar en este esquema, la industria se beneficiaría de una mayor seguridad del suministro de agua y de una mejor imagen de marca. También se debe considerar la inclusión en el esquema MERESE a las empresas hidroeléctricas, ya que la generación hidroeléctrica también se beneficia de la protección de las fuentes aguas arriba (por ejemplo, reducción de la sedimentación en los embalses); sin embargo, se debe tener cuidado de no desalentar la generación de dicha energía renovable (en comparación con las plantas alimentadas con combustibles fósiles). Un diseño similar a las EP (es decir, asignar parte de los ingresos de los servicios públicos) podría repercutirse en la factura de electricidad de los usuarios finales. El análisis de costo-efectividad ex ante puede ayudar en la selección de proyectos MERESE que no penalicen a la energía hidroeléctrica en la matriz energética. Las Juntas de Usuarios del Sector Hidráulico (JUSH) pueden financiar proyectos MERESE como parte del mantenimiento de la infraestructura hidráulica cuya responsabilidad les compete (en mayor o menor grado), a través del POMDIH, de forma voluntaria. Los gastos del MERESE resultantes deben transferirse a la tarifa cobrada a los regantes, como es el caso de los habitantes de la ciudad atendidos por una EP. Este enfoque de mutuo beneficio aumenta considerablemente la viabilidad y efectividad del programa MERESE, al incrementar las sumas disponibles y la capacidad para evaluar los servicios ecosistémicos suministrados (en comparación con la implementación de un PSE por un agricultor aislado o un habitante de la ciudad). En el caso de las JUSH, no se elimina el carácter voluntario del MERESE, quedando cada JUSH libre para participar o no en una iniciativa de tipo MERESE. Ampliar el sistema del MERESE más allá de las empresas de agua de las ciudades fortalecería las acciones de conservación, restauración y monitoreo de ecosistemas en las ANP que regulan el uso del agua por los distintos beneficiarios. Este es el caso, por ejemplo, de la Reserva Paisajística Nor Yauyos Cochas, que abastece de agua a la central hidroeléctrica El Platanal y a la JUSH de Cañete. Otros ejemplos son el Parque Nacional Huascarán, que alimenta el proyecto de riego Chavimochic, y el Parque Nacional Cerros de Amotape, que alimenta sistemas de riego en Piura y Tumbes.

Garantizar la coherencia entre los distintos sistemas de PSE

Se debe buscar la consistencia entre los fondos MERESE y los fondos para la gestión del riesgo de desastres (GRD) y adaptación al cambio climático (ACC) para evitar duplicaciones, promover sinergias y mejorar la rentabilidad. El porcentaje de los ingresos de las EP para financiar los fondos GRD/ACC no lo establece el PMO; esto da a las EP una mayor flexibilidad para decidir qué medidas implementar y cuánto asignar a los fondos GRD/ACC, en comparación con el fondo MERESE. La decisión suele estar vinculada a los efectos visibles del cambio climático. Por ejemplo, la sequía de una laguna en Arequipa provocó su eutrofización; los fondos GRD/ACC se utilizaron para controlar la eutrofización por carbón activado. De manera más general, el fondo GRD se utiliza con más frecuencia que el fondo ACC; los desastres son fácilmente visibles mientras que no hay certeza sobre qué se debe cubrir en cuanto a medidas de adaptación. Fomentar la coherencia entre el fondo MERESE y los fondos GRD/ACC evitaría la duplicación, promovería las sinergias y, por lo tanto, mejoraría la rentabilidad en su uso.

Se deben buscar enfoques mutuamente beneficiosos entre las retribuciones por los servicios ecosistémicos hidrológicos y las retribuciones por el secuestro de carbono, de modo que los proyectos se refuercen mutuamente (por ejemplo, el manejo forestal sostenible). Los PSE para los servicios de regulación hídrica en fuentes de agua naturales pueden mejorar los servicios de secuestro de carbono de los ecosistemas en cuestión (por ejemplo, bosques) y viceversa. Sin embargo, deben perseguirse enfoques beneficiosos para todos, asegurándose de que los proyectos prioricen el propósito para el que fueron diseñados (servicios de regulación hídrica o servicios de carbono). Las JUSH también participan en intervenciones tipo MERESE que incluyen la reforestación y la protección de ecosistemas naturales. El proyecto Fondo de Agua Quiroz-Chira (Departamento de Piura) es un buen ejemplo. Este proyecto ha sido muy bien diseñado y cuenta con el apoyo financiero y técnico de una ONG (Tabla 3.8). Otro ejemplo digno de mención es el Fondo Regional del Agua (FORASAN), que tiene como objetivo mejorar la gestión de los recursos hídricos en la Cuenca Chira-Piura mediante la promoción de la protección de ecosistemas (p. ej. páramos, bosques de nubes) y la reforestación de áreas degradadas en las partes altas de la cuenca. FORASAN recibe apoyo técnico de la ANA y apoyo financiero de dos JUSH (Chira y Medio y Bajo Piura) y una empresa agroindustrial (Central America Bottling Corporation, CBC). El manejo forestal sostenible y la reforestación no tienen que ser implementados necesariamente por el Estado; el sector privado también puede encargarse. Por ejemplo, la Ley de Obras por Impuestos No. 29230 facilita el financiamiento y ejecución, por parte de las empresas privadas, de proyectos priorizados por entidades públicas (por ejemplo, gobiernos centrales, regionales o locales) al permitir la recuperación de inversiones vía reembolso del impuesto a las utilidades de las empresas. Sin embargo, el Plan Nacional Forestal y de Fauna Silvestre que permita implementar la Ley de Forestal y de Fauna Silvestre debe publicarse sin demora, con el fin de proporcionar un marco global para el manejo forestal.

También se debe considerar la práctica tradicional de siembra y cosecha de agua superficial, por ejemplo, mediante pagos para construir o reforzar sistemas de andenes (terrazas agrícolas), que ha demostrado su efectividad para alimentar los cuerpos de agua corriente abajo. La disposición sobre la creación de fondos MERESE de la Ley No. 30045 de 2013 de modernización de los servicios de saneamiento (derogada por el Decreto Legislativo No. 1280 de 2016) no tiene equivalente en la legislación agraria e industrial. Es decir, si bien se contempla en el Reglamento MERESE (Decreto Supremo No. 009-2016-MINAM), no existe obligación legal de implementar el MERESE en el sector agrario como es el caso del sector saneamiento. Sin embargo, se han establecido retribuciones por servicios ecosistémicos hidrológicos (RSEH) en el sector agrícola de acuerdo con el Plan de Operación, Mantenimiento y Desarrollo de la Infraestructura Hidráulica (POMDIH), que las juntas de usuarios de agua (JUSH) deben elaborar, por mandato de la ley, para que la O&M de los sistemas de riego sea eficaz. Uno de los siete objetivos del POMDHI es preservar las aguas río arriba (cuenca alta). Como resultado, las RSEH se preparan voluntariamente (sin intervención del gobierno) entre agricultores y comunidades locales. Por ejemplo, una asociación de regantes de la Cuenca de Cañete dedicó PEN 10/ha/año (EUR 2,7/ha/año) para proteger las fuentes de agua mediante la reforestación en el Distrito de Yauyos (una práctica similar se ha llevado a cabo en la Cuenca de Lurín). El pago se suspendió recientemente a la espera de una evaluación de su efectividad. Los agricultores de Valle Viejo (Cuenca de Olmos, Lambayeque) donan parte de su cosecha a las comunidades del distrito de Carmen de la Frontera ubicadas en la zona de sus fuentes de agua. El principio es el siguiente: las juntas de usuarios (JUSH) ubicadas en la cuenca media pagan a los agricultores ubicados en la cuenca alta para almacenar agua de lluvia mediante prácticas de conservación del suelo y el agua. El agua almacenada en las partes altas (por ejemplo, por sistemas de terrazas agrícolas, o andenes) se infiltra en el suelo (en lugar de escurrirse) para abastecer a los cuerpos de agua superficiales y los acuíferos en la parte central de la cuenca aguas abajo. Esta práctica ancestral de sembrar y cosechar agua de lluvia puede muy bien considerarse como un tipo de infraestructura verde y recibir una mayor atención en la política de RSEH. La política agrícola peruana impulsa la revalorización de las prácticas agrícolas tradicionales. En consecuencia, en julio de 2019, la Ley No. 30989 declaró de interés nacional la implementación de la práctica de siembra y cosecha. En Francia, la empresa de agua mineral Vittel paga a los agricultores para que adopten prácticas agrícolas más tradicionales para evitar la contaminación de los acuíferos con nitratos (véase Perrot-Maitre (2006[28])).

Se requiere que la ANA ejerza el monitoreo consistente de las aguas subterráneas para coordinar esfuerzos y metodologías. Una parte de los ingresos de las EP se destina al fondo de monitoreo de aguas subterráneas. Este fondo está diseñado para ayudar a las EP a monitorear los niveles de agua subterránea, lo que es esencial para prevenir el riesgo de escasez de agua subterránea y para evaluar la efectividad de las medidas tomadas bajo los otros dos fondos, según corresponda.

El sistema MERESE debe formar parte de un enfoque más global de la gestión de riesgos en las cuencas. De hecho, no tendría sentido proteger las cabeceras sin gestionar también los riesgos asociados a las actividades económicas a lo largo de la cuenca, entre las cabeceras y las aguas costeras (agricultura, industria, producción hidroeléctrica, en particular). Esto implica abordar la consistencia de las políticas para gestionar los riesgos de escasez de agua, contaminación del agua, inundaciones y el riesgo de socavar la resiliencia de los sistemas de agua dulce a lo largo de las cuencas hidrográficas (ver más adelante).

En resumen, las siguientes acciones podrían ser tomadas en cuenta por el MINAM, EP, GORE, comunidades locales, la ANA y ministerios sectoriales (MIDAGRI, PRODUCE, Ministerio de Energía y Minería [MINEM]) para asegurar: i) que los beneficiarios de los PSE se sumen a las iniciativas MERESE propuestas; ii) la disposición a pagar por parte de los beneficiarios de los servicios ecosistémicos; y iii) la consistencia en el diseño de proyectos MERESE, proyectos de gestión del riesgo de desastres y adaptación al cambio climático (fondos GRD/ACC) y otros esquemas de PSE:

- Estimar los costos de los proyectos de PSE de acuerdo con los principios económicos de los PSE; en particular, que el pago mínimo debe ser al menos igual al beneficio que obtendría el propietario por dar a su tierra otro uso legalmente permitido.
- Vincular los PSE a la factura individual del agua por razones de rentabilidad (pago basado en resultados) y transparencia (el beneficiario sabe por qué está pagando).

Tabla 3.8. Proyecto Fondo del Agua Quiroz-Chira

Ubicación	Presupuesto quinquenal (millones de PEN)	Financiamiento	Problemática	Actividades	Criterios de efectividad	Arreglo institucional
Cuenca del Quiroz (Departamento de Piura)	2.1 (INV + O&M)	2 JUSH (51%), 2 municipios (13%) y 1 ONG (36%). JUSH San Lorenzo (5% de la tarifa de agua) y JUSH Chira (S/28.000/año)	Los bosques de neblina y páramos en la cuenca alta del río Quiroz son las fuentes de agua de la cuenca del Quiroz. En los ecosistemas, las prácticas de tala y quema para expandir la frontera agrícola y dejar las tierras de cultivo al descubierto (por ejemplo, la quema de residuos de cultivos) provocan la erosión del suelo. La ganadería extensiva tiene un impacto directo en la capacidad de almacenamiento y retención de agua.	Reforestación con especies nativas como el aliso. El riego de los pastos aumenta la producción de forrajes, evitando así la entrada de ganado a los ecosistemas naturales. El objetivo final es intervenir en toda la cuenca alta del río Quiroz (156.000 ha), que incluye tierras degradadas, tierras agrícolas y ecosistemas naturales (bosques de niebla y páramos). Se ha dado prioridad a la protección de los ecosistemas naturales existentes (18.000 ha) que albergan las fuentes de agua más importantes y por sus funciones de retención de agua y regulación del régimen hídrico.	Los ecosistemas naturales permiten mantener un caudal base durante la época de estiaje. En promedio anual, se estima que el caudal base aporta 4 m^3 / segundo al régimen hidrológico de la cuenca del río Quiroz. Se ha preparado una línea de base de la calidad del agua en la cuenca que se utilizará para evaluar el impacto de las medidas.	El Fondo de Agua Quiroz-Chira, una asociación sin fines de lucro con personalidad jurídica, selecciona proyectos de inversión. El fondo está integrado por una ONG, un municipio provincial, un municipio distrital y las juntas de usuarios de agua de Chira y San Lorenzo. El Comité de Transparencia y Fiscalización, órgano del fondo, reúne a líderes de comunidades campesinas en "asambleas de rendición de cuentas" para monitorear el cumplimiento de los acuerdos.

Nota: JUSH = Junta de Usuarios del Sector Hídrico.

Fuente: Contreras, L.E.A. (2017[29]), "El Fondo del Agua Quiroz-Chira, Un mecanismo de gestión para los ecosistemas de montaña de Piura, Perú", http://www.bosquesandinos.org/wp-content/uploads/2017/02/FAQCH-FINAL-WEB.pdf.

- Ampliar el MERESE a la industria, que también se beneficia de una mayor seguridad del suministro de agua. Actualmente, el MERESE solo está financiado por las ciudades (EP), y de forma voluntaria por las asociaciones de agricultores (JUSH); esto aumentaría la financiación para proyectos de PSE y la industria se beneficiaría de una mejor reputación.
- Considerar la posibilidad de ampliar el sistema del MERESE a las empresas hidroeléctricas, dado que la producción hidroeléctrica también se beneficia con la protección de las fuentes de agua (por ejemplo, reducción de la sedimentación en los embalses); sin embargo, es importante no desalentar la producción hidroeléctrica, que es una energía renovable.
- Aclarar el alcance de los fondos MERESE y GRD/ACC en lo que toca a la gestión del riesgo de inundaciones y adaptación al cambio climático.
- Buscar enfoques mutuamente beneficiosos entre las retribuciones por servicios ecosistémicos hidrológicos y las retribuciones por secuestro de carbono, para que los respectivos proyectos se refuercen mutuamente (por ejemplo, manejo sostenible de los bosques).
- El MINAM podría mantener y publicar un registro de los diversos proyectos de tipo MERESE/PSE para contribuir a las sinergias y evitar cualquier duplicación entre estos proyectos.

Fortalecer los incentivos económicos de los cobros por uso y vertimiento basados en los riesgos hídricos (escasez, contaminación) para desarrollar una "cultura del agua".

Es urgente fortalecer los incentivos económicos para enfrentar los riesgos hídricos (escasez, contaminación) para sensibilizar a los actores sobre el conocimiento de los riesgos (para desarrollar una "cultura del agua"). Los cobros por extracción/vertimiento deben estar alineados entre sectores (ciudades, agricultores, industria) porque el impacto de la extracción de agua o las descargas de aguas residuales en el ambiente depende de la disponibilidad del recurso y la calidad del agua receptora, independientemente del usuario/contaminador. La estimación de qué tarifas, o de qué nuevas tarifas, son necesarias para cumplir con las obligaciones legales de gestionar los riesgos de escasez y contaminación de los cuerpos de agua es un requisito previo para crear incentivos para reducir la extracción y los vertimientos. También generaría ingresos, que podrían redistribuirse en forma de ayuda financiera a las comunidades locales, la industria y los agricultores de acuerdo con el plan maestro de cada cuenca. Estas opciones se analizan a continuación.

Según los Principios de la OCDE sobre Gobernanza del Agua (2015[30]), los cobros relacionados con el agua solo serán viables si las autoridades responsables tienen encargos claramente establecidos y cuentan con la capacidad necesaria; si los cobros se diseñan, recaudan y desembolsan en la escala adecuada; si están documentados con sistemas robustos basados en información para orientar la toma de decisiones; si son establecidos en base a un plan sólido, realista y consistente con las políticas; si están debidamente regulados, y se aplican y hacen cumplir efectivamente; si las partes interesadas participan activamente desde la fase inicial para aumentar tomar conciencia de los involucrados y asegurar su aceptación de las tarifas; si su diseño es transparente; y si se supervisan y evalúan adecuadamente. El Recuadro 3.3 presenta una guía de las tarifas extracción de agua y contaminación en Brasil (OECD, 2017[31]).

Acordar *niveles aceptables* de riesgo para la comunidad le daría a la ANA un "punto de entrada" extremadamente sólido para reunir a los actores y sentar las bases de la discusión en el terreno sobre la gestión de los recursos hídricos. La paralización de importantes inversiones en la economía peruana (en el sector minero, por ejemplo) por falta de un acuerdo previo sobre los riesgos del agua podría haberse evitado si se hubiera adoptado un enfoque basado en el riesgo. Este enfoque también reduciría la necesidad de procedimientos legales (por ejemplo, de recurrir el Tribunal Nacional de Resolución de Controversias Hídricas para el manejo rutinario de los recursos hídricos).

Establecer un nivel máximo de extracción de agua o vertimiento de aguas residuales que sea aceptable para todos los actores es el corazón de la gestión de riesgos hídricos. El objetivo es asegurar una asignación sostenible y rentable del recurso entre los diferentes sectores, con el debido cuidado de los ecosistemas, el patrimonio cultural y la resiliencia de los sistemas hídricos. Dicho enfoque basado en el riesgo—ver mayor discusión en OCDE (2013[32])—debería tomar en cuenta el régimen de asignación de agua que prevalece en Perú y complementarlo especificando el beneficio que puede obtener cada usuario.

Recuadro 3.3. Principios de la OCDE sobre gobernanza del agua aplicados a las tarifas del agua en Brasil

Principios OCDE	Orientación individualizada para los cobros por extracción de agua y contaminación en Brasil
1. Funciones y responsabilidades claras	• Asignar y distinguir claramente las funciones y responsabilidades entre las autoridades federales, estatales y de cuencas para establecer, implementar y regular las tarifas del agua, y reajustarlas cuando sea necesario según los resultados obtenidos. • Identificar y abordar las duplicaciones, superposiciones, brechas o áreas grises en todos los niveles de gobierno, dada la multiplicidad de agencias estatales y federales involucradas. • Superar la brecha legal de las agencias de agua, encargadas de asignar los ingresos por las tarifas del agua. • Asegurar que las funciones consultivas y deliberativas de los comités de cuencas fluviales estatales/inter-estatales y los consejos de agua estatales/nacionales se guíen por la obtención de resultados.
2. Escala apropiada de los sistemas de cuencas.	• Diseñar, cobrar y desembolsar montos de los cobros por agua a la escala apropiada que reflejen la capacidad local particular, las condiciones hidrográficas y los riesgos relacionados con el agua. • Fomentar la coordinación entre escalas hidrográficas y administrativas, que muchas veces no se corresponden, prestando la debida atención a la mayor complejidad y multiplicidad de actores involucrados en los ríos bajo jurisdicción federal y jurisdicción compartida. • Fomentar la coordinación entre los niveles de gobierno local, estatal y federal.
3. Coherencia de políticas	• Asegurar que las decisiones tomadas en agricultura, energía, planeamiento territorial, uso del suelo y licencias ambientales no socaven la lógica de la eficiencia de los cobros por el uso del agua. • Fomentar las herramientas de planificación que orienten las decisiones sobre las tarifas del agua y la complementariedad de políticas en los diferentes ámbitos relacionados con el agua.
4. Capacidad	• Identificar y abordar las brechas de capacidad para diseñar e implementar tarifas de agua en los comités, entidades y consejos de cuencas fluviales estatals/inter-estatales.
5. Data e información	• Producir, actualizar y compartir datos e información consistentes y comparables para orientar, evaluar y mejorar el diseño y la implementación de las tarifas del agua. • Basar el nivel de los cobros en criterios técnicos sólidos, y en el análisis económico para sustentar la toma de decisiones y los impactos en la asequibilidad y la competitividad.
6. Financiamiento	• Asegurar que los acuerdos de gobernanza ayuden a recaudar y gastar los ingresos de las tarifas del agua de manera eficiente, transparente y oportuna. • Asegurar que los principios de "quien contamina paga" y "el usuario paga" se tengan debidamente en cuenta al diseñar los cobros. • Considerar los pros y contras de la asignación específica de financiamiento para demostrar los beneficios de las tarifas del agua ante los usuarios finales (por ejemplo, permitirles acceder a fondos para medidas de conservación del agua).
7. Marco regulatorio	• Asegurar que los marcos regulatorios apoyen la eficiencia, efectividad e inclusividad de las tarifas del agua y se implementen y hagan cumplir de manera efectiva. • Asegurar mecanismos sólidos de inspección y control, así como sanciones y penalidades en caso de incumplimiento.

8. Gobernanza innovadora	• Fomentar prácticas innovadoras para el diseño e implementación de tarifas de agua, por ejemplo, incorporando elementos conductuales en el diseño de las tarifas de agua. • Mejorar las pruebas piloto y la experimentación, basándose en la tipología de estados propuesta por la OCDE, para poner a prueba algunas formas de mejoras antes de ampliar la escala.
9. Integridad y transparencia	• Incorporar las prácticas de integridad y transparencia en el ciclo de tarifas del agua, en particular "quién paga qué" entre los usuarios del agua; y cómo se gastan los ingresos recaudados y según qué criterios.
10. Participación de los actores interesados	• Sensibilizar a las partes interesadas sobre los riesgos del agua para asegurar la aceptación política/social de las tarifas del agua. • Desarrollar capacidades y compartir información para la discusión y las acciones orientados a resultados por parte de los comités, consejos y entidades gubernamentales. • Manejar los riesgos de captura de la consulta, los intereses creados y poca representatividad en foros deliberativos y consultivos.
11. Arbitraje entre usuarios, áreas rurales y urbanas, e intergeneracionales	• Utilizar las tarifas del agua para contribuir a la gestión del arbitraje entre usuarios, zonas rurales y urbanas, y las generaciones presentes y futuras. • Evaluar la posibilidad de subsidios cruzados y mecanismos de solidaridad entre usuarios en períodos de sequía.
12. Monitoreo y evaluación	• Promover el monitoreo y la evaluación regulares de la adecuación, implementación y resultados de las tarifas del agua para evaluar en qué medida cumplen con los resultados previstos y se adapten cuando sea necesario.

Fuente: OCDE (2017[31]), *Water Charges in Brazil: The Ways Forward*, https://doi.org/10.1787/9789264285712-en.

Desarrollar incentivos basados en los riesgos hídricos (escasez, contaminación) sensibilizaría a los actores involucrados sobre el conocimiento de los riesgos (para desarrollar la "cultura del agua"). Es por ello que deben eliminarse los montos diferenciales de REUA y REVART entre sectores (ciudades, agricultores, industria). El impacto de la extracción de agua o el vertimiento de aguas residuales en el ambiente depende de la disponibilidad del recurso y la calidad del cuerpo de agua receptor, independientemente del usuario/contaminador. La REVART debería reflejar la toxicidad para el ambiente y la salud debido a los contaminantes presentes en las aguas residuales. Por ejemplo, se aplica un monto preferencial de REVART a las empresas de agua comunales en las zonas rurales. Si bien esto fomenta el necesario desarrollo de la infraestructura de saneamiento en estas áreas, reduce el incentivo para construir una infraestructura moderna (por ejemplo, tratamiento avanzado de aguas residuales). La tarifa única de REUA que se aplica a algunas juntas de usuarios del sector hidráulico (JUSH) no tiene en cuenta el riesgo de escasez de agua; debería ser reemplazada por un monto diferenciado según la disponibilidad de agua, como es el caso con otros usuarios. Por la misma razón, la tarifa de REUA aplicada a los llamados "proyectos especiales"—que es un porcentaje del monto para cubrir el costo de operación y mantenimiento de la infraestructura de riego (tarifa por el servicio de agua)—debería ser reemplazada por una REUA diferenciada según a la disponibilidad de agua.

Además, algunas opciones a considerar son:

- *Agricultores*: Eliminar la tarifa eléctrica preferencial por bombeo de aguas subterráneas en las zonas donde se aplica (por ejemplo, Tacna), ya que disminuye el incentivo, a través de la REUA, de utilizar el agua de manera más eficiente (por ejemplo, adoptando tecnologías modernas de riego).
- *Centrales hidroeléctricas*: establecer la REUA de acuerdo con los riesgos y beneficios ambientales asociados con la generación de energía hidroeléctrica (hidrópicos, modificación del transporte de sedimentos y eutrofización, barreras a la migración de peces, el papel positivo de las represas en la gestión de la escasez de agua y los riesgos de inundaciones) y no según el precio de la electricidad en la planta, como es el caso en la actualidad.

- *ANA* y *EP*: Asegurar que el monitoreo de aguas subterráneas que realizan la ANA y las empresas prestadoras de servicios de saneamiento (estas últimas financiadas con la factura del agua) se complementen y sean consistentes.

La ampliación de la cobertura de tarifas de inspección que cobra la ANA al uso de recursos hídricos mejoraría el cumplimiento de las normas y la comprensión de los riesgos que trae la escasez de agua; la misma recomendación se aplica al Ministerio de Salud con respecto a las tarifas de inspección para la descarga de aguas residuales. La ANA y el Ministerio de Salud cobran tarifas por inspección. Una ampliación de las mismas, tanto para el uso de recursos como para el vertimiento de efluentes, aumentaría el número de inspecciones y, en consecuencia, reforzaría el cumplimiento de la normativa y el conocimiento de los riesgos asociados al agua. En Perú, es urgente mejorar el conocimiento de los riesgos hídricos (escasez, contaminación) y sensibilizar a los actores involucrados (para desarrollar una "cultura del agua").

El cobro de una REUA por la extracción de agua de mar en Perú es sorprendente porque no hay riesgo de que se agote el recurso. Por el contrario, la desalinización aumenta la disponibilidad de agua dulce. Sin embargo, puede tener efectos negativos sobre el ambiente marino por las descargas de salmuera al mar que pueden provocar un aumento sustancial de la salinidad y temperatura, así como la acumulación de metales, hidrocarburos y otros compuestos tóxicos en las aguas receptoras (Roberts, Johnston and Knott, 2010[33]). La imposición de una REVART a la descarga de salmuera concentrada por las plantas desalinizadoras, como ya ocurre en Perú, tiene más sentido desde el punto de vista de la protección del ambiente.

En resumen, la ANA, MIDAGRI, MINAM, MINEM y las EP podrían tomar en cuenta las siguientes acciones para fortalecer los incentivos económicos para desarrollar una "cultura del agua" basada en los riesgos de la escasez de agua:

- Agricultores de cuencas altas: Eliminar el monto preferencial de cobros por extracción (REUA) en áreas con riesgo de escasez de agua porque esto va en contra de cualquier PSE para proteger las cabeceras.
- Juntas de Usuarios del Sector Hidráulico (JUSH): Reemplazar el monto único de REUA que se aplica a algunas JUSH por un monto diferenciado según la disponibilidad de agua (es decir, el riesgo de escasez de agua), como es el caso de otros usuarios.
- "Proyectos especiales" en concesión: Transferir la REUA pagado por el concedente a la tarifa de suministro de agua de riego (tarifa por el servicio), en lugar de aplicar una tasa fija del 2,61% de la tarifa.
- Agricultores: Eliminar la tarifa eléctrica preferencial para bombear agua subterránea, ya que frustra el incentivo de la REUA para usar el agua de manera más eficiente (por ejemplo, adoptando tecnologías modernas de riego).
- Centrales hidroeléctricas: establecer la REUA de acuerdo con los riesgos y beneficios ambientales asociados con la generación de energía hidroeléctrica (hidrópicos, modificación del transporte de sedimentos y eutrofización, obstáculos a la migración de peces, papel positivo de las represas en el manejo de la escasez de agua y los riesgos de inundación) y no según el precio de la electricidad en planta, como es el caso actualmente.
- ANA: Ampliar la base de las tarifas de inspección del uso de los recursos hídricos que cobra la ANA para que se cumpla mejor la legislación sobre el agua y aumente la consciencia de los riesgos de escasez de agua.
- ANA y EP: Asegurar que el monitoreo de aguas subterráneas por parte de la ANA y las empresas de agua (para estas últimas financiado a partir de la factura del agua) sea complementario y consistente.

Las siguientes acciones podrían ser tomadas en cuenta por la ANA, MIDAGRI, MINAM y MINSA para fortalecer los incentivos económicos conducentes a desarrollar una "cultura del agua" basada en los riesgos de contaminación del agua:

- Organismos comunales de saneamiento (zonas rurales): Reemplazar el monto preferencial del cobro por vertido de aguas residuales tratadas (REVART) por un monto diferenciado según la calidad del cuerpo de agua receptor, como sucede en otros sectores.
- General: Fijar la REVART de acuerdo con la toxicidad de los efluentes que afecten la salud y el ambiente.
- MINSA: Ampliar la base de tarifas de inspección de descargas de aguas residuales del MINSA para mejorar el cumplimiento de la legislación de aguas y crear conciencia sobre los riesgos de contaminación del agua.

Reunir diferentes fuentes de apoyo financiero para lanzar una política de "rehabilitación de ríos"

Perú carece de una política explícita de rehabilitación de ríos. Como tal, sería útil reunir diferentes fuentes de apoyo financiero para restaurar el curso natural de los ríos (para evitar daños importantes por inundaciones, entre otros objetivos). Restaurar buenas condiciones hidromorfológicas en los ríos (rehabilitación de ríos) puede ayudar a mejorar el suministro de agua (auto-purificación del agua y recarga de las aguas subterráneas), garantizar la protección natural contra las inundaciones y proteger la naturaleza (proporcionar suficiente espacio a los ríos para que sirvan de conexión entre ecosistemas). Para fomentar el logro de estos objetivos, es necesario asegurar sinergias y coherencia entre los diferentes objetivos y políticas. Para introducir una política de rehabilitación de ríos de este tipo, Perú debería estimar los tramos de río a restaurar y el apoyo financiero que tendría que movilizar. En particular:

- Evaluar los servicios ecosistémicos que brinda la rehabilitación de los ríos (mejora de los recursos hídricos, protección contra inundaciones, protección de la naturaleza, consolidación de parcelas).
- Considerar la rehabilitación de ríos como parte del MERESE por servicios hidrológicos.
- Proporcionar apoyo financiero público para la rehabilitación de ríos, ya que contribuye a la protección de los ecosistemas naturales y sus servicios (como las llanuras aluviales).
- Ofrecer apoyo financiero gubernamental a la protección de los bosques aluviales.
- Brindar apoyo financiero gubernamental para la rehabilitación de pequeños ríos ubicados en áreas agrícolas en la medida en que contribuyan a mejorar las condiciones de producción agrícola mediante la consolidación de las parcelas.
- En caso de superposición de políticas para el mismo tramo de río, no se debe permitir una doble financiación por la prestación del mismo servicio.

En resumen, MIDAGRI y MINAM podrían tomar en cuenta las siguientes acciones para reunir diferentes fuentes de apoyo financiero para lanzar una política de "rehabilitación de ríos":

- Dirigir el apoyo a la política agraria para la gestión del riesgo de inundaciones.
    - Brindar apoyo a la política agraria para la rehabilitación de llanuras aluviales y sus hábitats naturales en áreas agrícolas como parte de las medidas agroambientales.
    - Brindar apoyo a la política agraria para la rehabilitación de pequeños ríos en áreas agrícolas como parte de las políticas de consolidación territorial.
- Asignar PSE y apoyo financiero gubernamental para los bosques aluviales y ecosistemas ribereños naturales.
    - Considerar la rehabilitación de ríos como parte del MERESE por servicios hidrológicos.

- Brindar apoyo a la política ambiental para la protección de bosques aluviales y ecosistemas ribereños naturales.

Un ejemplo interesante es el de la política suiza de rehabilitación de ríos. En 2011, Suiza se embarcó en un esfuerzo a largo plazo para restaurar sus ríos. La política suiza de rehabilitación de ríos fue impulsada por una iniciativa popular de los pescadores para fortalecer las funciones biológicas de los ríos mediante la creación de hábitats y la gestión de zonas ribereñas (Recuadro 3.4).

Recuadro 3.4. Política de rehabilitación de ríos en Suiza

Alrededor del 40% de los ríos suizos se encuentran en mal estado morfológico y aproximadamente una cuarta parte tiene un alto grado de fragmentación debido a estructuras artificiales que afectan el paso de los peces migratorios, cambian la distribución del hábitat natural dentro de los ríos y modifican su capacidad ecológica. La política suiza de rehabilitación de ríos, iniciada en 2011, tiene como objetivo fortalecer las funciones biológicas de los cursos de agua mediante la creación de hábitats y la gestión de zonas ribereñas. Condujo a la enmienda de varias leyes federales que atañen la protección de aguas, la gestión de cursos de agua, la energía y las tierras rurales.

Se estableció una meta nacional para rehabilitar aproximadamente el 25% de las aguas en estado morfológico deficiente en los próximos 80 años, es decir, unos 4.000 km de longitud fluvial para alrededor de 2090. Los cantones suizos deben delimitar el espacio suficiente para que los ríos puedan cumplir sus funciones naturales y garantizar la protección contra inundaciones y el uso de agua. Este "espacio para las aguas" debe estar incluido en sus planes maestros y de uso del suelo.

Se concede apoyo financiero público para obras de rehabilitación (a través de la política ambiental) y la creación de espacio para las aguas (a través de la política agrícola), mientras que los consumidores de electricidad (a través de un impuesto a las facturas de electricidad) apoyan la mejora ambiental de las antiguas centrales hidroeléctricas. Esto se combina con regulaciones directas sobre caudales mínimos y se suma al apoyo financiero público para el control de inundaciones.

Fuente: OCDE (2017[34]), *OECD Environmental Performance Reviews: Switzerland 2017*, https://doi.org/10.1787/9789264279674-en.

Fortalecer la consistencia política entre los instrumentos económicos desplegados para gestionar los riesgos del agua y los instrumentos relacionados con las políticas sectoriales y ambientales.

Las políticas sectoriales no deben contrarrestar los efectos de las políticas de retribución por servicios hidrológicos y de rehabilitación fluvial, ni los cobros por extracción de agua y vertimiento de aguas residuales, todo lo cual podría fomentar el uso excesivo del agua o su contaminación. Este puede ser el caso de las políticas para fomentar la producción agrícola, acuícola o hidroeléctrica (Tabla 3.9). También se debe buscar la coherencia con las políticas de secuestro de carbono.

Con el fin de fortalecer la consistencia de las políticas, se podrían considerar las siguientes iniciativas:

- Evaluar el impacto de dar apoyo al sector agrícola sobre los recursos hídricos, en sus diferentes formas.
- Evaluar el impacto del desarrollo de la energía hidroeléctrica sobre las fluctuaciones en los flujos y los niveles de agua, aguas abajo y aguas arriba de las plantas (hidrópicos), el transporte de sedimentos y la eutrofización, y la migración de peces.

- Manejar el riesgo de contaminación del agua por antibióticos, fungicidas y piensos utilizados en piscigranjas.
- Promover créditos de carbono forestal para los agricultores que se comprometan a convertir sus tierras en bosques, reduciendo así la presión sobre los recursos hídricos
- En el marco del fortalecimiento de vínculos para la gestión de los recursos hídricos y los servicios de agua y saneamiento, se sugiere articularlos con los Planes de Control de Calidad de las empresas de saneamiento y el Plan de Adecuación Sanitaria impulsado por el Ministerio de Salud a través de la Dirección General de Salud Ambiental e Inocuidad Alimentaria (DIGESA).

Las políticas de mitigación climática e hídrica pueden complementarse. En Nueva Zelanda, por ejemplo, en lugares donde se ha inducido la conversión de tierras agrícolas en bosques, el comercio de emisiones de carbono ha reducido las emisiones de nitrógeno al agua (Recuadro 3.5).

Tabla 3.9. Resumen de acciones para fortalecer la coherencia de políticas de instrumentos económicos

Pasos prácticos	Posibles indicadores	Sector objetivo	Experiencia OCDE relevante	Promotor
- Evaluar el impacto del apoyo a la política agrícola (sostenimiento de los precios de mercado, pagos directos, subsidios a los insumos, subsidios al riego) sobre los recursos hídricos.	- Extracción del recurso hídrico, área irrigada y tasas de aplicación de agua de riego. - Calidad del agua: nitratos, fósforo y pesticidas[1]	-- Agricultura	La información contenida en el Estimado de Apoyo al Productor (EAP) de la OCDE se puede utilizar como punto de partida para evaluar el impacto de las políticas agrícolas en el medio ambiente, ya sea a nivel sectorial o agrícola.[2]	- MIDAGRI - MINAM
- Manejar el riesgo de contaminación del agua por antibióticos, fungicidas y piensos utilizados en piscifactorías.	- Informe del uso de antibióticos y fungicidas para evaluar tendencias. - Balance de nitrógeno para cada piscifactorías.	- Piscicultura	Varios países de la OCDE han tomado medidas para gestionar las externalidades generadas por la acuicultura. [3]	- PRODUCE - MINAM
- Evaluar el impacto del desarrollo de la energía hidroeléctrica en las fluctuaciones en los caudales y niveles de agua corriente abajo y arriba de las represas (hidrópicos), el transporte de sedimentos, la eutrofización y la migración de peces.	-- Número de eventos de hidrópicos. - Sedimentación de reservorios de represas. - Número de episodios de eutrofización en embalses de represas. - Cuota de represas con escalera para peces.	- Energía hidroeléctrica	Para la cuenca del Danubio se han preparado principios rectores sobre el desarrollo sostenible de la energía hidroeléctrica.[4]	- MEM - MINAM
- Promover una política de créditos de carbono forestal para los propietarios que se comprometan a preservar sus tierras forestales o convertir sus tierras en bosques, reduciendo así la presión sobre los recursos hídricos.	- Créditos de carbono forestal (en toneladas de CO_2 equivalente).	- Secuestro de carbono forestal	En Nueva Zelanda, los emisores de GEI pueden pagar (a través de un fideicomiso) a los agricultores que acceden a secuestrar carbono mediante la conversión de tierras agrícolas en bosques, lo que ayuda a reducir la contaminación del agua por la agricultura.[5]	- MINAM - MIDAGRI, SERFOR (Servicio Nacional Forestal y de Fauna Silvestre)

Fuente: 1. OCDE (2013[32]), *Water Security for Better Lives*, https://doi.org/10.1787/9789264202405-en; 2. Henderson, B. y J. Lankoski (2019[25]), Evaluating the Environmental Impact of Agricultural Policies, https://doi.org/10.1787/add0f27c-en; 3. OCDE (2010[9]), *Paying for Biodiversity: Enhancing the Cost-Effectiveness of Payments for Ecosystem Services*, https://doi.org/10.1787/9789264090279-en; 4. ICPDR (Comisión Internacional para la Protección del Río Danubio) (2013[35]), *Sustainable Hydropower Development in the Danube Basin - Guiding Principles, International Commission for the Protection of the Danube River*, https://www.icpdr.org/main/activities-projects/hydropower; 5. Leining, C. y S. Kerr (2018[36]), *A Guide to the New Zealand Emissions Trading Scheme*, https://www.mfe.govt.nz/publications/climate-change/guide-new-zealand-emissions-trading-scheme.

Recuadro 3.5. Sinergias entre las políticas hídricas y climáticas en Nueva Zelanda

En Nueva Zelanda, una combinación de sistemas de permisos negociables (SPN) ayuda a reducir las emisiones de dióxido de carbono y al mismo tiempo reduce el riesgo de contaminación del agua por nitratos.

Por un lado, un sistema de comercio de emisiones (SCE) de GEI permite a los emisores de GEI (por ejemplo, la industria) que no desean reducir sus emisiones celebrar un acuerdo (a través de un fideicomiso) con los agricultores. Para recibir una compensación financiera, los agricultores deben comprometerse a convertir sus tierras de pastoreo en bosques, ayudando así a secuestrar carbono. Los emisores de GEI reciben créditos SCE a cambio de convertir tierras de pastoreo en bosques. El fideicomiso es financiado por los emisores de GEI mediante la compra de créditos SCE.

Por otro lado, para reducir la contaminación por nitrógeno en el lago Taupo, el más grande de Nueva Zelanda, se ha establecido un sistema de topes y comercio de nitrógeno para los agricultores de la cuenca del lago. En lugar de vender sus derechos de contaminación por nitrógeno, los agricultores pueden optar por reducciones permanentes de nitrógeno, por lo que son compensados económicamente por el fideicomiso de GEI. Esto abre la posibilidad de que se les pague a los agricultores por reducir las emisiones de nitrógeno, al mismo tiempo que reciben ingresos de los créditos forestales.

Fuente: OCDE (2018[37]), *Human Acceleration of the Nitrogen Cycle: Managing Risks and Uncertainty*, https://doi.org/10.1787/9789264307438-en.

Referencias

ANA (2019), *Country Submission (Información presentada por el país).* [24]

ANA (2015), "Determinando el valor del agua, Agua y Más", *Revista de la Autoridad Nacional del Agua*, N°01 Abril 2015, Autoridad Nacional del Agua. [21]

Asquith, N., M. Vargas and S. Wunder (2008), "Selling two environmental services: In-kind payments for bird habitat and watershed protection in Los Negros, Bolivia", *Ecological Economics*, Vol. 65/4. [3]

Contreras, L.E.A. (2017), "El Fondo del Agua Quiroz-Chira, Un mecanismo de gestión para los ecosistemas de montaña de Piura, Perú", Programa Bosques Andinos de la Agencia Suiza para el Desarrollo y la Cooperación (COSUDE) and Naturaleza y Cultura Internacional, http://www.bosquesandinos.org/wp-content/uploads/2017/02/FAQCH-FINAL-WEB.pdf. [29]

Cox, A. and P. Borkey (2015), "Challenges and policy options for financing urban water and sanitation", in Barajas, I. et al. (eds.), *Water and Cities in Latin America, Challenges for Sustainable Development,*, Earthscan, London. [23]

Dias Soares, C. (2011), "The design features of environmental taxes", MPhil thesis, The London School of Economics and Political Science. [17]

Engel, S., S. Pagiola and S. Wunder (2008), "Designing payments for environmental services in theory and practice: An overview of the issues", *Ecological Economics*, Vol. 65, https://doi.org/10.1016/j.ecolecon.2008.03.011. [4]

FAO (2007), *The State of Food and Agriculture: Paying Farmers for Environmental Services*, Food and Agricultural Organization of the United Nations, Rome. [12]

Görlach, B. (2013), *What Constitutes an Optimal Policy Mix? Defining the Concept of Optimality, Including Political and Legal Framework Conditions*, Ecologic Institute, Berlin. [38]

Government of Peru (2019), "Supreme Decree No. 011-2019-MINAGRI of 24 December 2019 approving the charges to be applied in 2020 for the use of surface and groundwater and for the discharge of treated wastewater", https://cdn.www.gob.pe/uploads/document/file/473663/DECRETO_SUPREMO_N__0011-2019-MINAGRI.pdf. [22]

Greiber, T. (2009), *Payments for Ecosystem Services: Legal and Institutional Frameworks*, International Union for Conservation of Nature and Natural Resources, Bonn. [11]

Henderson, B. and J. Lankoski (2019), "Evaluating the Environmental Impact of Agricultural Policies", *OECD Food, Agriculture and Fisheries Papers*, No. 130, OECD Publishing, Paris, https://doi.org/10.1787/add0f27c-en. [25]

ICPDR (2013), *Sustainable Hydropower Development in the Danube Basin - Guiding Principles, International Commission for the Protection of the Danube River*, International Commission for the Protection of the Danube River, https://www.icpdr.org/main/activities-projects/hydropower. [35]

Karp, L. (2005), "Nonpoint source pollution taxes and excessive tax burden", *Environmental and Resource Economics*, Vol. 31. [20]

Kemp, R. and S. Pontoglio (2011), "The innovation effects of environmental policy instruments - A typical case of the blind men and the elephant?", *Ecological Economics*, Vol. 72/C. [19]

Leining, C. and S. Kerr (2018), *A Guide to the New Zealand Emissions Trading Scheme*, Motu Economic and Public Policy Research, https://www.mfe.govt.nz/publications/climate-change/guide-new-zealand-emissions-trading-scheme. [36]

MINAGRI (2019), *Aprovechamiento de los Recursos Hídricos Para Uso Agrario; Contenidos Mínimos del Programa Presupuestal, Anexo 2*, Ministerio de Agricultura y Riego, Lima, Perú. [26]

Morley, B. and S. Abdullah (2010), "Environmental taxes and economic growth: Evidence from panel causality tests", *Bath Economics Research Working Papers*, No. 04/10, University of Bath, UK. [16]

National Academies of Sciences, Engineering, and Medicine (2020), *Review of the New York City Watershed Protection Program*, The National Academies Press, Washington, DC, https://doi.org/10.17226/25851. [27]

OECD (2018), *Human Acceleration of the Nitrogen Cycle: Managing Risks and Uncertainty*, OECD Publishing, Paris, https://doi.org/10.1787/9789264307438-en. [37]

OECD (2017), *OECD Environmental Performance Reviews: Switzerland 2017*, OECD Environmental Performance Reviews, OECD Publishing, Paris, https://doi.org/10.1787/9789264279674-en. [34]

OECD (2017), *Water Charges in Brazil: The Ways Forward*, OECD Studies on Water, OECD Publishing, Paris, https://doi.org/10.1787/9789264285712-en. [31]

OECD (2015), *OECD Principles on Water Governance*, OECD, Paris, https://www.oecd.org/cfe/regionaldevelopment/OECD-Principles-on-Water-Governance-en.pdf. [30]

OECD (2013), *Water Security for Better Lives*, OECD Studies on Water, OECD Publishing, Paris, https://doi.org/10.1787/9789264202405-en. [32]

OECD (2010), *Paying for Biodiversity: Enhancing the Cost-Effectiveness of Payments for Ecosystem Services*, OECD Publishing, Paris, https://doi.org/10.1787/9789264090279-en. [9]

OECD (2008), "An OECD Framework for Effective and Efficient Environmental Policies", Meeting of the Environment Policy Committee (EPOC) at Ministerial Level, 28-29 April 2008, OECD, Paris. [1]

OECD (2001), *Environmentally Related Taxes in OECD Countries: Issues and Strategies*, OECD Publishing, Paris, http://dx.doi.org/10.1787/9789264193659-en. [15]

Pagiola, S. and G. Platais (2007), *Payments for Environmental Services: From Theory to Practice*, World Bank, Washington, DC. [6]

Pattanayak, S., S. Wunder and P. Ferraro (2010), "Show me the money: do payments supply environmental services in developing countries?", *Review of Environmental Economics and Policy*, Vol. 4/2. [7]

Perrot-Maitre, D. (2006), "The Vittel payments for ecosystem services: A 'perfect' PES case?", International Institute for Environment and Development, London, https://pubs.iied.org/pdfs/G00388.pdf. [28]

Roberts, D., E. Johnston and N. Knott (2010), "Impacts of desalination plant discharges on the Mmarine environment: A critical review of published studies", *Water Research*, Vol. 44. [33]

Schomers, S. and B. Matzdorf (2016), "Payments for ecosystem services: A review and comparison of developing and industrialized countries", *Ecosystem Services*, Vol. 6. [2]

Schwarz, G. et al. (2008), *An Analysis of the Potential Effectiveness of a Payments-by-results Approach to the Delivery of Environmental Public Goods and Services Supplied by Agri-environment Schemes*, Report to the Land Use Policy Group, UK, Macaulay Institute, Pareto Consulting, and Scottish Agricultural College. [10]

SUNASS (2020), "Pasco: Sunass fortalece implementación de mecanismos de conservación de fuentes de agua para consumo humano | Gobierno del Perú", https://www.gob.pe/institucion/sunass/noticias/318025-pasco-sunass-fortalece-implementacion-de-mecanismos-de-conservacion-de-fuentes-de-agua-para-consumo-humano (accessed on 11 February 2021). [13]

SUNASS (n.d.), "SUNASS comprometida con el cuidado de las fuentes de agua", https://www.sunass.gob.pe/websunass/index.php/eps/sunass-comprometida-con-el-cuidado-de-las-fuentes-de-agua. [14]

Tomich, T., D. Thomas and M. Noordwijk (2004), "Environmental services and land use change in Southeast Asia: from recognition to regulation or reward?", *Agriculture Ecosystems and Environment*, Vol. 104. [5]

Wakabayashi, M. and T. Sugiyama (2009), "Case studies and its effectiveness of environmental taxation", *SERC Discussion Paper*, SERC09005, Central Research Institute of Electric Power Industry. [18]

Wunder, S., S. Engel and S. Pagiola (2008), "Taking stock: A comparative analysis of payments for environmental services programs in developed and developing countries", *Ecological Economics*, Vol. 65. [8]

Referencias adicionales

Agence de l'eau Seine-Normandie (2019), "Les redevances de l'Agence de l'eau Seine-Normandie 2019-2024", https://en.calameo.com/agence-de-l-eau-seine-normandie/read/0040019139901708 81f15.

Albán Contreras, L.E. (2017), "El Fondo del Agua Quiroz-Chira, Un mecanismo de gestión para los ecosistemas de montaña de Piura, Perú", Programa Bosques Andinos de la Agencia Suiza para el Desarrollo y la Cooperación (COSUDE) y Naturaleza y Cultura Internacional, http://www.bosquesandinos.org/wp-content/uploads/2017/02/FAQCH-FINAL-WEB.pdf.

Notas

[1] Görlach (2013[38]) identificó cinco factores de viabilidad que pueden limitar la capacidad de adoptar instrumentos de la manera más teóricamente deseable: viabilidad administrativa (por ejemplo, costos de transacción), efectos secundarios (por ejemplo, impactos distributivos y de competitividad), aceptabilidad política y pública, viabilidad legal (compatibilidad con los marcos legales existentes) y flexibilidad (por ejemplo, la capacidad de responder ante nueva información).

[2] Ver también el debate sobre "apilar" y "agrupar" los servicios de los ecosistemas en https://www.forest-trends.org/wp-content/uploads/2018/11/Stacking-Bundling-Resource-Paper-01-11-18.pdf.

[3] La OMC proporciona tres "semáforos" para las subvenciones: verde (permitido), ámbar (reducir) y rojo (prohibido).

[1] Se recauda aproximadamente en proporción a los servicios prestados.

[2] Los beneficios que proporciona un gobierno a los contribuyentes normalmente no son proporcionales a los pagos que realizan estos últimos.

[3] Con el tiempo, surgirá el nivel de precios competitivo, establecido en el costo marginal de producción (beneficio cero), produciendo una curva de oferta plana.

[4] Para los países para los que se dispone de información (datos no publicados de la base de datos de la OCDE sobre instrumentos de política para el ambiente).

[5] Proyecto de Resolución del Consejo Directivo No. 027-2019-SUNASS-CD del 3 de septiembre de 2019.

4 Marco regulatorio para los servicios de abastecimiento de agua y saneamiento en Perú

El capítulo comienza con una descripción general de los servicios de abastecimiento de agua y saneamiento (AAS) en Perú, políticas gubernamentales recientes y metas para el sector, y una descripción de la estructura de la industria del agua. Luego pasa al marco legislativo y la asignación de funciones regulatorias antes de analizar con más detalle la gobernanza y el desempeño de la Superintendencia Nacional de Servicios de Saneamiento (SUNASS), el ente regulador independiente del agua de Perú. El capítulo concluye con una serie de recomendaciones de políticas para apoyar los objetivos de cobertura universal de los servicios de AAS.

Servicios de abastecimiento de agua y saneamiento (AAS) de Perú

Existen importantes brechas en el acceso a los servicios de AAS en Perú, particularmente en las zonas rurales. Perú está por debajo de los estándares regionales de América Latina y el Caribe (ALC) en cuanto a acceso a servicios de agua potable gestionados de manera segura (Figura 4.1). El 9,2% de la población (tres millones de personas) carece de acceso a las redes públicas de suministro de agua y el 25,2% (8,2 millones de personas) carece de acceso a los servicios públicos de alcantarillado (INEI, 2019[1]). Además, cuando se analizan percepciones subjetivas, solo el 61% de las personas en Perú afirman estar satisfechas con la calidad del agua (Figura 4.2) (OECD, 2015[2]). El acceso a los servicios de AAS en las áreas rurales es significativamente menor que en las áreas urbanas. Las estadísticas clave incluyen (INEI, 2019[1]):

- El 24,8% de la población rural y el 4,9% de la población urbana no tienen acceso a las redes públicas de suministro de agua (es decir, el suministro de agua proviene de camiones cisterna, pozos, ríos, manantiales, canales u otras fuentes).
- Solo el 37,1% de la población consume agua de las redes públicas con concentración de desinfección adecuada ; en las zonas rurales, la cifra es solo del 2,4%.
- Solo el 55,6% de la población (54,9% de la población urbana y 58,1% de la población rural) tiene acceso al suministro de agua las 24 horas.
- El 24,5% de la población carece de acceso a las redes públicas de alcantarillado (el 10,2% de la población urbana y el 80,8% de la población rural carece de acceso al alcantarillado público).
- El 8,7% de la población carece absolutamente de alcantarillado (4,4% de la población urbana y 24,0% de la población rural).

Figura 4.1. Bajo acceso a servicios de agua potable gestionados de manera segura en Perú, en comparación con la región ALC

Porcentaje de la población, 2017

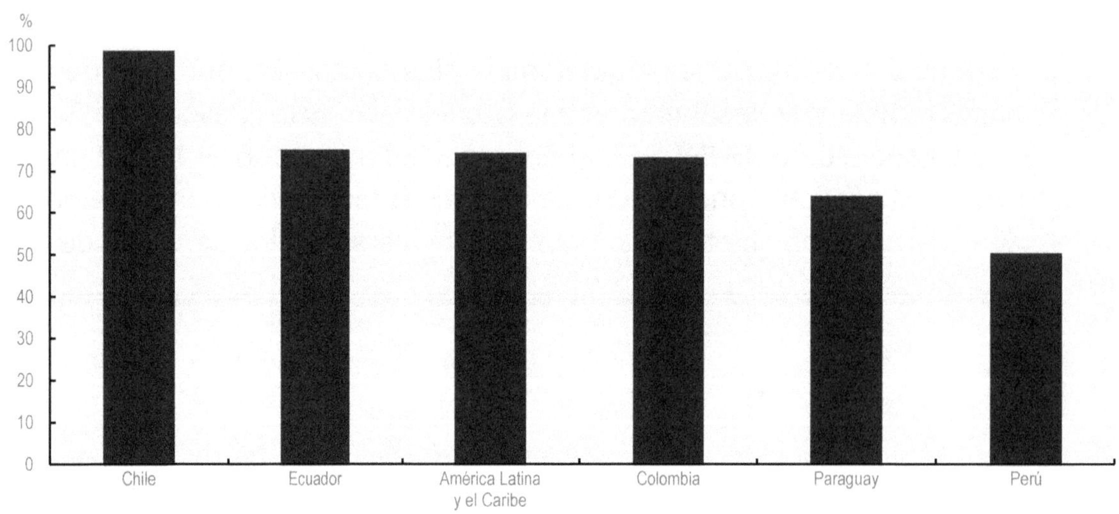

Nota: Porcentaje de la población que consume agua potable de una fuente segura accesible con conexión interna dentro de su propia ubicación, disponible cuando la necesita y libre de contaminación fecal y química previa. Las fuentes de agua mejoradas incluyen agua entubada, perforaciones o pozos entubados, con pozos excavados protegidos, manantiales protegidos y agua envasada o distribuida.
Fuente: Banco Mundial (2019[3]), *Indicadores del Desarrollo Mundial*, Banco Mundial, Washington, DC.

Figura 4.2. Índices de satisfacción con la calidad del agua en Perú

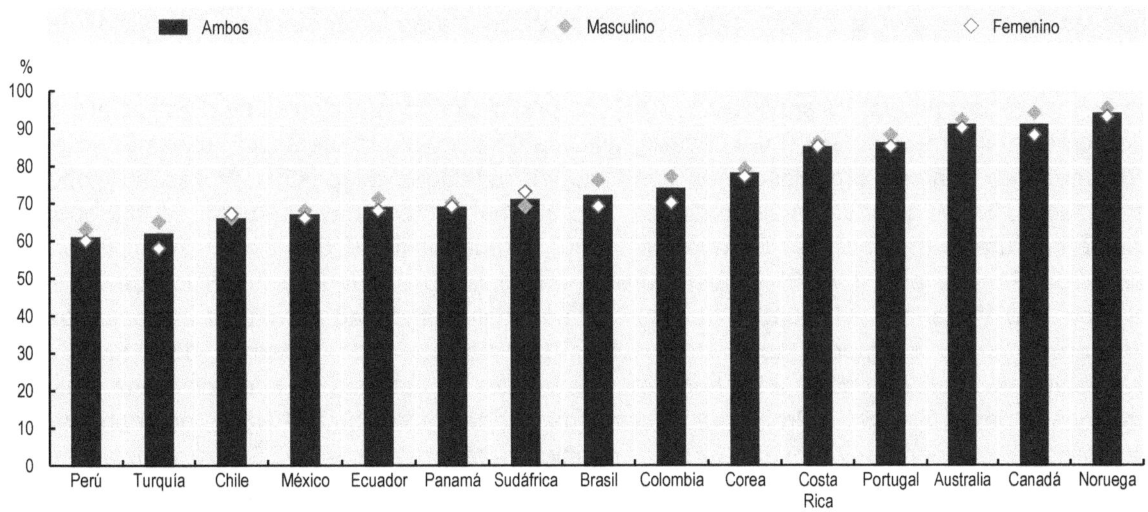

Fuente: Gallup Organisation (2015[4]), *Gallup World Monitor (database)*, en OCDE (2015[2]), *Multi-dimensional Review of Peru: Volume 1. Initial Assessment*, https://dx.doi.org/10.1787/9789264243279-en.

Los Principios de la OCDE sobre Gobernanza del Agua (2015[5]) recomiendan que los países "aseguren que los marcos regulatorios sólidos de gestión del agua sean implementados y aplicados de manera eficaz en pos del interés público ". De acuerdo con la práctica común en los países de la OCDE e internacionalmente, este capítulo utiliza el término servicios de AAS, que puede considerarse equivalente al término saneamiento utilizado comúnmente en Perú y que se refiere a la gama completa de suministro de agua, disposición de excretas humanas y servicios de alcantarillado y tratamiento de aguas residuales, según se define en el Título I, Artículo 2 del Decreto Legislativo No. 1280. En Perú, aún existen brechas importantes en el acceso a los servicios de AAS, especialmente en áreas rurales, y el sector sigue muy fragmentado. Si bien el papel del ente rector del sector de AAS, del Ministerio de Vivienda, Construcción y Saneamiento (MVCS), y el rol del regulador económico para la supervisión y monitoreo de la provisión de servicios de AAS, de la SUNASS, están claramente definidos en la legislación[1], la falta de coordinación y capacidades, así como la potencial superposición o poca claridad de los mandatos de una serie de organismos públicos y niveles de gobierno, socavan la claridad en las funciones y el logro efectivo de los objetivos de las políticas. Para superar estas brechas, estas metas políticas deben abordarse desde una perspectiva unificada mediante un pacto de alto nivel para lograr la aceptación y apoyo de todas las partes interesadas. En esa misma línea, las instituciones responsables deben coordinar y agilizar la recopilación de datos para medir el progreso y el impacto.

Estructura del sector

El sector de abastecimiento de agua y saneamiento (AAS) está muy fragmentado en Perú, y presenta diferentes modos de organización del mercado en las áreas urbanas y rurales (Figura 4.3). En áreas urbanas (ciudades de más de 15.000 habitantes), 50 Empresas Prestadoras del Servicio de Saneamiento, (EP) suministran agua potable a 18,4 millones de personas, que representan el 57% de la población nacional, el 72% del total urbano y el 90% de la población dentro del ámbito de responsabilidad de las EP (el área geográfica en la que las EP deberían prestar servicios de AAS, definida por contrato) (SUNASS, 2020[6]). Las 50 EP, íntegramente de propiedad pública, están clasificados por su tamaño: SEDAPAL, la EP de Lima, está en una categoría aparte con más de un 1 millón de conexiones; cuatro empresas "Grande 1" con 100.000 a un millón de conexiones; 14 empresas "Grande 2" con 40.000 a

100.000 conexiones; 15 empresas medianas con 15.000 a 40.000 conexiones; y 16 pequeñas empresas con menos de 15.000 conexiones (SUNASS, 2018[7]). Esta fragmentación del mercado urbano limita las economías de escala, con la consiguiente pérdida de eficiencia en la prestación de servicios de agua y saneamiento.

Fuera de las áreas urbanas, los servicios de AAS son proporcionados por miles de diversos proveedores, lo que acrecienta la fragmentación del sector y dificulta en principio la prestación eficiente de servicios. Los proveedores abarcan organizaciones comunitarias, unidades de gestión municipal y operadores especializados. En las ciudades más pequeñas (<15.000 habitantes), hay alrededor de 450 operadores. En las zonas rurales (poblaciones inferiores a 2.000), alrededor de 25.000 Juntas Administradoras de Servicios de Saneamiento (JASS) y operadores municipales gestionan los servicios de AAS rurales (Sanitation and Water for All, 2019[8]). Las JASS son comités de agua voluntarios basados en las comunidades, cuyos miembros son responsables de mantener los sistemas de agua potable y saneamiento, así como de cobrar a los hogares. Los montos se calculan de acuerdo a una metodología proporcionada por SUNASS. El Programa Nacional de Saneamiento Rural (PNSR), en coordinación con los gobiernos subnacionales, apoya a 1.458 municipios para formar sus JASS. En particular, el PNSR promueve la creación de Áreas Técnicas Municipales (ATM) dentro de los municipios, unidades administrativas que dan apoyo a las JASS. La fragmentación del sector crea problemas en términos de pérdida de economías de escala y crea fuentes adicionales de ineficiencia, que son desafíos que enfrenta SUNASS para contar con una regulación sólida (ver la sección a continuación sobre la SUNASS), además de ser potencial fuente de captura política.

Figura 4.3. Estructura de mercado de los proveedores de servicios de AAS en Perú

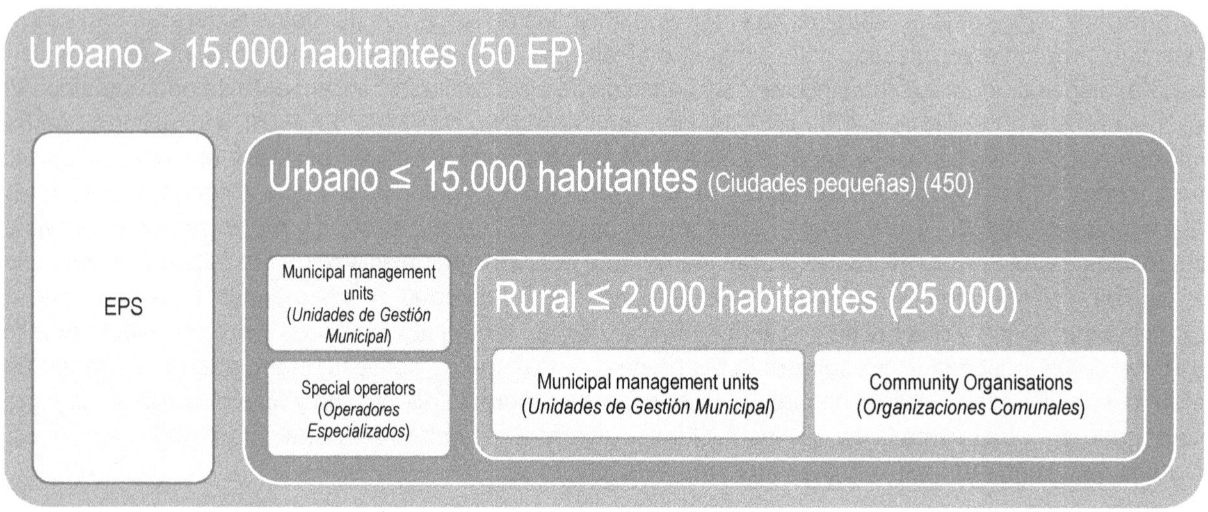

Fuente: SUNASS (2019[9]), "Presentación resumen de la clasificación de prestadores de servicios, según Decreto Supremo No. 019-2017-VIVIENDA", en el taller de la OCDE, Santo Domingo, setiembre de 2019.

El avance hacia una industria del agua más consolidada se enfrenta a la resistencia a nivel local. La fusión de las EP podría permitir la prestación de servicios de AAS a escala regional (o mayor), que abarque áreas rurales, urbanas y periurbanas, lo que facilitaría a las EP alcanzar economías de escala. Actualmente, las autoridades locales tienen autoridad para tomar decisiones sobre la integración de los proveedores de servicios de agua y saneamiento, pero en general existe una resistencia a este proceso que puede obstaculizar el logro de economías de escala dentro de las EP. Cualquier política pública para abordar la fragmentación del sector de servicios de abastecimiento de agua deberá tener en cuenta tales consideraciones de política económica.

La sostenibilidad financiera de los operadores de AAS es una seria preocupación en Perú dado que muchas EP urbanas operan a pérdida y muchos operadores rurales no logran alcanzar una sostenibilidad financiera básica. Las EP de Perú tienden a ser pequeñas agencias públicas con bajos ingresos comerciales, lo que a menudo genera deficiencias en términos de viabilidad financiera. La gestión ineficiente (por ejemplo, altas tasas de fugas) puede agravar estos problemas. En las zonas urbanas, muchas EP están realizando reformas para mejorar los servicios. Las EP cuentan con el apoyo del Organismo Técnico de la Administración de los Servicios de Saneamiento (OTASS). Actualmente, 19 EP se encuentran bajo el Régimen de Apoyo Transitorio (RAT) por insolvencia o mala gestión empresarial y se encuentran inmersas en procesos de rescate supervisados por OTASS, que es responsable de mejorar su gestión. En las zonas rurales, las tarifas mal fijadas tampoco permiten generar ingresos que cubran los costos (Ministerio de Vivienda, Construcción y Saneamiento, 2016[10]). Además, la inversión en infraestructura física en las zonas rurales a menudo no se ha complementado con recursos suficientes para el desarrollo de capacidades locales de operación y gestión, o con una conciencia social adecuada de los usuarios sobre los costos del suministro de agua y saneamiento (Oblitas de Ruiz, 2010[11]).

Marco institucional

El Ministerio de Vivienda, Construcción y Saneamiento (MVCS) establece los objetivos generales de política pública que brindan el marco para la regulación del sector. El MVCS es el organismo rector del saneamiento con autoridad exclusiva para el desarrollo, planificación, coordinación, implementación y supervisión de políticas nacionales específicas y relacionadas dentro de sus poderes legales, y para emitir guías y estándares técnicos, planificar y financiar los servicios de saneamiento público. El MVCS lidera, gestiona y administra el Sistema de Información en Agua y Saneamiento (SIAS)[2]. El OTASS, adscrito al MVCS[3], promueve e implementa la política del MVCS en cuanto a la gestión, administración y prestación de servicios de saneamiento. En particular, ejecuta la política del órgano rector en materia de administración para la prestación de los servicios de saneamiento y asume el control de las EP públicas de titularidad municipal en caso de insolvencia financiera y operativa para mejorar su desempeño (Capítulo 1). El Ministerio de Salud (MINSA), a través de la Dirección General de Salud Ambiental e Inocuidad Alimentaria (DIGESA), regula y monitorea el cumplimiento de los parámetros de calidad del agua para consumo humano. El Ministerio de Desarrollo e Inclusión Social (MIDIS) también es responsable de las intervenciones en términos de inversiones en servicios de saneamiento en áreas rurales, y del mantenimiento y rehabilitación de los sistemas de agua y saneamiento, según el Decreto Supremo No. 18-2017-VIVIENDA.

El marco regulatorio para los servicios de abastecimiento de agua y saneamiento (AAS) en Perú se organiza en torno al establecimiento de entidades exclusivas con funciones regulatorias. La Autoridad Nacional del Agua (ANA) es el organismo regulador del uso y manejo de los recursos hídricos que incluyen aguas superficiales y subterráneas (y se extiende al mar y al agua atmosférica cuando corresponda). La SUNASS es el regulador económico del AAS. Otras agencias intervienen en el sector como parte de sus responsabilidades generales, incluido el Organismo de Evaluación y Fiscalización Ambiental (OEFA) y la autoridad responsable de la salud pública (MINSA, a través de DIGESA). Además, los gobiernos regionales ejercen algunas funciones reguladoras de la salud (en particular, monitorear la aplicación de los estándares de calidad definidos a nivel nacional), a través de las Direcciones Regionales de Salud (DIRESA)/DIGESA (Tabla 4.1). Además, los ministerios de Desarrollo Agrario y Riego, MIDAGRI, del Ambiente (MINAM) y de Vivienda (MVCS), ejercen funciones respecto del agua potable y saneamiento en sus respectivas carteras, haciendo así más compleja la estructura de gobernanza en torno a las entidades antes mencionadas (Figura 4.4).

En el contexto de las competencias legales del MVCS, se implementó el Mecanismo de Retribución por Servicios Ecosistémicos (MERESE), que permite una conexión explícita de la prestación de servicios de agua, urbanos y rurales, y la gestión de los recursos hídricos. El artículo 27.1 del Decreto Legislativo

No. 1280 establece que las empresas prestadoras de servicios de agua potable (EP) deben realizar acuerdos adicionales para establecer un MERESE y que la SUNASS debe incluir en la tarifa de servicios de agua y saneamiento, el monto de dicho Mecanismo de Retribución por Servicios Ecosistémicos que corresponde abonar a cada usuario.

Tabla 4.1. Funciones de regulación del agua en Perú

Función	Entidad responsable
Regulación tarifaria	SUNASS
Mecanismo de Retribución por Servicios Ecosistémicos (MERESE)	MINAM SUNASS
Definición de estándares de calidad ambiental para el agua	MINAM
Definición de estándares de calidad para el agua potable Fijación de límites máximos permitidos	MINSA a través de DIGESA (nivel nacional) en coordinación con otros sectores ministeriales Monitoreo a nivel regional por DIRESA/GERESA
Fijación de estándares de calidad para el tratamiento de aguas residuales	MINAM
Definición de obligaciones de servicio público	MVCS SUNASS
Definición de estándares técnicos/industriales y niveles de servicio	MVCS SUNASS
Creación de incentivos para el uso eficiente de los recursos hídricos	ANA MVCS SUNASS
Promoción de medidas de adaptación y mitigación del cambio climático y seguimiento del avance en su implementación	MINAM Sectores ministeriales
Establecer incentivos para una inversión eficiente	PROINVERSION MVCS SUNASS
Promoción de tecnologías innovadoras	CONCYTEC MVCS Gobiernos regionales
Promoción de la gestión de la demanda de los servicios de agua y saneamiento	ANA SUNASS
Definición del área geográfica para la prestación de servicios de agua y saneamiento	SUNASS
Recopilación de información y datos	MVCS: gestiona, administra y actualiza la información incluida en el SIAS ANA: a través del Sistema Nacional de Información de Recursos Hídricos EP Gobiernos regionales Gobiernos locales SUNASS: recopilar, procesar e incorporar en el SIAS u otro ente aprobado por el órgano rector, bajo su responsabilidad, la información sobre la infraestructura y los indicadores de gestión de los servicios de saneamiento de las EP y pequeñas ciudades" MINAM: Sistema Nacional de Información Ambiental (SINIA)
Monitoreo del desempeño de la prestación de servicios	SUNASS
Atención al consumidor	INDECOPI EP

Función	Entidad responsable
Protección al consumidor y resolución de disputas	INDECOPI SUNASS
Autorización a operadoras de agua	ANA
Supervisión de contratos con empresas de servicios públicos / actores privados	SUNASS
Creación de sistemas uniformes de cuentas, por ejemplo, estados financieros	SUNASS
Análisis de planes de inversión / planes comerciales de las empresas de agua	SUNASS (mediante los Planes Maestros Optimizados de las EP) OTASS aprueba el Plan de Acción de Emergencia y el Plan de Rescate de los prestadores de servicios incorporados en el Régimen de Apoyo Transitorio (RAT) y financia su elaboración e implementación
Supervisión de las actividades de financiación de las empresas de servicios públicos (por ejemplo., emisión de bonos, búsqueda de inversiones de capital)	PROINVERSION
Realización de auditorías de gestión de los servicios públicos.	SUNASS

Nota: ANA = Autoridad Nacional del Agua; CONCYTEC = Consejo Nacional de Ciencia, Tecnología e Innovación; DIGESA = Dirección General de Salud Ambiental e Inocuidad Alimentaria (adscrita al Ministerio de Salud); EP = Empresa prestadora de servicios de agua y saneamiento; INDECOPI = Instituto Nacional de Defensa de la Competencia y Protección de la Propiedad Intelectual; MVCS = Ministerio de Vivienda, Construcción y Saneamiento; MERESE = Mecanismo de Retribución por Servicios Ecosistémicos; MINAM = Ministerio del Ambiente; MINSA = Ministerio de Salud; OTASS = Organismo Técnico de Administración de Servicios de Saneamiento; PROINVERSION = Agencia de Promoción de la Inversión Privada; SIAS = Sistema de Información de Agua y Saneamiento; SUNASS = Superintendencia Nacional de Servicios de Saneamiento; AAS = Abastecimiento de agua y saneamiento.
Fuente: OECD (2019[12]), *OECD Survey on Water Governance in Peru*, OECD, Paris.

Figura 4.4. Responsabilidades en el sector de AAS de Perú

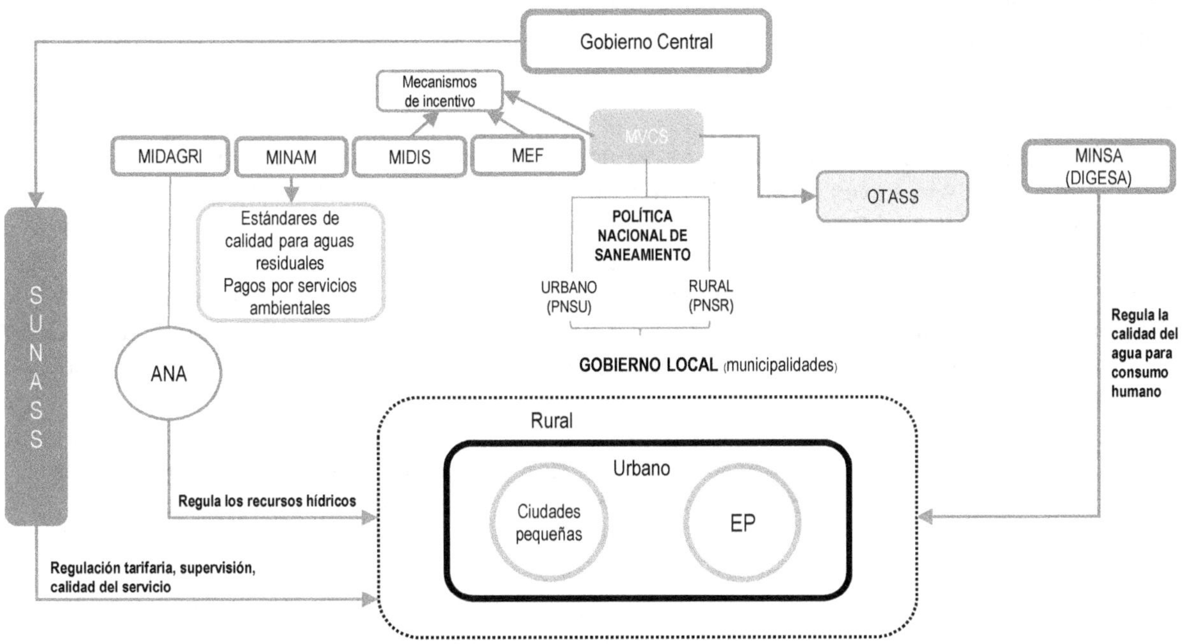

Nota: ANA = Autoridad Nacional del Agua; DIGESA = Dirección General de Salud Ambiental e Inocuidad Alimentaria (adscrita al Ministerio de Salud); EP = Empresas prestadoras de servicios de agua y saneamiento; MVCS = Ministerio de Vivienda, Construcción y Saneamiento; MEF = Ministerio de Economía y Finanzas; MIDIS = Ministerio de Desarrollo e Inclusión Social; MIDAGRI = Ministerio de Desarrollo Agrario y Riego; MINAM = Ministerio del Ambiente; MINSA = Ministerio de Salud; OTASS = Organismo Técnico de Administración de Servicios de Saneamiento; SUNASS = Superintendencia Nacional de Servicios de Saneamiento, regulador de ASS.
Fuente: SUNASS (2019[9]), "Presentación que resume la clasificación de proveedores de servicios, según Decreto Supremo No. 019-2017-VIVIENDA", en el taller de la OCDE, Santo Domingo, setiembre de 2019.

El MINAM también regula los pagos por servicios ambientales a través del MERESE. Los pagos por servicios ecosistémicos tienen como propósito conservar o restaurar el ecosistema y los servicios que brindan los ecosistemas, lo que permite a los usuarios del agua (en este caso, las EP) acceder al agua en cantidad y calidad suficientes. De acuerdo con la Ley No. 30215 y el Decreto Ley No.1280, estas retribuciones por servicios ecosistémicos están incluidos en los esquemas tarifarios establecidos por la SUNASS para las EP con el fin de financiar inversiones en infraestructura natural (ecosistemas), como fuentes de agua. De hecho, el Plan Nacional de Saneamiento 2017[4] establece que la SUNASS es la responsable de poner en marcha las disposiciones necesarias destinadas a promover, diseñar e implementar el MERESE. La Ley No. 30125 de creación del MERESE establece claramente que estas retribuciones por servicios ecosistémicos tienen como objetivo la conservación, recuperación y uso sostenible de los ecosistemas acuáticos, en consonancia con sistemas similares de otros países. Estas retribuciones por servicios ecosistémicos están incluidas en los esquemas de tarifas establecidos por SUNASS para las EP con el fin de financiar la inversión en infraestructura natural (ecosistemas) como fuentes de agua. El MERESE, si bien es un instrumento muy prometedor, aún enfrenta importantes desafíos en diferentes niveles (social, legal, institucional, operativo, analítico, etc.). La ANA regula el uso de los recursos hídricos a través de cobros por la extracción del recurso hídrico (retribuciones económicas) y el vertimiento de aguas residuales, es decir que los usuarios del agua deben pagar una tarifa por contaminación debido a las aguas residuales que producen (Recuadro 4.3; ver Capítulo 3). La ANA emite normas que clasifican diferentes tipos de recursos hídricos y determinan qué recursos hídricos se pueden utilizar para el suministro de agua.

El MVCS es responsable de proponer metas ambientales y velar por la protección del medioambiente y la conservación de los recursos naturales en el marco de la Política Nacional del Ambiente. Esto se hace a través de sus principales Direcciones Generales: Dirección General de Políticas, Regulación en Construcción y Saneamiento (DGPRCS), y la Dirección de Saneamiento, la DG de Programas y Proyectos de Construcción y Saneamiento (DGPPC) y la DG Asuntos Ambientales (DGAA). La Dirección General de Asuntos Ambientales (DGAA) es el órgano encargado de fijar los objetivos ambientales, redactar orientaciones y estrategias para el desarrollo de las competencias legales del MVCS, velando por la protección del ambiente y la conservación de los recursos naturales, en el marco de la Política Nacional del Ambiente.

Las funciones de regulación ambiental y de salud pública son principalmente responsabilidad del MINAM/OEFA y MINSA, a través de DIGESA, respectivamente, aunque la ANA también tiene funciones de regulación ambiental. El OEFA monitorea las aguas residuales para asegurar que los estándares de calidad estén de acuerdo con los establecidos por el MINAM y tiene facultades sancionadoras. El OEFA también contribuye a la reducción de la contaminación de los recursos hídricos que pueda ocurrir en los sectores energético, minero, industrial, etc. dentro de sus ámbitos de competencia. Por otro lado, el OEFA, a través de su potestad fiscalizadora, emite medidas preventivas con el fin de controlar la afectación de componentes medioambientales, incluida el agua. Finalmente, el OEFA, como órgano rector del Sistema Nacional de Evaluación y Fiscalización Ambiental (SINEFA), puede verificar el control sobre las aguas residuales que realicen las autoridades públicas encargadas de las inspecciones ambientales y la fiscalización de determinados sujetos y/u administrados (Entidades de Fiscalización Ambiental - EFA). (OCDE, 2020[13]).Para los recursos hídricos, un organismo técnico especializado del MINAM, el SENACE (Servicio Nacional de Certificación Ambiental para las Inversiones Sostenibles) está a cargo de evaluar los estudios de impacto ambiental (regulados en la Ley No. 27446), sobre proyectos de inversión de capital privado o mixto de competencia del gobierno que involucren actividades, obras de construcción y otras actividades comerciales y de servicios que puedan causar impactos ambientales significativos, inclusive el uso de recursos hídricos.

Si bien el OEFA es la entidad principal para la aplicación de la regulación ambiental, la ANA también lleva a cabo algunas funciones de regulación ambiental. En particular, se requiere de la opinión favorable de la ANA para la aprobación de cualquier Instrumento de Gestión Ambiental (IGA) relacionado con los recursos hídricos. Su opinión es vinculante. La ANA también otorga opinión vinculante en el proceso de certificación ambiental, de acuerdo con lo establecido en el Reglamento de la Ley SEIA, aprobado por Decreto Supremo No. 019-2009-MINAM. El Ministerio de Salud (MINSA), a través de DIGESA/DIRESA y en el marco del monitoreo de la calidad del agua para consumo humano, realiza la caracterización del agua (análisis microbiológico, físico, químico) en el sistema de abastecimiento de agua para consumo humano (fuentes de agua, plantas de tratamiento de agua, embalses, redes de distribución, vivienda, etc.).

SUNASS es independiente de los operadores de servicios públicos, el gobierno y los consumidores. Fue creada en 1992 cuando se crearon reguladores económicos independientes para acompañar la liberalización de la economía peruana (también se crearon reguladores para las telecomunicaciones, la energía [posteriormente minería y energía] y la infraestructura de transporte). Este modelo permite la separación de poderes entre el regulador y el poder ejecutivo y limita los conflictos potenciales entre la formulación y la aplicación de políticas. En los últimos años, en los países miembros y no miembros de la OCDE, el establecimiento de organismos reguladores para el AAS es una importante respuesta a algunos de los desafíos para regular los servicios de agua, incluida la fragmentación de roles y responsabilidades en el sector y la dificultad de establecer políticas económicas en torno a la fijación de tarifas (OECD, 2015[13]).

La SUNASS es responsable de fijar tarifas, monitorear y hacer cumplir los niveles de calidad de servicio y precios, y de la protección del consumidor. (Ver en la siguiente sección una discusión más detallada de la SUNASS.) También se encarga, desde 2020, de definir el área geográfica para la prestación del servicio de AAS (área de prestación). Además de sus responsabilidades respecto del AAS, la SUNASS tiene otras responsabilidades relacionadas con la regulación económica de los recursos hídricos (principalmente responsabilidad de la ANA, como se señaló anteriormente), lo que refleja su sólida capacidad técnica en el universo de las instituciones relacionadas con el agua de Perú. En particular, aprueba la metodología para la determinación de las tarifas del servicio de monitoreo y manejo de aguas subterráneas para usuarios no agrícolas con pozo propio.

Herramientas normativas y de planificación de los servicios de AAS

El marco normativo de Perú proporciona una base sólida para la prestación de servicios de AAS, aunque tiene margen para simplificar y mejorar. El Decreto Legislativo No. 1280 aprobó la Ley Marco para la Gestión y Prestación de Servicios de Saneamiento. Tiene como objetivo fortalecer la gestión eficiente de los operadores de AAS y establecer los roles y responsabilidades de las autoridades de agua y saneamiento, con el objetivo de aumentar la cobertura, garantizar la calidad y asegurar la prestación sostenible de servicios. Un ejemplo de posible mejora incluye una enmienda legal para generar las condiciones propicias para una mayor reutilización de las aguas residuales recuperadas. (Ver la discusión a continuación sobre la regulación de los servicios de aguas residuales.)

Las políticas nacionales establecen objetivos ambiciosos para mejorar el acceso a los servicios de AAS. La Política Nacional de Saneamiento 2017-21 (Decreto Supremo No. 007-2017-VIVIENDA) establece el objetivo nacional de lograr el acceso universal y sostenible al saneamiento en las zonas urbanas para el 2021 y en las zonas rurales para el 2030, en línea con los Objetivos de Desarrollo Sostenible (ODS) (Sanitation and Water for All, 2019[8]). El término saneamiento en este contexto se refiere a la gama completa de servicios de suministro de agua, eliminación de excretas humanas y aguas residuales, y tratamiento de aguas residuales. La Política Nacional del Ambiente del país (aprobada por Decreto Supremo No. 012-2009-MINAM) e instrumentos asociados, como el Plan Nacional de Acción Ambiental (Decreto Supremo No. 014-2011-MINAM), están alineados con la meta de alcanzar 100 % de tratamiento de aguas residuales en las áreas urbanas al año 2021.

La Política Nacional de Saneamiento se basa en varios programas e iniciativas del sector durante las últimas dos décadas. Las sucesivas administraciones han hecho de la mejora del acceso a los servicios de AAS una prioridad política. En 2007, se lanzó el programa Agua para Todos (creado mediante Decreto Supremo No. 006-2007-VIVIENDA) con el objetivo brindar servicios de agua potable y alcantarillado a las poblaciones más pobres. En 2012, se creó el Programa Nacional de Saneamiento Rural (PNSR) mediante Decreto Supremo No. 002-2012-VIVIENDA, con el propósito de brindar a las poblaciones rurales más necesitadas servicios de AAS integrales, de calidad y sostenibles. En el marco del PNSR, el MVCS colabora con los gobiernos regionales y locales y ha apoyado el desarrollo de planes de acción para la intervención en áreas rurales, incluyendo el diagnóstico del AAS. Los socios de la cooperación bilateral también han apoyado significativamente al sector de saneamiento rural en Perú. Por ejemplo, el programa SABA+ actual es la cuarta generación de programas de saneamiento rural apoyados por la Cooperación Suiza para el Desarrollo (COSUDE). Hasta la fecha, los prestadores rurales se han concentrado en mejorar el suministro de agua, prestando relativamente menor atención al avance en la eliminación de excretas humanas y aguas residuales, lo que requiere una inversión significativa y cuya puesta en práctica también puede encontrar barreras culturales. Además, se ha puesto mucho énfasis en acortar las brechas de acceso en lugar de mantener el nivel de servicio.

Caminos a seguir para fortalecer el marco regulatorio

A continuación, se proponen varias recomendaciones de políticas, basadas en prácticas internacionales. Su objetivo es fortalecer y modernizar el marco regulatorio.

Evaluar el marco normativo y la capacidad de implementación

Si bien Perú cuenta en gran medida con la normativa necesaria, su implementación se encuentra rezagada debido a la falta de capacidades, así como a significativas diferencias de capacidades entre instituciones. El regulador económico de AAS, la SUNASS, se encuentra entre las instituciones más sólidas del sector, pero sigue desarrollando su capacidad institucional general. Fundamentalmente, parece haber un desajuste entre el sofisticado marco legal y las capacidades de las instituciones peruanas para implementarlo. En este contexto, la ausencia de acción política para enfrentarse a un problema existente o emergente puede llevar a que una institución favorezca la acción y los resultados obviando la distribución previamente establecida de roles y responsabilidades. Una evaluación de las actuales capacidades sectoriales combinada con un ejercicio de priorización de metas para el sector a corto, mediano y largo plazos podría ayudar a convertir las intenciones de las leyes en objetivos realistas y factibles que vayan evolucionando a medida que se desarrolle la capacidad institucional. El grado necesario de mejoras de capacidades administrativas, técnicas y financieras se deberá apoyar en una sólida voluntad política a lo largo del tiempo a nivel político nacional, regional y local.

La falta de capacidad contribuye y se ve agravada por la falta de claridad en torno a los roles y responsabilidades, minando el camino hacia la consecución de los ambiciosos objetivos de AAS de Perú. La claridad de roles es la base de un marco regulatorio que funcione bien con diferentes actores que conocen su rol y propósito, que son complementarios y que no se duplican o perjudican mutuamente (OECD, 2014[14]). El papel de todos los actores debe definirse claramente en la legislación, en términos de objetivos, funciones y coordinación con otras entidades. Estos deben ser claros para todas las autoridades pertinentes y los organismos regulados, pero también para los ciudadanos y otras partes interesadas. En Perú, son muy complejas las relaciones entre las instituciones nacionales y los niveles subnacionales de gobierno (Ver al respecto el capítulo sobre gobernanza multinivel.) Además, los mandatos y ámbitos de las actividades no siempre están claramente definidos. Por ejemplo, tanto el MVCS como el MIDIS desempeñan roles en el saneamiento rural. El MVCS se encarga de establecer las políticas y la inversión en el sector; y el MIDIS, a través de su Fondo de Cooperación para el Desarrollo Social

(FONCODES), canaliza fondos de asistencia para el desarrollo hacia programas dirigidos a poblaciones rurales pobres, incluido el apoyo a los gobiernos locales para prestar servicios básicos de AAS (MIDIS, 2019[15]).

Se requiere una evaluación, dirigida por el gobierno central, de las capacidades de implementación y el nivel en que se cumple con los requisitos establecidos en la ley. Esto puede servir de sustento a un ejercicio de priorización de metas para el sector a corto, mediano y largo plazos y ayudar a traducir las intenciones de la ley en objetivos realistas y factibles que evolucionan a medida que se crea capacidad institucional. Este ejercicio de priorización puede respaldar el importante objetivo de gestionar las expectativas en la administración pública y la relación con los ciudadanos. El ejercicio también debe buscar una definición clara para todos los actores de sus objetivos, funciones y coordinación con otras entidades. Si bien siempre existirán inevitablemente algunas áreas de superposición, los roles deben ser lo más claros posible para todas las autoridades relevantes y organismos regulados, así como para los ciudadanos y otras partes interesadas.

En resumen, la PCM (Presidencia del Consejo de Ministros), MVCS, MINAM, ANA, SUNASS, OTASS podrían considerar las siguientes acciones:

- Mostrar un compromiso político sólido y duradero para brindar servicios de abastecimiento de agua y saneamiento asequibles y de buena calidad por parte de los líderes políticos a nivel nacional, regional y local, incluida la promoción de inversiones en infraestructura.
- Identificar y promover de oportunidades para actualizar y racionalizar la legislación, como, por ejemplo, para generar las condiciones habilitantes para una mayor reutilización de aguas residuales tratadas.
- Evaluar las capacidades actuales para implementar leyes y realizar un ejercicio de priorización de metas para el sector a corto, mediano y largo plazo. Esto podría ayudar a traducir las intenciones de las leyes en objetivos realistas y viables que evolucionan a medida que se desarrolla la capacidad institucional.
- Definir claramente el papel de todos los actores en términos de sus objetivos, funciones y coordinación con otras entidades (por ejemplo, MVCS, SUNASS, OTASS). Estos deben ser claros para todas las autoridades pertinentes y los organismos regulados, así como para los ciudadanos y otras partes interesadas.

Recuadro 4.1. El "ciclo estratégico de la política pública del agua" de Portugal de 20 años de duración

En Portugal, la prestación de servicios de agua y saneamiento es una responsabilidad compartida entre los 308 municipios y el holding público nacional Águas de Portugal (AdP) y sus filiales.

En 1993, Portugal promulgó la Ley No. 372 que estableció un Ciclo Estratégico de Política Pública del Agua, una hoja de ruta clara para el sector con un horizonte de 20 años con gran flexibilidad para adaptarse a las diferentes realidades del país. Esta reforma introdujo la adopción del modelo de gestión empresarial, abrió el sector al sector privado, reunió y fusionó varios sistemas regionales, promovió activamente empresas multimunicipales, creó Águas de Portugal en tanto estructura corporativa global del sector del agua y creó el regulador económico ERSAR.

Desde 1993, el sector privado aumentó su participación en el sector del agua, no solo como accionista único a través de concesiones de servicios públicos sino también como accionista minoritario, a través de APP institucionales.

Durante los últimos 20 años, la implementación de las reformas del sector de AAS en Portugal se ha guiado por tres planes estratégicos sucesivos: PEAASAR 2000-06 (PEAASAR I) centrado en la reestructuración del sector y la definición de objetivos y políticas para orientar social, ambiental y económicamente soluciones sostenibles; PEAASAR 2007–13 (PEAASAR II), enfatizando el uso racional de los gastos públicos; y PENSAAR 2020 - Una nueva estrategia para el sector de abastecimiento de agua y aguas residuales, aún en ejecución.

Hoy, 26 años después de la aprobación de la reforma de la política sectorial de 1993, Portugal ha sido testigo de un progreso notable en la provisión de servicios públicos de agua potable y saneamiento al mismo tiempo que aumentó sustancialmente el bienestar social, la salud pública y los estándares ambientales.

Fuente: Godinho, R. (2013[16]), "A brief approach to water sector in Portugal", APDA, mayo de 2013, https://www.apda.pt/site/upload/A%20Brief%20Approach%20to%20Water%20Sector%20in%20Portugal_EU2_RG.pdf; Francisco da Silva Costa, F. (2018[17]), "Water policy(ies) in Portugal", https://doi.org/10.4000/mediterranee.10078; Bando Mundial (2019[18]), *Outline for a New Strategic Plan: Potential Option*, http://documents1.worldbank.org/curated/en/633581580714106097/pdf/Outline-for-a-New-Strategic-Plan-Potential-Options-Deliverable-C-1.pdf; LIS Water (n.d.[19]), *Lessons Learned from Water Reform in Portugal*.

Implementar un pacto de alto nivel entre todos los actores involucrados en el sector de AAS peruano

En muchos aspectos, los esfuerzos para mejorar la coordinación entre los actores deben continuar, en la búsqueda de un pacto de alto nivel entre todos los actores involucrados en el sector de AAS peruano. Por ejemplo, los planes sectoriales de AAS a diferentes niveles (nacional, subnacional) no siempre guardan coherencia entre sí. Esto conlleva el riesgo de enviar señales de inversión inconsistentes y obstaculizar la asignación óptima de recursos. El MVCS viene realizando acciones para coordinar mejor las inversiones en el sector, en particular mejorar la coherencia entre los planes a nivel subnacional (Planes Regionales de Saneamiento) y el Plan Nacional de Saneamiento.

Además, un pacto de alto nivel entre todos los actores involucrados en el diseño e implementación de políticas de AAS, la regulación y la prestación del servicio, basados en atribuciones y complementariedades legales, completaría estos esfuerzos y ofrecería un plan de implementación unificado para alcanzar los objetivos de política del país para 2021 y 2030. El logro de este objetivo crucial debe comenzar con enviar una señal de un compromiso político fuerte y duradero para brindar servicios de suministro de agua y saneamiento asequibles y de buena calidad, por parte de los líderes políticos a nivel nacional, regional y local, mediante un pacto de alto nivel apoyado por todos los actores, incluyendo ministerios sectoriales y entidades independientes.

Recuadro 4.2. Ejemplos de coordinación entre entidades reguladoras

Los desafíos que enfrentan los reguladores a menudo trascienden las fronteras sectoriales y geográficas; por tanto, se necesita una mayor coordinación y colaboración. Hay una serie de experiencias de coordinación entre entidades reguladoras a nivel nacional, que incluyen los siguientes casos:

- **Australia**: El Foro de Reguladores de Servicios Públicos tiene como objetivo facilitar el intercambio de información, la comprensión de los problemas que enfrentan los reguladores, la coherencia en la aplicación de las funciones reguladoras y la revisión de nuevas ideas sobre prácticas regulatorias. El boletín trimestral del Foro contiene artículos sobre desafíos comunes, resúmenes de artículos de revistas recientes sobre asuntos regulatorios y actualizaciones sobre decisiones regulatorias.

- **Francia**: El "Club des Régulateurs" proporciona un foro para que los reguladores económicos antiguos y nuevos compartan problemas comunes durante algunas reuniones temáticas anuales. La más reciente abordó cuestiones de privacidad y manejo de datos. Es organizado por una institución académica independiente.
- **Reino Unido (Escocia)**: Como parte de la Revisión Estratégica de Tarifas para 2021-27, las partes interesadas en Escocia se reúnen mensualmente para garantizar la aceptación colectiva y el trabajo colaborativo en torno a los problemas clave que enfrentan los sectores del agua y las aguas residuales. En las reuniones participan representantes de alto nivel del operador del agua (Scottish Water), el regulador económico (Water Industry Commission for Scotland, WICS), el regulador de calidad (Drinking Water Quality Regulator for Scotland, DWQR) y el regulador ambiental (Scottish Environment Protection Agency, SEPA), así como el Foro de Clientes y la asociación de consumidores. Un análisis más detallado de los grupos de trabajo proporciona los insumos para estos debates de alto nivel.
- **Irlanda**: la nueva Red de Reguladores Económicos se reúne aproximadamente cuatro veces al año y organiza debates sobre problemas comunes, como la interpretación legal de las nuevas regulaciones. Los participantes reconocen que se necesita más trabajo para abordar las cuestiones de reglamentación técnica en todos los sectores.

Fuente: Información compilada por la Red de Reguladores Económicos (NER) de la OCDE (2021[20]), *The OECD Network of Economic Regulators*, https://www.oecd.org/gov/regulatory-policy/ner.htm.

Aclarar la asignación de funciones regulatorias

Existen algunas brechas en la asignación de funciones reguladoras, que incluyen:

1. Los requisitos de la regulación con respecto a la eficiencia del uso del agua se aplican solo al suministro de agua potable para consumo humano, regulado por la SUNASS, pero no se aplican al uso del agua (o el uso de aguas residuales tratadas) para otros sectores que consumen los mayores volúmenes de agua, en particular la agricultura. El Decreto Legislativo No. 1280 y su reglamento (Decreto Supremo No. 019-2017-VIVIENDA) establecen que las EP pueden comercializar aguas residuales tratadas (y sin tratar; por ejemplo, para riego) cuyos precios no están regulados. Antes de que se puedan fijar tarifas, se debe declarar que no hay competencia, lo que justifica la intervención del regulador; sin embargo, no está claro cuál es la autoridad competente para tomar esta decisión. Esta brecha en el marco regulatorio podría tener como consecuencia una ineficiencia técnica y económica en la reutilización de aguas residuales tratadas en Perú. Regular el uso de aguas residuales tratadas, en particular vinculándolas a las regulaciones para el uso de agua para riego, es una opción que las autoridades peruanas podrían considerar.
2. EP bajo RAT: Bajo este régimen especial supervisado por el OTASS, ciertas obligaciones regulatorias diseñadas para mejorar la sostenibilidad financiera de las EP pueden restringir el acceso de los consumidores al servicio de agua potable. Las regulaciones y el marco deben garantizar la sostenibilidad financiera de las EP después de cumplir con el régimen RAT, a través de un buen gobierno corporativo y niveles de tarifas adecuados.

En todas las instituciones, una informalidad extensa limita la efectividad de la regulación. La informalidad en Perú abarca cerca del 60% de los trabajadores y es una de las más altas de América Latina (OECD, 2015[2]). Las pequeñas empresas a menudo optan por la informalidad para ahorrarse complicados procedimientos administrativos que implican importantes costos de oportunidad. Las consecuencias en el sector del agua son los altos niveles de incumplimiento por parte del sector informal de las regulaciones ambientales y relacionadas con el agua. Como tal, las normas y marcos regulatorios deben revisarse para apoyar los siguientes objetivos:

- Consolidar la industria del agua, dado que la fragmentación del mercado limita las economías de escala, lo que conlleva la pérdida de eficiencia en la prestación de servicios de agua y saneamiento.
- Considerar la posibilidad de regular el uso de aguas residuales tratadas, en particular vinculándolo a las regulaciones para el uso de agua de riego.
- Garantizar mediante las normas y el marco regulatorio la sostenibilidad financiera de las EP, con el propósito de garantizar un buen gobierno corporativo.

Recuadro 4.3. El pago del agua en Perú: Retribuciones, tarifas y cuotas familiares

Retribuciones

Se cobran retribuciones por la extracción de agua (tanto para usos consuntivos como no consuntivos, y tanto para la extracción de aguas superficiales como subterráneas) y para la descarga de aguas residuales tratadas. Tanto para la extracción de agua como para la descarga de aguas residuales, todos los titulares de permisos deben pagar al estado un monto por metro cúbico de agua extraída/descargado al alcantarillado (Ley de Recursos Hídricos No. 29338 de 2009), ya que el agua se considera un recurso natural de propiedad de la nación. Las retribuciones son fijadas por la Autoridad Nacional del Agua (ANA) y varían según el tipo de uso (residencial, industrial, agrícola): la determinación de las retribuciones que se cobra al sector productivo se hace según criterios económicos; las retribuciones que se cobran por el agua utilizada por la población en general y el sector agrícola se fijan de acuerdo a criterios sociales. Los ingresos recaudados se utilizan para financiar las actividades de la ANA.

Para la extracción de agua, el proceso de fijación de tarifas (tarifas fijas y volumétricas) tiene en cuenta la disponibilidad de agua en las cuencas fluviales y acuíferos. Las JASS solo están sujetas a tarifas fijas y solo para aguas superficiales; las tarifas son progresivas (es decir, aumentan con la demanda de agua).

Para la descarga autorizada de aguas residuales tratadas en un cuerpo receptor, la ANA evalúa las tarifas de retribución (solo tarifas volumétricas) de acuerdo con la calidad del agua del cuerpo receptor y el costo de recuperación en la fuente afectada. Las tarifas que se cobra por vertimiento de aguas residuales municipales son mucho menores que las aplicadas al sector productivo. El sector agrícola está exento de dichos cobros, dada la naturaleza difusa de la contaminación agrícola. Las JASS son una excepción porque están sujetos a una tarifa plana (muy baja).

El Decreto Legislativo No. 1285 de 29 de diciembre de 2016 modifica la Ley de Recursos Hídricos No. 29338 y elimina el requisito de dictamen técnico previo favorable de las autoridades ambientales y de salud para el otorgamiento de permisos de descarga de aguas residuales, que quedan a cargo de la ANA. El objetivo explícito es acelerar y simplificar los procedimientos de otorgamiento de licencias y "evitar la duplicación". Sin embargo, esto puede sobrepasar la capacidad de la ANA para evaluar la calidad de las aguas receptoras y, por lo tanto, exacerbar el riesgo de contaminación.

Tarifas

El regulador SUNASS establece tarifas para las EP (que operan en áreas urbanas con poblaciones superiores a 15.000) utilizando una metodología que tiene como objetivo garantizar la viabilidad económica y financiera, teniendo en cuenta la demanda proyectada y la evolución de los costos, los planes de inversión aprobados y las retribuciones por servicios ecosistémicos (Ter-Minassian, 2018[21]). Las tarifas se establecen por períodos de cinco años, y los aumentos en los dos últimos años dependen de que las EP cumplan los objetivos de desempeño. Existen diferentes tarifas según el tipo de usuario: residencial, comercial, industrial, público. Las tarifas incluyen un cargo fijo y algunos cobros variables en función de los niveles de consumo. Las tarifas residenciales para los hogares más pobres están subsidiadas mediante subsidios cruzados. El Ministerio de Desarrollo e Inclusión Social (MIDIS) determina el proceso de identificación de los beneficiarios de los subsidios focalizados. De acuerdo con el Decreto Legislativo No. 1280, la SUNASS también establece tarifas para los proveedores de servicios establecidos, creados mediante asociaciones público-privadas, unidades de gestión municipal, operadores especiales y organizaciones comunales.

Tarifas familiares

En las zonas rurales y las ciudades pequeñas, donde la prestación de servicios de agua y saneamiento está a cargo de las JASS, los usuarios deben pagar una "tarifa familiar". El 7 de febrero de 2018, la SUNASS publicó una metodología para que las JASS fijen una tarifa familiar que les permita cubrir al menos los costos de operación y mantenimiento (O&M) de los servicios de suministro de agua potable y disposición sanitaria de excretas en centros poblados rurales (menos de 2.000 habitantes), así como la reposición y rehabilitación de equipos menores. De acuerdo con el Decreto Legislativo No. 1280, Ley Marco de la Gestión y Prestación de los Servicios de Saneamiento, el rol de la SUNASS incluye garantizar la sostenibilidad financiera de los servicios de agua potable y alcantarillado en el sector rural. La JASS finalmente decide el nivel de las tarifas familiares.

Fuente: Ter-Minassian, T. (2018[21]), State-owned enterprises and fiscal risks in Peru", Documento de Discusión No. IDB-DP-575, Banco Interamericano de Desarrollo (BID).

Mejorar la recopilación y gestión de datos en el sector del agua y saneamiento

Los datos sobre AAS provienen de varios actores y cubren muchas dimensiones del sector, pero no siempre se comparten entre sí, lo que puede mermar su calidad y uso apropiado. Varios actores corren con la responsabilidad de recopilar datos, pero la falta de interoperabilidad entre los sistemas de datos dificulta el intercambio de información y crea compartimentos estancos de datos. La duplicación de esfuerzos también puede desvirtuar la producción unificada de datos de alta calidad y crear cargas innecesarias para los proveedores de servicios. Por ejemplo, en el campo de la calidad del agua, el MINSA recopila datos sobre la calidad del agua a partir de pruebas en la red de tuberías y los hogares; recopila datos sobre la cobertura de agua clorada en áreas rurales, y la SUNASS recopila información de las empresas de agua sobre la calidad del agua potable y, en algunos casos, de plantas de aguas residuales, aunque no de manera sistemática. Por otro lado, la ANA cuenta con un portal de información sobre la calidad del agua en las fuentes (Sistema Nacional de Información de Recursos Hídricos, SNIRH) al que pueden acceder las empresas según el tipo de permiso que hayan obtenido. Los planes actuales incluyen la estandarización de conceptos y unidades de medida con respecto a los sistemas de abastecimiento de agua potable (para codificar los sistemas de abastecimiento de agua) por parte del Ministerio de Vivienda, Construcción y Saneamiento (MVCS) y MINSA.

Se están realizando esfuerzos para integrar los datos de AAS en una plataforma de datos unificada, pero se debe prestar especial atención a garantizar que los esfuerzos de recopilación y gestión de datos no sean duplicados por diferentes actores. El MVCS lidera la gestión y administración del Sistema de Información de Agua y Saneamiento (SIAS) y la plataforma relacionada del Sistema de Información de Agua, Saneamiento e Higiene Rural WASH (DATASS) que cubre áreas rurales y tiene como objetivo integrar información de saneamiento y proporcionar una base para la gestión de riesgos hídricos. Por otro lado, la SUNASS ha desarrollado un sistema de captura de datos llamado SICAP que recopila información sobre las variables de gestión de las 50 EP. Esta información se utiliza también para la evaluación comparativa y los indicadores de gestión. La SUNASS también opera la plataforma GEOSUNASS que muestra información de agua y saneamiento y reporta al ministro como un insumo para la formulación de políticas, en línea con la nueva Ley de Gestión y Provisión de Servicios de Saneamiento. La plataforma integra diferentes tipos de información para apoyar la toma de decisiones sobre la regulación y supervisión de los servicios de agua y saneamiento. El regulador también está poniendo en marcha estructuras para dar acceso a esta información a otros ministerios, como los de Salud, Desarrollo e Inclusión Social, Ambiente, Defensa y Educación, entre otros. La interoperabilidad de los sistemas y bases de datos descritos anteriormente aún no está operativa en todos los ámbitos.

La SUNASS ha implementado dos métodos para la recopilación de datos sobre los proveedores de servicios de AAS según la ubicación, pero todos los datos están integrados en un único sistema digital que la SUNASS sistematiza. Las EP (que cubren áreas urbanas) envían sus datos directamente a la SUNASS y en enero de 2019, se modificó la ley marco para otorgar a los municipios (ATM) la responsabilidad de enviar información a la SUNASS para la supervisión y fiscalización de las organizaciones comunitarias. Hasta la fecha, alrededor del 80% de los municipios reportan datos de desempeño al sistema en Internet de las ATM (SUNASS, 2021[22]). Adicionalmente, como parte de sus actividades de supervisión, la SUNASS recolecta información primaria de organizaciones comunitarias en el campo y la coloca en una base de datos, y también verifica la información del sistema web ATM, cuando corresponda. Esta información sirve como base para la evaluación comparativa de la organización comunitaria y también para supervisar la calidad del servicio.

Preocupa la calidad de los datos enviados por las empresas de agua a la SUNASS debido a la inconsistencia en las prácticas de gestión de datos y las limitaciones de capacidades, lo que socava la capacidad para monitorear el logro de los objetivos del sector. En particular, se carece de datos fiables, estandarizados y oportunos. La SUNASS exige que las EP envíen datos en un formato específico a su sistema de datos que ha estado en funcionamiento desde 2004. El regulador utiliza estos datos para calcular los indicadores de gestión de las empresas de servicios públicos. La información solicitada por la SUNASS incluye datos de infraestructura, como embalses y número de conexiones de agua potable. Sin embargo, no todas las EP recopilan esta información y aquellas que sí lo hacen tienen diferentes maneras de administrar, procesar y guardar datos, lo que planea retos de comparabilidad. Además, las empresas de agua a menudo no cumplen con los plazos para enviar información y los datos pueden no ser confiables, a pesar de ser presentados mediante una declaración jurada. La SUNASS capacita al personal de la empresa de agua responsable de procesar y enviar la información; sin embargo, la alta rotación de personal en las empresas de agua provoca que esta capacidad se pierda con frecuencia y el regulador deba invertir regularmente en la capacitación de nuevo personal.

Como parte del pacto de alto nivel y la definición de roles y responsabilidades, sería clave incluir la recolección y manejo de datos y su uso para monitorear la implementación de políticas y regulaciones como un área prioritaria de atención. También sería importante: definir objetivos específicos con respecto a la reducción de la carga de trabajo de los actores del sector de AAS para el envío de datos; coordinar mejor la recopilación y el intercambio de datos del sector público; que el MVCS trabaje con otros ministerios y abogue por una definición clara de roles y responsabilidades en relación con la recopilación de datos sobre saneamiento; y continuar trabajando para construir una visión holística del desempeño del sector en todo el país, y reportar esta información a todas las partes interesadas relevantes.

Gobernanza de la SUNASS

Mandato y funciones

El regulador de agua de Perú, la Superintendencia Nacional de Servicios de Saneamiento (SUNASS), está a cargo de regular, supervisar y monitorear la prestación de servicios de agua potable y alcantarillado. Establecida en 1992 por Decreto Ley No. 25965 y sujeta al marco general de todos los reguladores peruanos (Ley No. 27332, promulgada en 2000), la SUNASS se ha creado una sólida reputación como un regulador independiente de AAS, técnicamente robusto y creíble, y uno de los más consolidados de la región. La creación de entes reguladores del agua es una tendencia reciente y constante dentro y fuera de los países de la OCDE en los últimos 25 años (OECD, 2015[13]), aunque la mayoría (23 de los 34 encuestados) de los reguladores incluidos en la encuesta de la OCDE son multisectoriales, a menudo combinados con la regulación de la energía eléctrica.

La SUNASS tiene las siguientes facultades:

1. Regulación: puede dictar regulaciones, guías y estándares.
2. Fijación de tarifas: fija las tarifas de los servicios y actividades sujetos a su regulación económica.
3. Vigilancia: puede verificar el cumplimiento de obligaciones legales, contractuales o técnicas por parte de entidades, empresas o actividades supervisadas, así como la facultad de verificar el cumplimiento de cualquier disposición, mandato o resolución dictada por el órgano regulador o cualquier otra obligación que tenga a su cargo de la entidad o actividades supervisadas.
4. Sancionador: puede imponer sanciones y medidas correctivas a las EP por el incumplimiento de obligaciones derivadas de la normativa legal o técnica, así como de las obligaciones de los concesionarios en sus respectivos contratos de concesión.
5. Solución de reclamos: puede resolver los conflictos que surjan entre los operadores del servicio de agua y los usuarios a través de los canales administrativos.
6. Solución de controversias: puede resolver los conflictos que surgen entre empresas a través de los canales administrativos.
7. Definición del área geográfica para la prestación del servicio de agua y saneamiento.
8. Adicionalmente, en lo que respecta a la gestión de los recursos hídricos, la SUNASS tiene la función de aprobar la metodología para la determinación de la tarifa del servicio de monitoreo y manejo de aguas subterráneas para usuarios no agrícolas con pozo propio, así como la aprobación correspondiente para las empresas de agua calificadas según al reglamento correspondiente.

La SUNASS regula la prestación de servicios de AAS desde un enfoque estratégico de largo plazo (30 años) y su implementación en el corto y mediano plazos. Como base, cada EP elabora un plan estratégico para la prestación de servicios de AAS con un horizonte de 30 años. A continuación, la SUNASS establece las metas de gestión relacionadas con el desempeño y la calidad del servicio que las EP deben alcanzar en cada año regulatorio y que se establecen en el proceso de revisión tarifaria quinquenal. Además, la SUNASS persigue lograr una estrategia de seguridad hídrica a largo plazo, especialmente en la Gran Lima, pero también en otras áreas de la costa.

La SUNASS también regula la estructura del mercado de servicios de AAS a través de varias de sus atribuciones. Aprueba la escala eficiente para la prestación de servicios de agua potable y saneamiento (actualizada cada cinco años), establece el área de prestación de servicios a la que deben prestar servicios las EP, determina si las ciudades pequeñas tienen un tamaño viable para incorporar empresas de agua y da una opinión favorable antes de que se pueda crear una empresa de agua. A través de estas atribuciones, la SUNASS está intentando promover la integración del mercado para alcanzar economías de escala y mejorar el desempeño.

Adscrita a la PCM, la contribución de la SUNASS a las políticas públicas es muy apreciada por el ejecutivo, aunque sus opiniones no son vinculantes. La SUNASS, al igual que todos los reguladores en Perú, está adscrita a la PCM. Depende de la PCM para la aprobación de varios procedimientos, desde cambios en la estructura organizativa hasta viajes del personal al extranjero. El MVCS es responsable del diseño del marco regulatorio para el sector de agua y saneamiento; si bien las opiniones de SUNASS no son vinculantes, SUNASS menciona que son tomadas en cuenta y evaluadas.

La SUNASS cuenta con la independencia técnica y administrativa definida en la ley y ha demostrado una fuerte cultura de independencia en sus acciones. Esta cultura de independencia es esencial dado el contexto en el que opera el regulador, en particular, los intentos de interferencia política en la fijación de tarifas a nivel local. La SUNASS ha demostrado independencia en sus funciones regulatorias frente a esta presión política. Por ejemplo, en 2019, el regulador se mantuvo firme en su decisión sobre las tarifas revisadas para la zona de Tacna, en el desierto de Atacama en el sur de Perú, insistiendo en que no se eliminarían las tarifas, y aseguró además que las tarifas aplicadas en Moquegua estaban en consonancia con su evaluación. Esta resistencia a la presión política siguió a un caso en abril de 2018 en Moquegua cuando el gobierno local anunció que no se realizarían los aumentos tarifarios previstos adelante, desafiando la decisión de la SUNASS (Gestion, 2019[23]).

La ampliación de las funciones de SUNASS a ciudades más pequeñas y áreas rurales plantea retos importantes

El alcance de las funciones de la SUNASS cambió drásticamente en 2016 cuando se agregó a su cartera la regulación de los servicios de AAS en áreas rurales (El Peruano, 2016[25]). Anteriormente, el regulador era responsable de supervisar los servicios de AAS solo en ciudades con una población de más de 15.000 habitantes, lo que en la práctica implicaba supervisar 50 EP urbanas. En 2016, sus funciones se ampliaron a la supervisión de 26.885 juntas de servicios de agua y saneamiento organizadas por las comunidades (JASS) en áreas rurales[5] y 450 operadores en áreas urbanas más pequeñas (<15.000 habitantes) para garantizar la calidad del servicio y la sostenibilidad financiera. Antes de esto, las oficinas regionales del MVCS regulaban los servicios de agua en áreas fuera de las zonas urbanas más grandes, pero la falta de supervisión de los servicios de saneamiento en estas áreas era una reconocida debilidad en el sector.

La ampliación de sus obligaciones plantea un desafío para la SUNASS, ya que ahora debe supervisar una gran cantidad de operadores que tienen diferentes capacidades, coberturas, tipos de conexiones de red y que operan en contextos muy diferentes. Pocos reguladores del agua tienen la responsabilidad de supervisar un número tan grande de operadores de agua (Figura 4.5). La ampliación de funciones plantea un desafío para el regulador ya que exige un enfoque regulatorio diferente al utilizado hasta ahora, así como interacción y coordinación con organismos con los que no trabajaba anteriormente (ATM, gobiernos regionales, y otros), tiene implicaciones para modelo de financiamiento del regulador y plantea importantes cuestiones sobre la gobernanza de la SUNASS en términos de capacidades, competencias y poderes, que están evolucionando de la mano con este cambio. El regulador nacional de agua de Italia (ARERA) interactúa con instituciones regionales intermedias, que a su vez supervisan a los operadores de agua dentro de sus respectivas regiones. Este enfoque tiene como objetivo permitir la supervisión de un gran número de operadores (más de 2.000).

La SUNASS ha adaptado su gobernanza y enfoque para asumir este nuevo mandato y ha avanzado en varias áreas. Por ejemplo, sobre todo, la SUNASS ha establecido su presencia local en todo el país a través de 24 oficinas regionales. Otros avances incluyen una metodología para determinar las áreas de prestación de servicios que se implementarán a través de las 24 oficinas locales de la SUNASS; equipos multidisciplinarios con conocimiento detallado de cada una de las regiones; una hoja de ruta para el trabajo coordinado entre las instituciones de un territorio determinado; una estrategia para la regulación de los servicios de saneamiento en áreas rurales, para fortalecer y complementar las instituciones existentes; y la aprobación del Reglamento de Calidad de la Prestación de los Servicios de Saneamiento en Pequeñas Ciudades. Además, durante 2018, 2019 y parte de 2020, la SUNASS ha comenzado a monitorear a los prestadores de servicios en áreas rurales y pequeñas ciudades con el fin de evaluar la prestación y los niveles de calidad de los servicios que brindan, con el interés de hacer recomendaciones para su mejora. Esta información ha sido sistematizada a través de un sistema de monitoreo basado en la web que muestra seis indicadores para medir el desempeño de la prestación del servicio. Además, se aprobó el Reglamento de Calidad de los Servicios de Saneamiento Prestados por Organizaciones Comunitarias en Zonas Rurales (RCOC) y el Reglamento de Vigilancia de los Servicios de Saneamiento (SUNASS, 2020[24]). En 2020, la SUNASS aprobó el Reglamento de Calidad para la Prestación de Servicios de Saneamiento en Pequeñas Ciudades con el objetivo de establecer las medidas que regulen las condiciones de calidad para la prestación de dichos servicios (SUNASS, 2020[25]).

Dada la fragmentación del sector, se utilizarán diferentes enfoques regulatorios para cada una de las tres categorías (área urbana con una población de más de 15.000; áreas urbanas más pequeñas entre 2.000 y 15.000 habitantes, y áreas rurales con poblaciones de menos de 2.000 habitantes). La SUNASS está en proceso de diseñar e implementar los nuevos enfoques regulatorios para áreas urbanas ciudades más pequeñas y para áreas rurales. Una modificación a la Ley Marco realizada en 2019 impone a los municipios la responsabilidad de desarrollar las capacidades de las JASS e informar a la SUNASS sobre su desempeño. Los equipos de apoyo técnico municipal (ATM), recientemente creados dentro de cada municipio, se enlazan directamente con los operadores locales, creando un intermediario entre los operadores y la SUNASS. En algunos casos, cuando hay escasa capacidad a nivel municipal, la SUNASS inspeccionará las JASS directamente y recopilará información de evaluación comparativa a través de visitas de campo. Los enfoques normativos de los reguladores del agua en otros países pueden dar ideas sobre formas de supervisar de manera efectiva y eficiente a un gran número de operadores de servicios de agua y saneamiento en áreas rurales.

Figura 4.5. Número de operadores activos en el sector de agua y alcantarillado supervisados por reguladores del agua

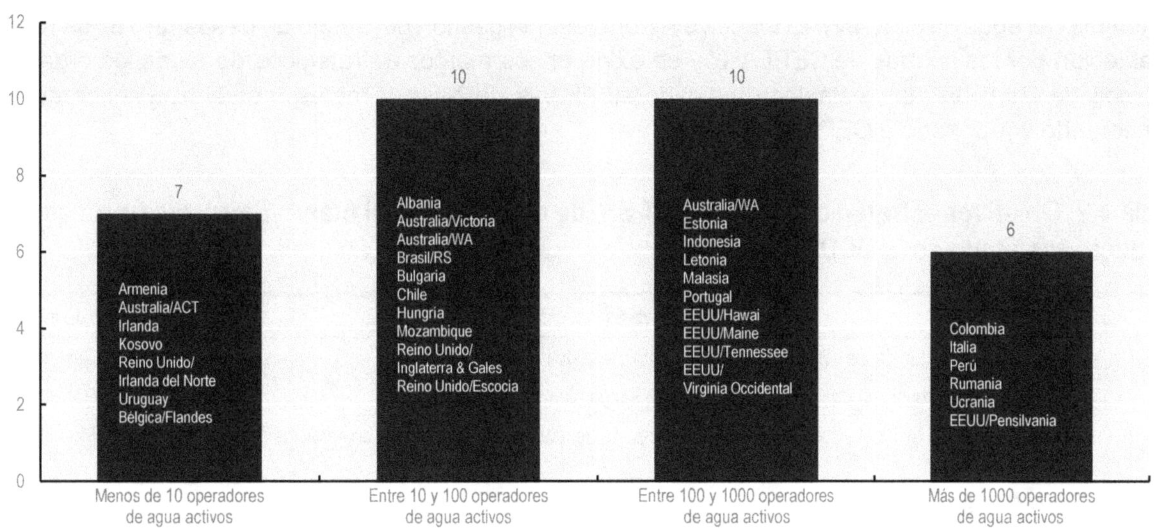

Nota: Esta figura, presentada originalmente en la OCDE (2015 [14]), ha sido actualizada para reflejar el cambio de categoría de Perú que, anteriormente, estaba incluido en la categoría "Entre 10 y 100 operadores de agua activos".
Fuente: OCDE (2015[13]), *The Governance of Water Regulators*, https://dx.doi.org/10.1787/9789264231092-en.

Además de ampliar el alcance de las acciones de la SUNASS, el Decreto Legislativo No. 1280 establece nuevas funciones para el regulador, diseñadas para abordar las debilidades en el sector de AAS, tales como la determinación del área geográfica en la cual los proveedores serían responsables de brindar servicios de AAS y sancionar a las empresas en caso de incumplimiento; la evaluación del desempeño de las EP para determinar si necesitan ingresar al RAT de OTASS; la identificación y aprobación de la escala eficiente de la prestación de servicios de agua y saneamiento para determinar si los proveedores de servicios de agua y saneamiento deben fusionarse.

La SUNASS también supervisa que las empresas cumplan sus obligaciones legales o técnicas en materia de gobierno corporativo y que aprueben y ejecuten los instrumentos establecidos por la Ley Marco y su Reglamento, como el Código de Buen Gobierno Corporativo. Esto también incluye verificar que las facultades y responsabilidades estén correctamente distribuidas entre la junta directiva, la dirección general, sus accionistas (municipios), quienes ejerzan temporalmente el derecho de propiedad (alcaldes o sus representantes) y otras partes interesadas, y que estas relaciones sean claras, transparentes, explícitas y objetivas.

El marco estratégico del regulador

La SUNASS opera en el marco de un Plan Estratégico Institucional (PEI) 2017-22 que establece cinco objetivos estratégicos y metas asociadas. Los objetivos estratégicos son establecidos por un grupo de trabajo especial designado por el directorio, de acuerdo con la Guía para el Planeamiento Institucional emitida por el Centro Nacional de Planeamiento Estratégico (CEPLAN). El PEI fue aprobado en diciembre de 2017 por Resolución del Directorio y la extensión del plazo hasta el año 2022 fue aprobada por Resolución del Directorio en abril de 2019. La SUNASS revisó y modificó el PEI para el período 2020-24 en 2019. Los objetivos estratégicos se traducen en un plan operativo anual que enumera todas las actividades operativas, proporcionando coherencia entre las actividades cotidianas y el plan estratégico global.

Los objetivos actuales forman un marco estratégico bastante equilibrado con un enfoque en el impacto externo y los resultados (Objetivos 1-3 sobre la calidad del servicio, la equidad y el uso racional y sostenible del agua) (Tabla 4.2). El Objetivo 5 (fortalecer la gestión del riesgo de desastres) es un requisito establecido por las normas de CEPLAN[6] y se exige en los marcos estratégicos de todos los organismos públicos de Perú. El plan establece indicadores, líneas de base y metas medibles, y el progreso es monitoreado y reportado a CEPLAN anualmente.

Tabla 4.2. Objetivos estratégicos de la SUNASS, de acuerdo con el marco de entrada-proceso-producto-resultado de la OCDE

	Objetivo estratégico	Tipo de indicador
1	Optimizar la calidad de los servicios de saneamiento prestados a los usuarios.	Resultado
2	Contribuir a la prestación equitativa de servicios de saneamiento a los usuarios.	Resultado
3	Contribuir al uso racional y sostenible del agua por parte de usuarios y proveedores de servicios de saneamiento.	Resultado
4	Mejorar la gestión institucional	Proceso
5	Fortalecer la gestión del riesgo de desastres	Proceso

Nota: El Marco de la OCDE para la Evaluación de Políticas Regulatorias utiliza una lógica de entrada-proceso-salida-resultado, que desglosa el proceso regulatorio en una secuencia de EP discretos. La lógica es flexible y se puede aplicar tanto para evaluar prácticas para mejorar la política regulatoria en general como para evaluar la política regulatoria en sectores específicos, a partir de la identificación de objetivos estratégicos relevantes.
Fuente: Análisis de la OCDE basado en los objetivos estratégicos de la SUNASS.

Financiamiento del regulador

La reforma del mandato de la SUNASS cambió drásticamente el modelo de financiamiento del regulador, convirtiendo las transferencias gubernamentales en su fuente principal de financiamiento. Antes de la ampliación de sus funciones a las zonas rurales, la SUNASS se financiaba únicamente con las tarifas de las EP que regulaba, recaudando un máximo del 1% de los ingresos después del impuesto al valor agregado (denominado impuesto general a las ventas, o IGV). Si bien este esquema de financiamiento fue una fortaleza que contribuyó a la independencia del regulador (OECD, 2016[26]), era inadecuado para llevar plenamente a cabo sus funciones, ya que las empresas de agua en Perú tienden a ser pequeñas entidades públicas con bajos ingresos comerciales. El regulador ahora se financia con una combinación de tarifas y fondos gubernamentales, y los fondos gubernamentales financian la mayor parte del presupuesto. Para cubrir la ampliación de la supervisión a los servicios de AAS rurales, en 2019, mediante Decreto Supremo se asignó a la SUNASS, PEN 70 millones del presupuesto del MVCS, previa aprobación del Ministerio de Economía y Finanzas. Por lo tanto, los ingresos de las entidades reguladas representan solo el 30% de su presupuesto anual de PEN 100 millones. Estos acuerdos de financiamiento distinguen a la SUNASS de lo que sucede con los reguladores del agua a nivel internacional (Figura 4.6): la base de datos de la OCDE sobre la gobernanza de los reguladores del sector muestra que solo el 15% de los reguladores del agua reciben fondos de una combinación de tarifas y asignaciones presupuestarias (Casullo, Durand and Cavassini, 2019[27]).

Figura 4.6. Reguladores financiados a través de asignaciones presupuestarias, tarifas o ambos

Por sector, porcentaje de todas las respuestas, todos los países

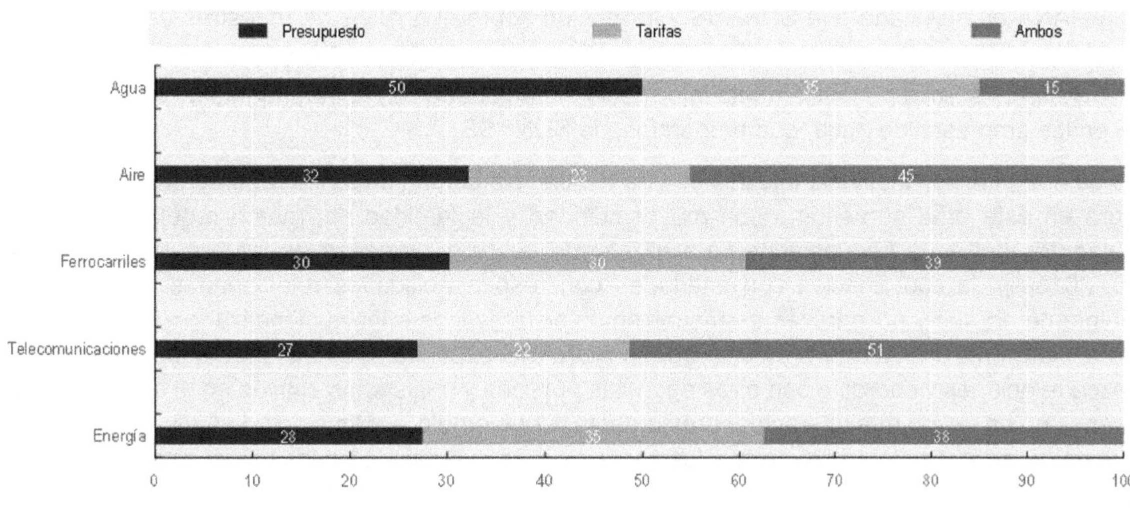

Nota: La figura refleja las respuestas de los reguladores incluidas en la encuesta de 2018 sobre la gobernanza de los reguladores del sector; los reguladores peruanos/SUNASS no están incluidos en la muestra.
Fuente: OCDE (2018[28]), Database on the Governance of Sector Regulators, OCDE, París, en Casullo, L., A. Durand y F. Cavassini (2019[27]). "The 2018 Indicators on the Governance of Sector Regulators - Part of the Product Market Regulation (PMR) Survey", https://dx.doi.org/10.1787/a0a28908-en.

Coordinación de la SUNASS con otros actores

El panorama es confuso en lo que respecta a la coordinación con los actores del sector público. Algunas relaciones están institucionalizadas pero la coordinación con otros reguladores del sector parece débil. La SUNASS ha suscrito convenios de cooperación interinstitucional con el Ministerio del Ambiente (MINAM) y la Autoridad Nacional del Agua (ANA), a través de los cuales realiza actividades y reuniones sobre temas de interés común. En 2020, la SUNASS suscribió un convenio con el Ministerio de Desarrollo e Inclusión Social (MIDIS), DIGESA, MVCS y MEF para implementar la colaboración multisectorial a través de sus oficinas regionales con respecto a los niveles de cloro residual en reservorios de pequeñas localidades. Además de estos arreglos formales, se realiza la coordinación con las agencias del sector, en particular el Viceministerio de Construcción y Saneamiento (VMCS) y sus programas nacionales urbanos y rurales, y el Organismo Técnico para la Administración de Servicios de Saneamiento (OTASS), a través de reuniones para tratar y coordinar temas específicos, como la gobernanza corporativa de las EP. Por lo general, también la SUNASS participa y contribuye a las consultas sobre proyectos de ley, modificatorias legislativas o reglamentos relacionados, pero ha habido ocasiones en las que no se ha solicitado su opinión. Por ejemplo, se publicó una modificatoria reciente al Decreto Legislativo No. 1280 (DU 011-2020) sin consulta previa con la SUNASS.

La SUNASS comparte información relevante con otros reguladores y organismos estatales, a veces de forma sistemática y otras veces ad hoc, pero la coordinación no parece extenderse más allá. Por ejemplo:

1. La información de seguimiento de la SUNASS, los indicadores y las evaluaciones de las EP se envían a OTASS, así como a la Dirección General de la Oficina General de Informática y Estadísticas.
2. Los informes de seguimiento y recomendaciones de la SUNASS sobre proveedores de agua en ciudades pequeñas y rurales son enviados sistemáticamente a los municipios y copiados a los Centros de Atención al Ciudadano (CAC) del MVCS, con el fin de mejorar la prestación de servicios en las intervenciones que realizan los CAC.
3. La SUNASS envía los resultados del análisis de muestras de agua de sus actividades de monitoreo a las autoridades de salud a nivel nacional y regional.
4. La ANA ha solicitado a la SUNASS información sobre el análisis de muestras de agua tomadas corriente arriba de las plantas de tratamiento de agua potable y en boca de pozo.
5. El MINAM solicita periódicamente información relacionada con el tratamiento de aguas residuales en las empresas de agua, que proporciona la SUNASS.

La falta de coordinación institucionalizada es una deficiencia común entre los reguladores del agua, pero la mejora en esta área aumentaría con mayor claridad y legitimidad del marco regulatorio. Entre los 34 reguladores del agua encuestados para el informe sobre gobernanza de los reguladores del agua (OECD, 2015[13]), la coordinación con entidades con responsabilidades relacionadas se llevó a cabo principalmente *ad hoc* y no a través de mecanismos sistemáticos e institucionalizados. La coordinación será particularmente importante a medida que la SUNASS expanda sus funciones a las áreas rurales y establezca relaciones y coordine con otras agencias públicas y ministerios activos en el sector rural, pero con quienes no ha tenido que interactuar previamente. Por ejemplo, el Ministerio de Desarrollo e Inclusión Social tiene la responsabilidad de mejorar los servicios de saneamiento en las zonas rurales, junto con el MVCS. La Ley de Modernización de la Gestión Pública, supervisada por la PCM, incluye la coordinación interinstitucional como uno de sus pilares; sin embargo, la SUNASS informa que esto no ha beneficiado su papel como regulador.

Buenas prácticas regulatorias

La SUNASS, junto con otros reguladores económicos en Perú, ha logrado progresar sostenidamente en la adopción de buenas prácticas regulatorias, como el uso de Evaluaciones del Impacto Regulatorio (EIR) y la simplificación administrativa, y podría fortalecer su desempeño en esta área refrescando su enfoque hacia la coordinación con otros organismos públicos involucrados en el espacio regulatorio (por ejemplo, para las inspecciones) y sus procesos para involucrar a las partes interesadas. Actualmente, la SUNASS está diseñando el proceso para el uso sistemático de EIR para eventualmente mejorar la evaluación de proyectos de normas que, en la actualidad, se basan principalmente en un enfoque limitado del análisis de costo-beneficio. Las prácticas de los reguladores económicos peruanos en materia de transparencia y rendición de cuentas también son más avanzadas en comparación con las obligaciones del gobierno central (OECD, 2016[26]), aunque existen oportunidades para mejorar aún más.

Las actividades regulatorias, ya sea para la regulación de tarifas o la aplicación de estándares de calidad, se enfrentan a barreras conductuales y culturales en Perú. Existe una renuencia generalizada a pagar por el agua (en Perú como en muchos otros países) y el regulador enfrenta resistencia significativa en el proceso de fijación de tarifas. Como resultado, en general, las tarifas se establecen a niveles que están lejos del nivel de recuperación total de costos. Además, el alto nivel de informalidad en Perú contribuye a que probablemente pocos usuarios paguen por el agua. Igualmente, hay diferencia entre los estándares oficiales y las opiniones de las poblaciones locales sobre lo que significa agua de "buena calidad". Por ejemplo, mientras que la SUNASS rastrea la proporción de agua clorada como un indicador de calidad, las poblaciones locales a veces se oponen a usar agua tratada por motivos de sabor.

En respuesta, la SUNASS, junto con la comunidad internacional de donantes, ha llevado a cabo actividades para educar a las comunidades sobre la necesidad de cobrar por el agua y la importancia del agua potable tratada para la salud. Seguir buenas prácticas regulatorias para la participación de las partes interesadas y aplicar conocimientos sobre el comportamiento podría complementar y reforzar estos esfuerzos.

Inspecciones y cumplimiento

Podría mejorarse la coordinación operativa con otros organismos públicos en materia de inspecciones. Las inspecciones son una función importante de la SUNASS que requiere una coordinación efectiva con otros entes públicos que realizan inspecciones para alcanzar diferentes objetivos de políticas, como las inspecciones ambientales del OEFA y la DGAA (el organismo de inspección ambiental para AAS), del MVCS y las inspecciones de salud pública del MINSA, a través de DIGESA. De acuerdo con los principios identificados en la Caja de Herramientas de Inspección y Aplicación de la Normatividad (*OECD Regulatory Enforcement and Inspections Toolkit*) preparada por la OCDE, la coordinación y, cuando sea necesario, la consolidación de las inspecciones, puede garantizar un mejor uso de los recursos públicos, minimizar la carga sobre las entidades reguladas y mejorar el cumplimiento de la normatividad, pero es necesario que haya una autoridad coordinadora claramente definida para eliminar la incertidumbre sobre la legalidad de cualquier acuerdo. Actualmente, no existen mecanismos estructurados para coordinar estas funciones con otros organismos públicos.

La ampliación de las responsabilidades de la SUNASS para cubrir las zonas rurales podría plantear un desafío para su función de inspección y aplicación, dada la naturaleza relativamente intensiva en recursos de personal que se requiere. Esto confirma aún más la necesidad de una estrecha coordinación y cooperación con otros organismos públicos con funciones de inspección a fin de promover la eficiencia y la eficacia. Además, vistas las limitaciones financieras, el fortalecimiento de las buenas prácticas como la priorización, el uso de enfoques basados en riesgo y las inspecciones orientadas a resultados también ayudarían a llevar a cabo las funciones de inspección de manera eficiente y eficaz (véase OCDE (2018[29])). El regulador es consciente del desafío y ha comenzado a tomar una serie de acciones que incluyen, por ejemplo, realizar más de 700 visitas a las ATM para brindarles asistencia técnica.

Participación de las partes interesadas

El compromiso con las entidades reguladas y otras partes interesadas está previsto en la legislación, pero el proceso no da los resultados esperados en términos de calidad de las relaciones. La fijación de tarifas y cualquier reforma del marco regulatorio están sujetas a la consulta con las partes interesadas, siguiendo diferentes procesos en cada caso. La SUNASS anuncia sus audiencias públicas, así como las elecciones de sus consejos de usuarios a través de varios canales, incluyendo los medios tradicionales (radio, televisión, prensa escrita, volantes), así como su sitio web, redes sociales, boletines, correos electrónicos y sitios web de las EP. Al igual que con otros reguladores económicos en Perú, la SUNASS prepara una matriz que reúne los comentarios de las partes interesadas. Por ejemplo, para propuestas de cambios a las regulaciones, esta matriz abarca la regulación en consulta; las modificaciones propuestas; la identificación de las partes interesadas que brindan comentarios; los comentarios, opiniones o puntos de vista específicos de las partes interesadas; y la evaluación del regulador con respecto a los comentarios, que incluye si el comentario será considerado y cómo.

- Consulta sobre normativas: La SUNASS realiza consultas públicas durante la preparación de las regulaciones. En primera instancia, la SUNASS utiliza la consulta pública para recabar evidencias que permitan identificar correctamente el problema a resolver mediante la intervención del regulador. La SUNASS luego invita a los interesados a comentar sobre cualquier reglamento propuesto. Todos los comentarios se publican y responden a través de la matriz disponible en el sitio web de la SUNASS.
- Consulta sobre tarifas (procedimiento de aprobación tarifaria): Desde 2005, se han realizado audiencias públicas sobre tarifas, en coordinación con las 50 EP urbanas. La SUNASS presenta a las EP una propuesta tarifaria, objetivos de gestión y un plan de inversión para cada periodo quinquenal reglamentario. Como parte de este procedimiento de aprobación tarifaria, el regulador organiza audiencias públicas para permitir la participación de las EP, autoridades locales, colegios profesionales, consejos de usuarios, medios de comunicación y representantes de la sociedad civil, entre otros. Las audiencias públicas tienen como objetivo proporcionar información sobre los problemas relacionados con los servicios de AAS, las soluciones previstas y su impacto en las tarifas. Los resultados de la consulta con las entidades reguladas y las opiniones de los participantes en el proceso de consulta se hacen públicos. A través de estas audiencias, la SUNASS recopila comentarios y propuestas que permiten diseñar los niveles de tarifas, los objetivos de gestión y el plan de inversiones. Estos se incluyen luego en el Estudio Tarifario Final que tiene como objetivo explicar cómo se tomaron en cuenta los comentarios y propuestas de la sociedad civil, o por qué no.
- La SUNASS aún no realiza consultas públicas en áreas urbanas más pequeñas (actualmente se está diseñando el esquema regulatorio).
- Tampoco realiza consultas públicas en áreas rurales, donde las tarifas familiares las fijan las comunidades.

La SUNASS difunde los diversos beneficios de organizar audiencias públicas como parte del procedimiento de aprobación de tarifas, entre ellos:

- Poblaciones mejor informadas sobre la situación de sus EP y las propuestas de mejoras en los servicios de saneamiento para el quinquenio siguiente.
- Fortalecimiento de la interacción EP-SUNASS-usuario como resultado de campañas de comunicación en torno a los proyectos de estudio tarifario.
- Reducción de reacciones negativas o conflictos sociales en relación a propuestas de aumentos de tarifas.

Sin embargo, los informes de deficiente comunicación en torno a los anuncios de tarifas y la resistencia frecuente a las tarifas sugieren que se podría mejorar el diseño de los procesos de participación, tal vez basándolos en estudios de comportamiento para incluir a aquellos que "pueden pero no quieren" o "quieren pero no pueden" participar y hacer todo lo posible para eliminar cualquier obstáculo a su participación (de acuerdo con los Principios de Buenas Prácticas de la OCDE sobre la participación de las partes interesadas). El conocimiento sobre el comportamiento de las partes involucradas también podría utilizarse que las partes interesadas participen de manera mejor informada. Las encuestas y los grupos focales pueden dar una amplia descripción general de las tendencias entre los usuarios y algunas ideas sobre sus preferencias. Sin embargo, pueden estar llenos de sesgos según el enfoque de las preguntas, su secuencia y el lenguaje elegido. Los experimentos que controlan estos sesgos pueden proporcionar una mejor idea de las preferencias de los usuarios al tomar decisiones regulatorias (OECD, 2018[30]).

Monitoreo e informes de desempeño

Seguimiento y presentación de informes sobre el desempeño del sector

La SUNASS está avanzando constantemente para crear una visión holística del desempeño del sector; sin embargo, queda trabajo por hacer para cerrar las brechas pendientes. Informa sobre el desempeño de las empresas de servicios públicos y organizaciones comunitarias seleccionadas utilizando herramientas de evaluación comparativa; sin embargo, no informa sobre los prestadores municipales de servicios y los operadores especializados. Recopila indicadores de las EP en cuatro categorías (acceso a los servicios, calidad del servicio, sostenibilidad financiera y ambiental, gobernanza y gestión del riesgo de desastres), a fin de comparar a los operadores con el objetivo de mejorar el desempeño de las EP y compartir buenas prácticas entre ellas. También evalúa a los proveedores de servicios de agua y saneamiento en áreas rurales. Para las organizaciones comunitarias se utilizan diferentes indicadores para la evaluación comparativa. La SUNASS utiliza la información enviada por las ATM a través del sistema en línea para identificar qué organizaciones comunitarias serán monitoreadas pero también puede monitorear ciertas organizaciones comunitarias en los casos en que desee verificar que se hayan implementado recomendaciones anteriores o después de recibir quejas sobre la prestación de servicios, y publica los datos e informes sobre el desempeño de las EP y de organizaciones comunales seleccionadas en su sitio web.

Tabla 4.3. Indicadores de evaluación comparativa para medir el desempeño de la empresa

Tipo de indicador	Área	Indicador	Unidad
Acceso	Agua potable	Cobertura demográfica	%
	Alcantarillado	Cobertura demográfica	%
Calidad	Agua potable	Continuidad del servicio	Horas/día
		Presión del agua	m.c.a.
		Frecuencia de reclamaciones	No. de reclamaciones / 1000 conexiones
		Prevalencia de fugas	Fugas/km
	Alcantarillado	Densidad de atoros	atoros/km
Sostenibilidad	Financiero	Costos de personal respecto de los costos operativos totales (Según régimen laboral)	%
	Prevención y mitigación	Gestión del riesgo de desastres	%
	Ambiental	Usuarios No Domésticos en la aplicación de los Valores Máximos Admisibles (VMA)	%
		Aguas residuales tratadas	%
		Conexiones Activas con Micromedición	%
		Micromedición	%
		Agua no facturada	%
Gobernabilidad y gobernanza	Buena gobernanza corporativa	Indicador de buena gobernanza corporativa	

Fuente: SUNASS (2018[7]), *Benchmarking regulatorio de las empresas prestadoras*, https://cdn.www.gob.pe/uploads/document/file/1098028/Benchmarking_regulatorio_de_las_EP_2018.pdf; OECD (2019[12]), *OECD Survey on Water Governance in Peru*, OECD, Paris.

El sistema de recolección de datos recientemente adoptado para los operadores de AAS en áreas rurales está comenzando a crear por primera vez una visión holística de los servicios de AAS en el país. Los datos nuevos y sistemáticos sobre el sector de agua y saneamiento deberían ser un insumo valioso para la formulación de políticas y la gobernanza general del sector. También pueden proporcionar información esencial para tomar decisiones sobre inversiones y monitorear su impacto en la calidad de los servicios. La utilidad de esta información se basa en su exactitud y será definida por el enfoque del regulador y la eficacia en la recolección y verificación de los datos.

Si bien la SUNASS vigila el comportamiento del mercado (por ejemplo, monitoreando los ajustes por inflación, el uso de fondos de inversión y las reservas financieras), no parece realizar ejercicios de prospectiva para identificar los principales problemas que pueden afectar al sector en el mediano y largo plazos.

Monitoreo e informes sobre el desempeño de la SUNASS

Si bien la SUNASS no está obligada a hacerlo por ley, prepara un reporte anual e informa sobre su desempeño a varias entidades del gobierno central; estos esfuerzos podrían continuar para seguir informando de manera accesible y transparente. El regulador no está obligado por ley a preparar un informe sobre sus actividades de forma regular; sin embargo, la SUNASS publica un informe anual que es un documento público donde consigna las acciones e intervenciones del regulador y cómo afectan la prestación de los servicios de AAS. Incluye información relevante que envía a diferentes instituciones del gobierno central, en cumplimiento del marco regulatorio (OECD, 2016[26]). Por ejemplo, informa sobre la implementación de recomendaciones a la Contraloría General de la República, sobre la ejecución presupuestaria al Ministerio de Economía y Finanzas, y sobre planes estratégicos y operativos e indicadores de desempeño a la PCM, entre otros. También responde a solicitudes de información y consultas del Congreso de forma regular. Sin embargo, no existe la obligación de proporcionar informes de desempeño al Congreso de manera sistemática. Es importante rendir cuentas a los poderes públicos externos que podrían evaluar el desempeño del regulador en conjunto. Una mejor presentación de informes sobre el desempeño de la SUNASS también podría contribuir a apreciar mejor el valor de su trabajo (Recuadro 4.4).

Sus informes anuales contienen abundante información sobre los resultados del sector (por ejemplo, indicadores de la calidad del agua y del servicio), las actividades de la SUNASS (por ejemplo, el número de personas comprendidas en las campañas educativas para promover el uso responsable del agua) y algunos indicadores sobre el desempeño del propio regulador (por ejemplo, el número de días necesarios para procesar una apelación ante el Tribunal Administrativo de Solución de Reclamos de los Usuarios de Servicios de Saneamiento (TRASS) de la SUNASS, o los resultados de los casos de impugnaciones de las decisiones de la SUNASS. Otros indicadores útiles del desempeño del regulador podrían ser los siguientes:

- Eficiencia y efectividad de los insumos (por ejemplo, desempeño organizacional y financiero).
- Resultado de la actividad reguladora (por ejemplo, eficacia de las decisiones regulatorias y el alcance a las comunidades de ciudadanos/usuarios).
- Resultado directo de decisiones regulatorias (por ejemplo, cumplimiento de las decisiones del regulador).

Los informes anuales podrían fortalecerse aún más informando sobre los avances en relación con los objetivos establecidos en el plan estratégico (PEI).

Recuadro 4.4. Grupo de Monitoreo de Resultados de Escocia

El Grupo de Monitoreo de Resultados (Outputs Monitoring Group, OMG) está presidido por el Gobierno de Escocia y está compuesto por representantes de alto nivel (nivel ejecutivo) del Regulador de la Calidad del Agua Potable, la Agencia de Protección Ambiental de Escocia, la Comisión de la Industria del Agua (el regulador económico), la Unidad de Futuros del Consumidor (el organismo representativo de los clientes) y Scottish Water.

La función principal del grupo, que se reúne trimestralmente, es supervisar el cumplimiento de los objetivo de inversión establecidos por los ministros para el período regulatorio. Estos objetivos determinan resultados generales que debe alcanzar el sector, como los estándares definidos de calidad del agua potable, desempeño ambiental y atención al cliente.

Como parte del proceso regulatorio, estos objetivos generales han sido traducidos, antes del inicio del período regulatorio, en un conjunto aceptado de resultados del programa, por ejemplo, el "número de obras de tratamiento de agua que se deben mejorar" o " evaluaciones de desempeño por realizar". A su vez, estos programas de resultados están vinculados a una lista consensuada de proyectos, denominada "Expresión Técnica", que detalla las obras de inversión y los estudios con los cuales se alcanzarán los resultados previstos. Esto hace que el OMG tenga claros los proyectos que permitirán alcanzar los resultados programados y los objetivos ministeriales.

Al comenzar el período regulatorio, Scottish Water proporciona un plan referencial de logros previstos para el período regulatorio que detalla el calendario de finalización de estos programas de resultados. Esto permite que el OMG controle el rendimiento en la entrega de productos en comparación con el perfil de entrega planificado por Scottish Waters.

El OMG retiene esta línea de base consensuada de productos, asegurando que cualquier cambio que surja de los resultados del estudio o nueva información durante el período se incorpore a la línea de base de manera controlada y transparente a través de un mecanismo de modificatorias bien definido para la aprobación regulatoria de los cambios.

La preparación de informes e información para el OMG la lleva a cabo el grupo de trabajo de OMG (OMGWG), que está compuesto por representantes de alto nivel del mismo grupo de partes interesadas que el OMG. El OMGWG también se reúne trimestralmente, un mes antes de la reunión del OMG, y se centra en la preparación de informes precisos para el OMG, así como en la supervisión del mecanismo de cambios.

En las reuniones del OMG, en base a la información proporcionada por el OMGWG, se discute el avance de la entrega de productos en todo el programa de inversión y se resalta cualquier deficiencia con respecto a los objetivos. El OMG revisa el progreso en cinco hitos clave de entrega, como la "aprobación financiera" y la "aprobación regulatoria de la entrega de productos". Se requiere que Scottish Water explique cualquier retraso en el logro de un objetivo histórico y destaque las medidas correctivas en curso con lo que se logra un alto grado de transparencia en la entrega de los productos por los que pagan los clientes.

El OMG prepara un informe trimestral de avance que se publica en el sitio web del Gobierno de Escocia. Al final del período de control regulatorio, el Grupo también prepara un informe final detallado de avance en la entrega del conjunto de productos acordados y los objetivos ministeriales.

Fuente: Información proporcionada por la Comisión de la Industria del Agua de Escocia (octubre de 2016).

Caminos a seguir para mejorar la gobernanza y el desempeño del regulador económico

Monitorear el rol evolutivo y los objetivos de la SUNASS

La significativa expansión de las funciones de la SUNASS plantea importantes cuestiones sobre su gobernanza, en términos de capacidades, competencias y poderes, que deberán evolucionar al ritmo de este cambio. Por ejemplo, es probable que el regulador tenga que desarrollar capacidades más sólidas, dada la estructura fragmentada de la industria del agua en Perú que ahora le toca supervisar (OECD, 2015[13]). Si bien la SUNASS ha dado pasos importantes para cumplir con sus nuevos roles y funciones, sus esfuerzos requerirán de seguimiento, inversión y monitoreo constantes en el futuro.

Si bien la SUNASS es un regulador independiente, su visión y objetivos estratégicos deben estar alineados con la política nacional establecida por el gobierno. Los objetivos estratégicos de la SUNASS están diseñados para responder a los objetivos de la PCM, el MVCS y MINSA. Evalúa que no haya superposiciones ni objetivos en conflicto con estos otros actores en el plan estratégico actual, pero siempre subsiste el desafío permanente de buscar la coherencia con todos los actores. Algunas metas del marco actual no parecen estar alineadas con las metas de la política nacional. Por ejemplo, el plan incluye la meta de que el 57% de la población urbana tenga acceso a agua clorada ("agua segura") para 2019, en comparación con una línea de base de 54% en 2015. Estos objetivos no parecen estar en línea con la ambición de la política nacional de lograr el acceso universal a los servicios de agua y saneamiento en áreas urbanas para 2021.

Una reforma de los objetivos y el ámbito de acción de la SUNASS (que incluya pequeñas ciudades y zonas rurales) debe abordarse a través de una estrategia explícita y proactiva de transformación institucional. Dicha agenda incluirá una revisión de las capacidades, competencias y poderes de la SUNASS y cómo cada uno de ellos deberá evolucionar a la par de la expansión de sus funciones y nuevos objetivos. La identificación de los cambios necesarios en los recursos, la estructura y las formas de trabajo de la entidad deberá ir acompañada de una nueva identidad, visión y misión de la SUNASS, con un propósito compartido por el personal interno y que comunique un mensaje claro a las partes externas involucradas. Por ello, se debe seguir buscando la coherencia entre la visión y los objetivos estratégicos de la SUNASS y de otros organismos públicos del sector a través de una cuidadosa coordinación y consulta (por ejemplo, la SUNASS en cooperación con otros actores relevantes, incluido CEPLAN) y garantizar la transparencia, seguimiento y presentación de informes en torno al plan estratégico (PEI), por ejemplo, a través del informe anual.

La revisión detallada y la modernización de la institución podrían reflejarse en un marco estratégico actualizado (PEI), acciones prioritarias e indicadores de desempeño, que se pueden utilizar para comunicar los avances de la reforma al gobierno y a las partes interesadas. El nuevo papel de la SUNASS también requerirá institucionalizar la coordinación con otros actores del sector para aumentar la claridad y legitimidad del marco regulatorio. Los mecanismos formales de coordinación podrían incluir memorandos de entendimiento (MdE) o acuerdos similares.

Para monitorear de cerca el proceso de ampliación de las funciones de la SUNASS a ciudades pequeñas y áreas rurales, y comunicar los resultados al gobierno, se necesitaría lo siguiente:

- Revisar sus capacidades, competencias y atribuciones, que deberán evolucionar a la par con la expansión de las funciones. Por ejemplo, si el desarrollo de capacidades se convierte en una tarea importante, se debe asegurar que la SUNASS tenga las competencias y poderes necesarios para llevar a cabo estas tareas.
- Adoptar un enfoque de regulación basado en riesgos, que reconozca que la supervisión práctica de todos los operadores puede ser inviable, específicamente de aquellos que operan a una escala muy pequeña.

- Monitorear el desempeño de sus nuevas funciones, con el fin de retroalimentar el sistema y determinar si el nuevo enfoque regulatorio está cumpliendo los objetivos del sector, a fin de identificar las áreas que están funcionando bien, así como aquellas que puedan necesitar ajustes.

Garantizar a la SUNASS una dotación de recursos adecuada y predecible

La incertidumbre sobre la sostenibilidad del financiamiento gubernamental es un desafío más que debe manejar SUNASS. La dependencia del financiamiento del gobierno puede potencialmente socavar su independencia, aunque existen varios mecanismos que pueden implementarse para mitigar este riesgo. Por ejemplo, un mecanismo para reforzar la independencia es el presupuesto multianual, una buena práctica que ya sigue Perú. Sin embargo, los recientes esfuerzos de consolidación fiscal han dado como resultado que la SUNASS reciba menos financiamiento que el esperado (como es el caso de otros organismos del sector público peruano que dependen de transferencias del Tesoro). Esta incertidumbre de la financiación podría socavar la capacidad del regulador para desempeñar plenamente sus funciones.

Abogar por el establecimiento de presupuestos de acuerdo con la estimación de los costos de regulación y supervisión del sector, en vez de hacerlo en función de los recursos disponibles, podría asegurar suficientes recursos y sustentar la solicitud del regulador de contar con más recursos y flexibilidad. El gobierno de Perú implementa un sistema presupuestal por desempeño que exige que los presupuestos estén alineados con las metas y objetivos de la institución; la ejecución presupuestal se monitorea paralelamente al avance de los indicadores de desempeño. En 2018, la Comisión Defensa del Consumidor y Organismos Reguladores de los Servicios Públicos del Congreso discutió y aprobó elevar el tope a las tarifas de las entidades reguladas del 1% al 2% de los ingresos después de impuesto al valor añadido (impuesto general a las ventas o IGV), pero esta decisión no ha pasado al pleno del Congreso.

La revisión del impacto de las nuevas funciones en las capacidades y competencias de la SUNASS debe tener en cuenta al menos los siguientes aspectos: i) estructura interna y organización de los equipos técnicos; ii) competencias y perfiles profesionales del personal técnico; iii) plan de dotación de personal, incluida la contratación y capacitación del personal actual; iv) contratación de expertos y proveedores externos para las actividades de inspección y supervisión, entre otros; v) nuevas necesidades de financiamiento. La revisión del esquema de financiamiento de la SUNASS garantizará que pueda desempeñar sus funciones y lograr sus objetivos de política de manera efectiva, al tiempo que mantiene su independencia, con el fin de:

- Abogar por el establecimiento de presupuestos de acuerdo con una estimación de los costos relacionados con la regulación y supervisión del sector, en lugar de los recursos disponibles.
- Continuar con la buena práctica de la elaboración de presupuestos multianuales.
- Asegurar que los nuevos acuerdos de financiamiento con el ejecutivo (MEF, PCM) sean transparentes.

Continuar fortaleciendo las buenas prácticas regulatorias en la SUNASS

Los organismos reguladores de Perú han realizado progresos importantes en la aplicación de buenas prácticas regulatorias y la SUNASS ha dado pasos importantes para desarrollar e implementar completamente el uso sistemático de la evaluación de los impactos regulatorios (EIR). El regulador puede aprovechar este trabajo para continuar mejorando la transparencia y el compromiso con todas las partes interesadas. Los pasos inmediatos pueden incluir la publicación de los costos reales de la prestación del servicio como paso inicial para abordar la resistencia a los aumentos de tarifas y mejorar la participación de los consejos de usuarios, basándose en la experiencia de otros reguladores económicos peruanos. Además, la SUNASS puede tratar de mejorar el acceso y comprensión de las partes interesadas usando enfoques innovadores, por ejemplo, analizando el comportamiento en torno de la fijación de tarifas y otros procesos de consulta, empleando un lenguaje sencillo y materiales de comunicación adecuados, adaptados a una variedad de públicos, especialmente los no técnicos. Algunas opciones para fortalecer las buenas prácticas regulatorias se describen a continuación:

- Continuar desarrollando e implementando completamente el proceso para el uso sistemático de EIR.
- Explorar formas de gestionar mejor las expectativas de las partes interesadas en torno a las tarifas.
  - Publicar los costos reales de la prestación de servicios como paso inicial para abordar la resistencia a los aumentos de tarifas.
  - Revisar los procesos de participación de las partes interesadas: explorar el uso de enfoques innovadores, como la investigación sobre el comportamiento en relación con la fijación de tarifas y otros procesos de consulta.
  - Mejorar el compromiso con los consejos de usuarios para entender mejor los problemas y fomentar la voluntad de pagar el precio necesario por los servicios de abastecimiento de agua.
- Aprovechar las sólidas prácticas de transparencia ya existentes y usar un lenguaje sencillo y materiales de comunicación adecuados adaptados a una variedad de públicos, especialmente los no técnicos. La SUNASS debe garantizar que la información que publica pueda ser entendida fácilmente por la amplia gama de interesados. Esto es particularmente importante para lograr el compromiso de las nuevas entidades reguladas y grupos de interés en áreas rurales, es decir, las JASS, que anteriormente no estaban bajo su supervisión.
- Mejorar la coordinación operativa con otras entidades públicas para las inspecciones: revisar si existen oportunidades para consolidar las inspecciones para asegurar un mejor uso de los recursos públicos, minimizar la carga de trámites de las entidades reguladas y mejorar el cumplimiento; asegurarse de que exista una autoridad clara para la coordinación a fin de eliminar la incertidumbre sobre la legalidad de cualquier acuerdo.

Mejorar el desempeño de la supervisión del de la prestación de servicios de AAS por parte de la SUNASS

La recolección y análisis de datos son fundamentales para mejorar el desempeño del sector agua y saneamiento. La SUNASS podría diseñar una estrategia por etapas para la recopilación y el análisis de datos, dada la necesidad de desarrollar capacidades para la recopilación y presentación de informes por parte de las EP, los municipios y JASS, y para la creación y adopción de sistemas de recopilación de datos digitalizados que estén coordinados en todo el sector público. La estrategia por etapas deberá diseñarse con representantes de actores descentralizados y organismos del gobierno central, con objetivos tanto a corto como a mediano plazo. Se puede incluir un enfoque por etapas diferenciado entre regiones para centrar la atención en zonas geográficas específicas y aprender de esta experiencia antes de ampliar la escala para cubrir todo el país. La estrategia tendrá como objetivo aligerar en la mayor medida posible el trabajo de envío de datos por los administrados, mediante la simplificación de formularios, reduciendo las solicitudes de información y digitalizando el envío para llegar a un control de calidad del envío de datos en tiempo real. Los formularios y sistemas podrían ser diseñados por grupos de trabajo con representantes de las EP, municipios y JASS, para probar su viabilidad.

Los datos recopilados del sector serán un ingrediente clave para que la SUNASS informe sobre el desempeño del sector y la implementación de la reforma. Estos datos e indicadores también deberán ser complementados con indicadores sobre el desempeño del regulador, para ser incluidos en el PEI actualizado, y así tener una visión integral de su desempeño. Los informes sobre el desempeño del regulador se pueden sistematizar aún más, incluso mediante un mayor involucramiento del Congreso en el debate del informe anual.

A continuación, se describen las opciones para mejorar el monitoreo del desempeño de la prestación de servicios de AAS por parte de la SUNASS:

- Desarrollar capacidades para la recopilación y presentación de informes de datos por parte de las EP, los municipios y las JASS.
- Realizar ejercicios de prospección de posibles escenarios para identificar los principales problemas que pueden afectar al sector en el mediano y largo plazo.
- Sistematizar los informes del regulador sobre su propio desempeño para mejorar la rendición de cuentas y aclarar los roles en el sector (por ejemplo, mayor compromiso con el Congreso en torno al informe anual). Es importante rendir cuentas a los poderes públicos externos para que puedan evaluar el desempeño del regulador en conjunto. Una mejor presentación de informes sobre el desempeño de la SUNASS también podría contribuir a comprender mejor el valor de su trabajo.
- La SUNASS debe utilizar datos e indicadores para evaluar e informar sobre su propio desempeño en términos de:
    - Eficiencia y efectividad de los insumos (por ejemplo, desempeño organizacional y financiero).
    - Calidad de los procesos para la actividad regulatoria (por ejemplo, precisión, puntualidad, accesibilidad de las decisiones regulatorias, uso de evidencia y datos en la toma de decisiones).
    - Resultados de la actividad reguladora (por ejemplo, eficacia de las decisiones regulatorias y su alcance a los ciudadanos/usuarios).
    - Resultados directo de las decisiones regulatorias (por ejemplo, cumplimiento de las decisiones del regulador).
- Establecer vínculos con otros reguladores económicos, de Perú y el extranjero, para intercambiar opiniones y compartir las mejores prácticas sobre sus desafíos institucionales y organizacionales.

Referencias

Casullo, L., A. Durand and F. Cavassini (2019), "The 2018 Indicators on the Governance of Sector Regulators - Part of the Product Market Regulation (PMR) Survey", *OECD Economics Department Working Papers*, No. 1564, OECD Publishing, Paris, https://dx.doi.org/10.1787/a0a28908-en. [27]

da Silva Costa, F. (2018), "Water policy(ies) in Portugal", *Méditerranée*, Vol. 130, http://journals.openedition.org/mediterranee/10078. [17]

Gallup Organisation (2015), *Gallup World Monitor (database).* [4]

Gestion (2019), *Sunass: No se suspenderá la aplicación de nuevas tarifas de agua en Tacna*, https://gestion.pe/economia/sunass-suspendera-aplicacion-nuevas-tarifas-agua-tacna-267473-noticia/?ref=gesr. [23]

Godinho, R. (2013), "A brief approach to water sector in Portugal", Presentation, APDA, May 2013, https://www.apda.pt/site/upload/A%20Brief%20Approach%20to%20Water%20Sector%20in%20Portugal_EU2_RG.pdf. [16]

INEI (2019), *Perú Formas de Acceso al Agua y Sanaemiento Basico*, El Instituto Nacional de Estadística e Informática, https://www.inei.gob.pe/media/MenuRecursivo/boletines/boletin-el-agua-3.pdf. [1]

LIS Water (n.d.), *Lessons Learned from Water Reform in Portugal*. [19]

MIDIS (2019), *Quiénes Somos?*, http://www.foncodes.gob.pe/portal/index.php/nosotros/quienessomos3. [15]

Ministerio de Vivienda, Construcción y Saneamiento (2016), *Propuesta de bases para una política nacional de saneamiento: Logros, experiencias compartidas y dialogo de política*, http://www3.vivienda.gob.pe/popup/Latinosan/PROPUESTA%20DE%20BASES%20PARA%20UNA%20POL%C3%8DTICA%20NACIONAL%20DE%20SANEAMIENTO.pdf. [10]

Oblitas de Ruiz, L. (2010), *Servicios de agua potable y saneamiento en el Perú: Beneficios potenciales y determinantes del éxito*, https://repositorio.cepal.org/bitstream/handle/11362/3819/lcw355.pdf;jsessionid=5742CF2. [11]

OECD (2021), *The OECD Network of Economic Regulators*, OECD, Paris, https://www.oecd.org/gov/regulatory-policy/ner.htm (accessed on 17 March 2021). [20]

OECD (2019), *OECD Survey on Water Governance in Peru*, OECD, Paris. [12]

OECD (2018), *Database on the Governance of Sector Regulators*, OECD, Paris. [28]

OECD (2018), *OECD Regulatory Enforcement and Inspections Toolkit*, OECD Publishing, Paris, https://dx.doi.org/10.1787/9789264303959-en. [29]

OECD (2018), *OECD Regulatory Policy Outlook 2018*, OECD Publishing, Paris, https://dx.doi.org/10.1787/9789264303072-en. [30]

OECD (2016), *Regulatory Policy in Peru: Assembling the Framework for Regulatory Quality*, OECD Reviews of Regulatory Reform, OECD Publishing, Paris, https://dx.doi.org/10.1787/9789264260054-en. [26]

OECD (2015), *Multi-dimensional Review of Peru: Volume 1. Initial Assessment*, OECD Development Pathways, OECD Publishing, Paris, https://dx.doi.org/10.1787/9789264243279-en. [2]

OECD (2015), *OECD Principles on Water Governance*, OECD, Paris, https://www.oecd.org/gov/regional-policy/OECD-Principles-on-Water-Governancebrochure.pdf. [5]

OECD (2015), *The Governance of Water Regulators*, OECD Studies on Water, OECD Publishing, Paris, https://dx.doi.org/10.1787/9789264231092-en. [13]

OECD (2014), *The Governance of Regulators*, OECD Best Practice Principles for Regulatory Policy, OECD Publishing, Paris, https://dx.doi.org/10.1787/9789264209015-en. [14]

Sanitation and Water for All (2019), "Peru: Closing sanitation gaps with evidence-based investments in the sector", http://sanitationandwaterforall.org/news/peru-closing-sanitation-gaps-with-evidence-based-investments-in-the-sector/?category=11. [8]

SUNASS (2021), *Reporte/Indicador: Porcentaje de municipalidades que cuentan con área técnico municipal formalizada*, http://aplicaciones.sunass.gob.pe:8080/RegistroATM/indicadoresATM.html (accessed on 17 March 2021). [22]

SUNASS (2020), *Benchmarking Regulatorio 2020 de las Empresas Prestadoras (EP)*, https://www.sunass.gob.pe/wp-content/uploads/2020/11/BENCHMARKING-REGULATORIO-DE-LAS-EPS-2020-DATOS-2019.pdf. [6]

SUNASS (2020), *Informe sobre la prestación de los servicios de saneamiento en el ámbito rural y de pequenas ciudades (N. 434-2020-SUNASS-DAP-ESP)*, https://www.sunass.gob.pe/wp-content/uploads/2020/09/RCD-014-2020cd-INFORME.pdf. [25]

SUNASS (2020), *Sunass aprobó el Reglamento de Calidad para la Prestación de Servicios de Saneamiento en Pequeñas Ciudades*, https://www.sunass.gob.pe/lima/sunass-aprobo-el-reglamento-de-calidad-para-la-prestacion-de-servicios-de-saneamiento-en-pequenas-ciudades/ (accessed on 17 March 2021). [24]

SUNASS (2019), "Presentation summarising the classification of service providers, as per Supreme Decree No. 019-2017-VIVIENDA", OECD workshop, Santo Domingo, September 2019. [9]

SUNASS (2018), *Benchmarking Regulatorio de las empresas prestadoras*, https://cdn.www.gob.pe/uploads/document/file/1098028/Benchmarking_regulatorio_de_las_EPS_2018.pdf. [7]

Ter-Minassian, T. (2018), "State-owned enterprises and fiscal risks in Peru", *Discussion Paper No. IDB-DP-575*, Inter-American Development Bank (IDB). [21]

World Bank (2019), *Outline for a New Strategic Plan: Potential Option*, World Bank, Washington, DC, http://documents1.worldbank.org/curated/en/633581580714106097/pdf/Outline-for-a-New-Strategic-Plan-Potential-Options-Deliverable-C-1.pdf. [18]

World Bank (2019), *World Development Indicators*, World Bank, Washington, DC. [3]

Notas

[1] Artículos 6 y 7 del Decreto Legislativo Nº 1280; Artículos 5 y 7 del Decreto Supremo Nº 019-2017-VIVIENDA.

[2] Decreto Legislativo nº 1280.

[3] Decreto Supremo Nº 006-2019-VIVIENDA.

[4] Numeral 3, apartado 7.1 del artículo 7 del Decreto Supremo Nº 019-2017-VIVIENDA sobre el reglamento de la Ley Marco de Gestión y Prestación de Servicios de Saneamiento.

[5] Cada JASS es una asociación que se encarga de la prestación de servicios de agua y saneamiento.

[6] CEPLAN es un organismo técnico especializado dependiente de la PCM que dirige el Sistema Nacional de Planificación Estratégica.

Anexo A. La Cuenca Integrada del Río Ica

El Valle de Ica es una de las áreas económicas más importantes de Perú debido a su pujante industria agroexportadora, a pesar de ser un territorio excepcionalmente seco y desértico. Los recursos hídricos disponibles no son gestionados de manera eficiente para satisfacer la creciente demanda y mantener el ritmo del crecimiento económico actual. En respuesta a esta situación, las autoridades regionales se han centrado en inversiones en infraestructura para aumentar el suministro de agua y en la explotación de las fuentes de agua subterránea, a menudo a tasas insostenibles. Este estudio del caso incluye recomendaciones de políticas para pasar de un enfoque tradicional de aumento de agua a una gestión innovadora de la demanda de agua.

Seguridad hídrica para el crecimiento económico

La Cuenca Integrada del Río Ica es uno de los más cruciales sistemas de recursos hídricos para la economía peruana. La economía regional que sustenta aporta más del 3% del producto total (medido según el Producto Bruto Interno [PBI]) y el 7% de las exportaciones totales, a pesar de la pequeña proporción de la población que vive en el área (2,5% del total) y su pequeña área geográfica (el departamento de Ica representa sólo el 1,7% de la superficie total de Perú) (Recuadro A A.1). Hoy en día, la demanda de recursos hídricos para uso agrícola supera la oferta. Los embalses del Sistema Choclococha tienen una capacidad volumétrica estimada de 80.130 millones de hm^3 y un déficit hídrico estimado de 370 hm^3, mientras que el Acuífero de Ica, la principal fuente de agua subterránea del valle, presenta un déficit de 52,17 hm^3 anuales (ANA, 2017[1]).

Actualmente, el uso más importante de los recursos hídricos en la Cuenca Integrada del Río Ica es agrícola (90% del total de los recursos hídricos). En el Valle de Ica, la tierra cultivada cubre 1.200 km^2 (aproximadamente el 17% de la superficie terrestre total del departamento de Ica). En el Valle de Ica conviven tres tipos diferentes de agricultura: agricultura de subsistencia, tradicional (pequeños agricultores) y agricultura de gran escala con fines agroindustriales y de exportación. Desde la década de los noventa, el Valle de Ica ha pasado de un modelo económico basado en la producción local a una economía agroexportadora en auge. Sin embargo, la mayor parte del agua es utilizada por pequeñas unidades agrícolas de menos de una hectárea de tierra (Figura A A.2). Se estima que hay más de 15.600 pequeños agricultores en un área cosechada de alrededor de 10.000 hectáreas, mientras que 200 empresas ocupan más de 17.000 hectáreas (63% de la tierra cultivada total) (Zegarra, 2018[2]). De las 120.000 hectáreas de tierra cultivada, más del 35% se dedica a la exportación. Muchos de los cultivos rentables que se cultivan en el Valle de Ica y luego se exportan al resto del mundo requieren mucha agua, como la uva, papa, espárragos y algodón. Según MINCETUR (2018[3]), Ica fue el primer productor de uva del país en 2017 (37% de las exportaciones totales de uva) y el primer productor de espárragos en 2019 (DRA Ica). Los mercados de América del Norte y Europa representan más del 45% del mercado de exportación agrícola y ganadera de Perú (PROMPERU, 2018[4]).El principal desafío que afecta a la Cuenca Integrada del Río Ica es cómo mantener el desempeño macroeconómico (crecimiento económico, generación de empleo, competitividad internacional), así como la inversión privada en un área bajo severo estrés hídrico, conservando efectivamente los recursos hídricos y promoviendo el desarrollo social.

Recuadro A A.1. Datos clave de la Cuenca Integrada del Río Ica

- La Cuenca Integrada del Río Ica está situada en el suroeste de Perú, entre el departamento de Huancavelica (cuenca alta y media) y el departamento de Ica (cuenca baja). Se extiende sobre 7.889 km^2, abarcando 25 distritos, de los cuales 11 se ubican en el departamento de Huancavelica y 14 se ubican en el departamento de Ica. La cuenca está, por tanto, bajo el control territorial de dos departamentos diferentes.
- La cuenca está compuesta por la cuenca natural del río Ica, en la costa del Pacífico, y parte de la cuenca alta del río Pampas (Sistema Choclococha), en la cuenca del Atlántico (Figura A A.1). Los lagos Ccaracocha y Choclococha componen el Sistema Choclococha.
- Más del 70% de la tierra en el Departamento de Ica se caracteriza por el clima desértico de la vertiente del Pacífico. La vida vegetal y animal natural en esta área del departamento, donde se encuentra el Valle de Ica, solo puede vivir en las vastas áreas de cultivos verdes viables gracias a la irrigación.

- En la parte alta de la cuenca, la actividad económica más importante es la ganadería. En el Valle de Ica, situado en la parte baja de la cuenca, los sectores más dinámicos de la economía son la manufactura (19,3%), la minería (16,1%) y la agricultura (13,1%).

Figura A A.1. Cuenca Integrada del Río Ica

Fuente: MINAM (2019[5]), *Ficha Técnica "Cuenca del Río Ica y su Trasvase Choclococha"*.

Fuente: MINAM (2019[5]), *Ficha Técnica "Cuenca del Río Ica y su Trasvase Choclococha"*; GORE Ica (2014[6]), *Estrategia Regional de Cambio Climático de Ica*, http://www.regionica.gob.pe/pdf/grrnma/2015/ercc_1.pdf; MINCETUR (2018[3]), *Reporte de Comercio Regional Ica 2018*, https://www.mincetur.gob.pe/wp-content/uploads/documentos/comercio_exterior/estadisticas_y_publicaciones/estadisticas; MINAM (2020[7]), *Diagnóstico de servicios ecosistémicos en la cuenca integrada del río Ica para la implementación de Mecanismos de Retribución por Servicios Ecosistémicos*, https://cdn.www.gob.pe/uploads/document/file/1678130/11.%20Diagnostico-Ica.pdf.

Figura A A.2. Distribución del uso agrícola de los recursos hídricos en el Valle de Ica según tamaño de la propiedad

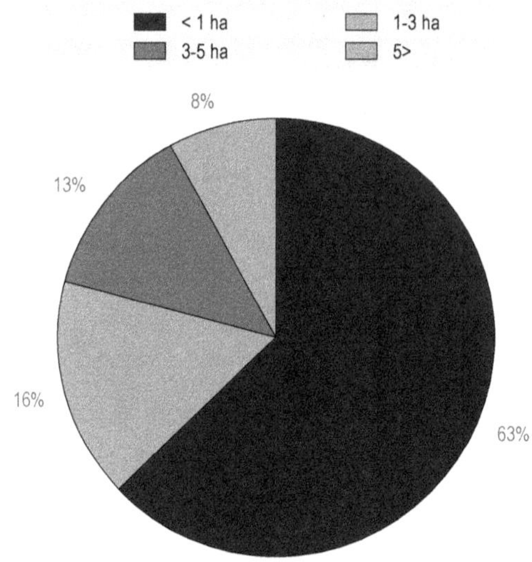

Fuente: MINAM (2019[5]), *Ficha Técnica "Cuenca del Río Ica y su Trasvase Choclococha"*.

Recursos hídricos: situación y desafíos

En el Valle de Ica, que se encuentra en la parte baja de la cuenca, prima el uso del agua subterránea sobre el agua superficial, especialmente para el riego de cultivos de agroexportación. El Acuífero Ica-Villacurí es el acuífero más explotado de Perú con una tasa de explotación de 563,35 hm^3, lo que representa el 35% de la explotación total de aguas subterráneas nacionales (ANA, 2013[8]). El nivel de la napa freática ha bajado gradualmente de 30 metros a 180 metros por debajo del nivel del suelo, con el creciente riesgo de intrusión salina desde el borde costero. Si la velocidad de agotamiento del nivel freático continúa de acuerdo con la tendencia máxima observada por la Autoridad Nacional del Agua (ANA) en 2012, se estima que la vida útil de los pozos actuales en Ica solo durará entre 5 y 11 años (ANA, 2012[9]). En la cuenca alta (departamento de Huancavelica), la demanda de agua se cubre principalmente mediante el uso de agua superficial, mientras que el Trasvase Choclococha proporciona agua a la cuenca baja.

El Trasvase Choclococha es un proyecto de desvío que comprende un conjunto de embalses y obras hidráulicas a lo largo de los últimos 70 años, que permite el trasvase transandino de recursos hídricos regulados y naturales de una parte de la cuenca alta del río Pampas de la vertiente del Atlántico. Esto aumenta la disponibilidad de recursos hídricos en el río Ica durante la estación seca en el Valle de Ica (que transcurre de abril a octubre). El trasvase transporta más de 100 millones de m^3 de agua por año a la costa y actualmente ha sido ampliado por varios proyectos nacionales de diferentes adquisiciones con el fin de reforzar y aumentar la infraestructura de conducción (GESAAM, 2016[10]). No obstante, si bien impulsó el crecimiento económico, el trasvase también provocó impactos ambientales y sociales en las cinco comunidades campesinas de Ccarhuancho, Choclococha, Pilpichaca, Santa Ana y Santa Inés, áreas que se ubican a lo largo del trasvase. En la parte alta de la cuenca, existe una fuerte presión sobre los ecosistemas que aceleran la degradación de la cobertura vegetal, lo que, a su vez, se traduce en creciente agotamiento de los recursos hídricos. Esta circunstancia, sumada a la falta de asistencia técnica de las autoridades locales y regionales, el aumento de plagas y enfermedades de los cultivos provocadas por el cambio climático, la contaminación ambiental por el uso de agroquímicos y los asentamientos humanos informales, entre otros factores, ha incrementado la tasa y la cantidad de perjuicios debido a las sequías e inundaciones.

Entre 2003 y 2013, el departamento de Ica ha experimentado un aumento alarmante de eventos meteorológicos extremos como resultado del cambio climático (GORE Ica, 2014[6]), especialmente aumento de lluvias (49% del total de incidentes), inundaciones (16%) y *huaycos* (12%), término andino que describe las inundaciones repentinas y deslizamientos de tierra (Figura A A.3). Estos eventos han hecho que la gestión de los recursos hídricos en el área plantee aún mayores retos.

Figura A A.3. Eventos extremos asociados al cambio climático en el departamento de Ica, 2003-13

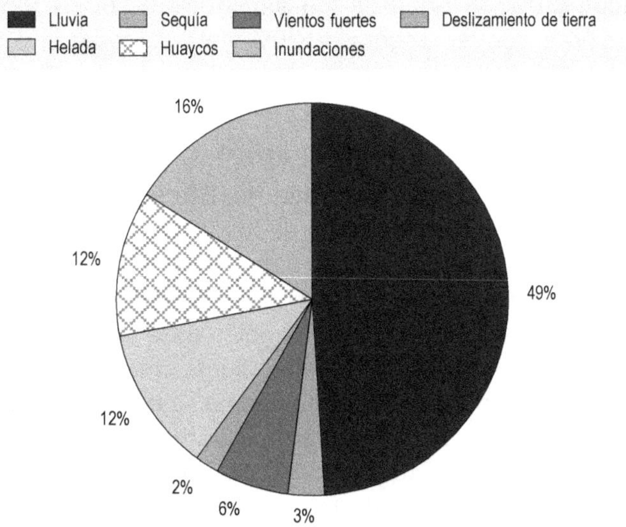

Fuente: GORE Ica (2014[6]), *Estrategia Regional de Cambio Climático de Ica*, http://www.regionica.gob.pe/pdf/grrnma/2015/ercc_1.pdf.

La población también está creciendo significativamente. Más de 50.000 personas han migrado al departamento de Ica desde, por ejemplo, los departamentos de Ayacucho, Huancavelica y Puno en los últimos 35 años (GORE Ica, 2014[6]) lo que ejerce aún mayor presión sobre los recursos hídricos. Una parte importante de esta inmigración proviene de la selva tropical, donde la gente busca mejores condiciones de vida y oportunidades laborales. Los inmigrantes se establecen en las riberas del río Ica, en barrios marginales, y extraen agua de pozos a menudo ilegales, que resultan en el aumento de la contaminación del río y la presión sobre el acuífero.

Existe una persistente brecha socioeconómica entre los dos departamentos, con tasas de pobreza de 3,1% en Ica versus tasas de 38,7% en Huancavelica (MINAM, 2019[5]). Estas brechas también se extienden al acceso a la cobertura universal de salud y la desnutrición infantil, donde las tasas en Huancavelica son alarmantemente mucho más elevadas (Tabla A A.1). Mientras que Ica es uno de los departamentos de mejor nivel económico, Huancavelica, departamento vecino y socio en el manejo de la cuenca, es uno de los departamentos más pobres del país.

Tabla A A.1. Tasas de pobreza, desnutrición y acceso a servicios de agua y saneamiento en los departamentos de Ica y Huancavelica

Departamento	Población total (número de habitantes)	Porcentaje de pobreza (%)	Hogares con acceso a agua potable segura (%)	Hogares con acceso a alcantarillado (%)	Tasas de desnutrición crónica infantil (menores de 5 años) (%)
Ica	850.765	3,1	87,3	79	8,3
Huancavelica	347.639	38,7	79,8	41,8	31,2

Fuente: MINAM (2019[5]), *Ficha Técnica "Cuenca del Río Ica y su Trasvase Choclococha"*.

Características institucionales

Hay varias entidades desconcentradas de la ANA en la cuenca. La Autoridad Administrativa del Agua Chaparra-Chincha abarca 19 unidades hidrográficas y seis ALA (ANA, 2019[11]). En cuanto a la distribución de competencias entre ambos tipos de organismos, la Autoridad Administrativa del Agua Chaparra-Chincha, que tiene un alcance territorial mucho mayor, administra y ejecuta los recursos hídricos comprendidos en la Cuenca Integrada del Río Ica, mientras que la Autoridad Local del Agua de Ica y la Autoridad Local del Agua de Río Grande actúan como administradoras de los recursos hídricos bajo su competencia. La Autoridad Local de Agua de Ica administra 9 560,01 km^2 de área y la de Río Seco administra 11.756 km^2 de área, que representan el 20% y el 24% respectivamente del total de tierras bajo la jurisdicción de la Autoridad Administrativa de Agua de Chaparra-Chincha. Este terreno incluye la Cuenca Integrada del Río Ica.

Además de los organismos desconcentrados de la ANA, hay muchos otros actores activos involucrados en la gobernanza del agua en la Cuenca Integrada del Río Ica (Table A A.2). La cuenca hidrográfica comprende dos departamentos diferentes: el Valle de Ica, el área de cultivo económicamente productiva de la parte baja de la cuenca, se encuentra en el departamento de Ica, mientras que la cuenca alta se encuentra en el departamento de Huancavelica, un departamento mucho más pobre caracterizado por la presencia de comunidades rurales. La cuenca alta también es la ubicación del Proyecto Especial Tambo-Ccaracocha (PETACC), un organismo público independiente creado en 1990 para administrar y ejecutar las obras dentro del Sistema Choclococha. Este organismo se encuentra ahora administrativamente bajo la autoridad del gobierno regional de Ica; sin embargo, su área de operación física se ubica río arriba en el departamento de Huancavelica, donde se ubican las lagunas Ccaracocha y Choclococha y desde donde se transfiere el agua de superficie al Valle de Ica. El hecho de que el área de operación y el área de influencia de estas obras se ubiquen en diferentes administraciones territoriales atestigua el desequilibrio en la gestión de los recursos hídricos en la Cuenca Integrada del Río Ica.

Los pequeños agricultores del Valle de Ica se han organizado colectivamente en tres principales juntas de usuarios de agua, que enfrentan mayores dificultades para administrar el agua a sus miembros y recaudar los recursos suficientes para operar y financiar infraestructura de conducción (Cárdenas, 2012[12]).

Table A A.2. Actores involucrados en la gobernanza del agua en la Cuenca Integrada del Río Ica

Ubicación	Actor
Cuenca alta	• Municipalidades distritales (7): Ayavi, Córdoba, San Francisco de Sangayaico, San Isidro de Huipacancha, Santiago de Chocorvos, Santo Domingo de Capillas, Tambo). • Gobierno local de Pilpichaca. • Comunidades campesinas (5): Ccarhuancho, Pilpichaca, Choclococha, Santa Ana y Santa Inés. • Gobierno Regional de Huancavelica. • Proyecto Especial Tambo-Ccaracocha (PETACC).
Cuenca baja	• Oficina de Evaluación y Fiscalización Ambiental (OEFA) • Municipalidades distritales (13): Los Aquijes, Ocucaje, Pachacutec, Pueblo Nuevo Parcona, Salas, San José de Los Molinos, San Juan Bautista, Santiago, Subtanjalla, Tate, Tinguiña, Yauca • Autoridad Administrativa del Agua Chaparra – Chincha (Autoridad de Agua de Ica) • Empresa municipal de agua potable de Ica (EMAPICA) • Programa subsectorial de irrigaciones (PSI) • Servicio Nacional de Sanidad Agraria (SENASA ICA) • Superintendencia Nacional de Servicios de Agua y Alcantarillado (SUNASS) • Municipalidad Provincial de Ica • Direcciones Regionales (9): Agricultura, Salud, Vivienda, Transporte, Energía y Minas, Comercio Exterior y Turismo, Educación, Producción, Trabajo

Ubicación	Actor
	• Gobierno Regional de Ica • Administración Local del Agua de Río Grande • Administración Local del Agua de Río Seco • Universidad San Luis Gonzaga de Ica • Juntas de Usuarios de Agua (3): Junta de Usuarios del Río Ica, Junta de Usuarios La Achirana, Junta de Usuarios de Aguas Subterráneas del Valle de Ica • Dirección de Zonificación (AGRORURAL)

Fuente: MINAM (2019[5]), *Ficha Técnica "Cuenca del Río Ica y su Trasvase Choclococha"*.

Desafíos clave de gobernanza

Se observa fragmentación de las competencias legales de los actores ubicados en la parte alta de la cuenca, donde se ubican los recursos hídricos, y los de la parte baja de la cuenca, donde se ubica la predominante demanda económica por el agua. Los actores administrativos involucrados en todos los aspectos de la gobernanza del agua se concentran principalmente en la cuenca baja, en la ciudad de Ica, mientras que la cuenca alta tiene un entorno institucional mucho menos denso y se encuentra en una etapa menos avanzada de gestión de los recursos hídricos. Existen algunos mecanismos de coordinación, como la Mancomunidad Regional Ica-Huancavelica (MANRHI) y la Mesa de Diálogo Bi-regional Ica-Huancavelica que se han creado con el fin de establecer líneas de comunicación entre los departamentos.

Por otro lado, la implementación del Consejo de Recursos Hídricos de Cuenca (CRHC) está rezagada debido a los desacuerdos sobre su gestión. La Ley de Recursos Hídricos No. 29338 (2009) previó la creación de un CRHC en la Cuenca Integrada del Río Ica. Para ello, en 2011 se creó una asociación regional entre los gobiernos de Ica y Huancavelica. La perspectiva de la creación de un CRHC se ha convertido, desde entonces, en parte de las desavenencias entre los dos departamentos. De acuerdo con el artículo 24 de la Ley Nacional de Recursos Hídricos, estos consejos deben ser creados por iniciativa de los gobiernos regionales. Los gobiernos regionales de Ica y Huancavelica actualmente discrepan sobre la inclusión del área de transferencia de Choclococha en las competencias del CRHC. La exacerbación de estas diferencias de puntos de vista llevó a la creación de una mesa de diálogo presidida por la Unidad de Gestión de Conflictos Sociales de la Presidencia del Consejo de Ministros (PCM). Sin embargo, hasta la fecha, estos desacuerdos están bloqueando la implementación efectiva de esta herramienta de gestión integrada de los recursos hídricos. Si bien en 2017 se creó el Consejo de Cuenca Interregional Tambo-Santiago-Ica, no ha habido avances significativos hacia la efectiva operatividad del Consejo ni se ha podido implementar un plan de gestión de recursos hídricos de cuenca, que es el principal objetivo detrás de la creación del Consejo, según lo previsto en el marco normativo establecido por la Ley Nacional de Recursos Hídricos de 2009 y el reglamento para su implementación.

Otro de los principales problemas en materia de gestión integral de los recursos hídricos en el Valle de Ica es la debilidad de ANA y sus organismos descentralizados en el territorio. A pesar del nuevo marco regulatorio establecido en 2009 y su posición como órgano rector del Sistema Nacional de Gestión de los Recursos Hídricos (SNGRH), aún no ha logrado fortalecer suficientemente sus capacidades para diseñar e implementar políticas públicas de regulación, control, coordinación y planificación (Zegarra, 2018[2]). La falta de capacidad de las autoridades competentes del agua en la región se ve agravada por las dificultades financieras y de gestión que enfrenta la principal empresa pública local de agua, EMAPICA S.A., que están generando problemas en la prestación de los servicios de agua a sus usuarios. La falta de ingresos está generando cada vez más dificultades para invertir en el mantenimiento y la expansión de la infraestructura del agua, en particular en lo que respecta al tratamiento de aguas residuales. Por ejemplo, el sistema de alcantarillado de la ciudad de Ica incluye una planta de tratamiento de aguas residuales, construida en 1971, y que solo puede tratar el 34% de la demanda actual (Zegarra, 2018[2]). La dificultad para gestionar esta demanda y la necesidad de ingresos ha llevado a EMAPICA S.A.

a subastar efluentes de aguas residuales sin tratar a empresas agroexportadoras. EMAPICA S.A. será el primer prestador de servicios de agua y saneamiento (EP) en vender aguas residuales sin tratar, para su reutilización. Si se reutiliza en la agricultura, aumentará las áreas agrícolas de Ica en 600 hectáreas. También contribuirá a la recarga del acuífero en tiempos de escasez de agua, gracias a la capacidad del suelo para depurar aguas residuales (OTASS, 2018[13]).

Esta efectiva implementación del MERESE es desigual en la zona. En marzo de 2018, los fondos del MERESE comenzaron a ser recaudados en la cuenca a través de la empresa de agua y alcantarillado EMAPICA S.A. Las tarifas fueron fijadas por la SUNASS por un período total de cinco años (2018-22). Para los primeros dos años, la tasa se fijó en uno por ciento durante y se incrementó al 1,5% para los tres años siguientes. EMAPICA S.A. ha informado que ya se recaudó S / 2 millones. El Comité Ecosistémico del MERESE Ica-Huancavelica se estableció en agosto de 2018 con el fin de ser un espacio para el estímulo y promoción de PSE en la Cuenca Integrada del Río Ica. Está integrado por representantes de los gobiernos regionales de Ica y Huancavelica, comunidades campesinas y usuarios agrarios del agua, y actualmente está encabezado por la Mancomunidad Regional Ica-Huancavelica (MANRHI). Sin embargo, el Comité está actualmente paralizado debido al conflicto político entre los departamentos y no se están financiando proyectos. A pesar de esta situación, la Junta de Usuarios de Aguas Subterráneas del Valle de Ica (JUASVI) y la comunidad de Choclococha han avanzado en la implementación de las intervenciones del MERESE y actualmente se encuentran en proceso de firma del acuerdo. Los mecanismos de PSE tienen como objetivo aumentar la disponibilidad de recursos hídricos, mantener y mejorar los servicios ecosistémicos de regulación hídrica y financiar los esfuerzos de conservación para proteger los ecosistemas que permiten proporcionar los servicios ecosistémicos, tales como los bosques y pastizales andinos.

Caminos a seguir para fortalecer la gobernanza del agua

Pasar de un enfoque tradicional de suministro de agua (intensivo en infraestructura) a la gestión de la demanda de agua y soluciones alternativas.

Se podrían realizar más esfuerzos orientados a la demanda y con soluciones alternativas se podría aliviar la presión sobre los recursos hídricos. Para enfrentar el esperado incremento de la demanda que implica el modelo económico agroexportador, se percibe la necesidad de invertir significativamente fondos gubernamentales en más infraestructura. Actualmente, se invierten más de 500 millones de soles en la ejecución de infraestructura hídrica, principalmente en presas y embalses. Para el gobierno regional de Ica, la solución parece ser trasvasar más agua hacia la costa, en particular del río Pampas y la vertiente del Atlántico en general. El propósito es alimentar el modelo agroexportador que es considerado por los agentes de la cuenca baja como el modelo económico deseable para crear empleo y el éxito de las iniciativas privadas, de acuerdo con las tendencias económicas a escala nacional. La gestión de la demanda también implica una tarificación eficaz del agua, con un enfoque diferenciado que tome en cuenta criterios de asequibilidad para los agricultores de subsistencia y los agricultores en pequeña escala. Las respuestas orientadas a la oferta no son las únicas soluciones, como lo demuestran las prácticas internacionales (Recuadro A A.2).

Para reducir muchos de los riesgos y ayudar a garantizar el uso sostenible de los recursos hídricos se necesitará recopilar datos y planificar contingencias ante crisis. Los balances hídricos y las evaluaciones de la calidad del agua para la cuenca (aguas subterráneas y superficiales) y las proyecciones a largo plazo para la cuenca para diferentes combinaciones de escenarios climáticos y socioeconómicos pueden dar una perspectiva general de los posibles escenarios futuros a largo plazo. Esto se necesitará para evaluar la utilidad de las inversiones a largo plazo en infraestructura pública y privada en la cuenca y la expansión de la actividad económica en la cuenca para tener una visión clara de las características de los riesgos y la resiliencia que serán necesarios abordar en la planificación de las contingencias.

Dada la amenaza que pesa sobre el Valle de Ica, las soluciones innovadoras para compensar la salinidad del suelo y las aguas subterráneas pueden ser esenciales, ya que solucionar los problemas de salinidad, en condiciones de muy bajas precipitaciones, puede demorar generaciones. El aumento de la salinidad está vinculado a otros procesos, como la desertificación, la pérdida de suelos y la erosión, que también son resultado de la sobreexplotación de las aguas subterráneas o que impulsan ese aumento de la salinidad que trae como resultado importantes consecuencias negativas tanto económicas como ambientales. Para abordar el problema de la salinidad se requiere enfoques integrados. La experiencia internacional, principalmente en Australia, muestra el potencial de los mecanismos de "compensaciones" de la salinidad (Ancev and Azad, 2014[13]). Las compensaciones se pueden definir como acciones que se llevan a cabo fuera de la ubicación física de una actividad para compensar su impacto ambiental negativo. La compensación es rentable en comparación con los enfoques regulatorios convencionales (por ejemplo, estándares), ya que permite lograr mejoras ambientales a un costo muy reducido. El impacto de la salinidad de una actividad agrícola irrigada puede compensarse plantando nuevos pastizales perennes o mediante la revegetación, que tienen el efecto de reducir la carga salina. Compensando la salinidad, las nuevas empresas de irrigación pueden ubicarse en áreas de alto impacto de salinidad, siempre que el impacto de la salinidad de estos nuevos proyectos de irrigación se compense reduciendo el impacto de la salinidad en otros lugares.

Establecer modelos financieros adecuados para ayudar a los agricultores a planificar sus cultivos y fomentar las soluciones agrícolas alternativas, como la hidroponía, podrían ser otra alternativa a futuro. También pueden contribuir, la voluntad política, la recopilación y actualización de datos e información y la planificación y gestión adecuadas de las crisis, particularmente en un área que ya está bajo estrés hídrico por su misma naturaleza, como la Cuenca Integrada del Río Ica.

Otra solución relevante para los desafíos relacionados con el saneamiento es diseñar un enfoque de economía circular del "agua", por ejemplo, a través de esquemas para el tratamiento y reutilización de aguas residuales en actividades económicas como la agricultura y para realizar infiltraciones de agua en el acuífero utilizando el agua excedente (por ejemplo, durante la temporada de lluvias en los Andes).

Promover mecanismos de diálogo entre los gobiernos regionales de Ica y Huancavelica para permitir la operatividad del Consejo de Recursos Hídricos de Cuenca y la puesta en marcha de proyectos de infraestructura natural, donde corresponda.

Los actores institucionales de la Cuenca Integrada del Río Ica deben asumir su responsabilidad política y deben asignarse claramente las competencias y responsabilidades en la gobernanza del agua para lidiar mejor con las diferencias políticas que obstaculiza un manejo más integrado de la cuenca. En 2017 se creó la Mancomunidad Regional Ica-Huancavelica (MANRHI) en el marco de la Mesa de Diálogo Bi-regional Ica-Huancavelica con el objetivo de brindar servicios y ejecutar obras o proyectos de inversión pública en el ámbito territorial de las cuatro cuencas hidrográficas interregionales y en las áreas de trasvase en los departamentos de Ica y Huancavelica. Esta instancia podría servir de base para crear consenso para resolver los desacuerdos que actualmente impiden la efectiva operacionalización del Consejo de Recursos Hídricos de Cuenca. Podría ser necesario que el gobierno central cree incentivos para asegurar una solución a las diferencias políticas.

Debe desarrollarse incentivos más fuertes para que el gobierno regional de Huancavelica tenga un mayor interés en asegurarse de que los recursos hídricos se gestionen eficazmente. Esto incluye implementar medidas para distribuir las ganancias y costos del modelo agroexportador en Ica de manera más equitativa. Esto también es crucial para una mejor implementación del MERESE, que depende de que las comunidades campesinas de las cabeceras de cuenca (en el departamento de Huancavelica) lleven a cabo esfuerzos de conservación para mejorar la calidad y cantidad del agua en la cuenca baja y se aseguren de que los fondos del MERESE se inviertan de manera estratégica y eficiente.

Fortalecer la capacidad de las autoridades del agua en los departamentos de Ica y Huancavelica

Todos los niveles de gobierno deben contar con los recursos y la capacidad para hacer cumplir correctamente las políticas y trabajar junto con las empresas privadas y comunidades campesinas para promover una mejor gobernanza del agua. Esto requerirá un análisis de los cuellos de botella existentes, tanto en el diseño de la política como en su implementación. Para proteger las cuencas hidrográficas y las riberas de los ríos y para llevar a cabo esfuerzos de conservación exitosos del acuífero, se deben hacer mayores esfuerzos en relación con el cumplimiento de las leyes y normas existentes, aunque las autoridades alegan dificultades de control del territorio y dar una respuesta efectiva. Se requiere un compromiso total del gobierno central para dar asistencia técnica a los gobiernos regionales y locales, y capacitarlos para lograr un mejor control de la implementación de la política del agua a la escala apropiada y asegurar su aplicación en pos del interés público. Asegurar la correcta aplicación de las políticas no solo mejorará la gestión de los recursos hídricos, sino que también tendrá como resultado mayor confianza y compromiso entre las partes interesadas.

Recuadro A A.2. Experiencias internacionales para la gestión del agua

Técnicas como el uso de tarifas o el uso de instalaciones, accesorios y electrodomésticos más eficientes para el uso del agua, junto con la educación y la concientización, podrían ayudar a crear una cultura de gestión de la demanda en la que el agua se considere un recurso escaso y valioso. Los objetivos de eficiencia del agua podrían ayudar a impulsar la acción. Sin embargo, para que sea eficaz, se necesita una estrategia coherente de manejo de la demanda y comunicaciones, y mecanismos aceptados por las partes para la asignación y el cobro equitativos.

En **Europa**, la Directiva Marco del Agua es el núcleo de la política y práctica de la Unión Europea para salvaguardar los recursos hídricos. Este reglamento creó un enfoque integrado basado en planes hidrológicos de cuenca. Además de la Directiva Marco del Agua, existen otras evaluaciones del riesgo del agua, como el riesgo de inundaciones, en cada cuenca hidrográfica, que identifican áreas con riesgo de inundación. Las sequías también son frecuentes y, en los últimos años, una serie de eventos graves han afectado a gran parte de Europa Occidental. La Comisión Europea ha adoptado la gestión de la demanda como una prioridad para la gestión del agua, incluidas medidas de eficiencia y políticas de precios eficaces. Además de la fijación de precios, se pueden utilizar varias técnicas para mejorar la eficiencia del agua en la agricultura, como cambiar los patrones de cultivo y las fechas de siembra, y mejorar los sistemas de riego.

La región de **Murcia**, en el suroeste de España, se conoce informalmente como "el jardín de Europa". Uno de cada diez productos agroalimentarios que exporta España proviene de esta región. El 21,4% de la riqueza de la región y el 28,4% del empleo total dependen directa e indirectamente del sector agroalimentario. Por lo tanto, la producción agrícola en esta zona es muy activa, a pesar de su ubicación en una zona tradicionalmente con estrés hídrico. Al igual que en Ica, la mayor parte del agua utilizada para riego es subterránea (40,9% del total de los recursos hídricos utilizados por el sector) y una parte importante del agua superficial que se utiliza se origina en el trasvase Tajo-Segura. El déficit hídrico estimado para regar toda la superficie agrícola de la región es de 143 hm3 / año, elevándose a 303 hm^3/año si se tiene en cuenta el umbral de recarga natural del acuífero. Sin el trasvase Tajo-Segura, ambas cifras de déficit ascienden a 276 hm^3/año (27,7% de la demanda) y 436 hm^3/año (43,7% de la demanda), respectivamente. Las autoridades y las instituciones de investigación coinciden en que la voluntad política es fundamental para garantizar la sostenibilidad de los recursos hídricos de una manera económicamente viable y al mismo tiempo proteger el medioambiente. En la región, la buena cultura del agua ha moldeado el estilo de vida y la forma de trabajar, lo que ha generado muchos esfuerzos para recopilar información y reflexionar sobre la gestión sostenible de la demanda, la gestión de incentivos para los usuarios del agua y los beneficios que aporta la tecnología para aumentar la eficiencia en la gestión de los recursos hídricos.

El **estado de California** ha sufrido en los últimos años la sequía más larga registrada en su historia, con una duración de 376 semanas desde el 27 de diciembre de 2011 hasta el 5 de marzo de 2019. Sin embargo, mientras que la superficie cosechada en California disminuyó durante la sequía, los ingresos agrícolas se mantuvieron altos, debido a una variedad de estrategias de respuesta. En particular, los productores cambiaron de cultivo, mejoraron sus prácticas de riego, cultivaron tierras en barbecho, realizaron transferencias de agua, recibieron pagos de seguros y bombearon más agua subterránea. Estas estrategias ayudaron a proteger al sector agrícola del estado de las pérdidas durante el período de sequía y contribuyeron a que se perdieran muchos menos puestos de trabajo de lo proyectado.

Fuente: OCDE (forthcoming[14]), "Outcome paper", Workshop #1: Upgrading, Governing and Financing Water Infrastructure, 14-18 octubre, Brasilia, Brasil; INFO (2019[15]), "El sector agroalimentario regional es el segundo que más exporta de toda España", Instituto de Fomento de la Región de Murcia, http://www.institutofomentomurcia.es/web/portal/noticias/-/asset_publisher/ooaGEImzq1fs/content/el-sector-agroalimentario-regional-es-el-segundo-que-mas-exporta-de-toda-espana; UCAM-Santander (2018[16]), *El Agua en el Sector Agrario de la Región de Murcia*; Cooley, H. et al. (2015[17]), *Impacts of California's Ongoing Drought: Agriculture*, https://pacinst.org/wp-content/uploads/2015/08/ImpactsOnCaliforniaDrought-Ag-1.pdf.

Referencias

ANA (2019), *Administración Local del Agua Ica*, Autoridad Nacional del Agua, http://www.ana.gob.pe/organos-desconcentrados/aaa-chaparra-chincha/ala-ica. [11]

ANA (2017), "Estudio Hidrológico del Acuífero Ica: Memoria Final", Autoridad Nacionaldel Agua, http://repositorio.ana.gob.pe/bitstream/handle/20.500.12543/2490/ANA0001271_1.pdf?sequence=1&isAllowed=y. [1]

ANA (2013), "Situación de los Acuíferos Ica, Villacurí y Lanchas", Autoridad Nacional del Agua, http://www2.congreso.gob.pe/sicr/comisiones/2012/com2012ciencia.nsf/0/1187fd07847ff5bc05257b5f00779859/$FILE/07_Situacion_Acuiferos_Ica.pdf. [8]

ANA (2012), *Plan de Gestión del acuífero del valle de Ica y pampas de Villacurí y Lanchas*, Autoridad Nacional del Agua,, http://repositorio.ana.gob.pe/handle/20.500.12543/2284 (accessed on 12 March 2021). [9]

Ancev, T. and S. Azad (2014), "Measuring environmental efficiency of agricultural water use: A Luenberger environmental indicator", *Journal of Environmental Management*, Vol. 145/C, pp. 314-320. [13]

Cárdenas, A. (2012), "La carrera hacia el fondo. Acumulación de agua subterránea por empresas agroexportadoras en el Valle de Ica", Wageningen University, Peru, https://edepot.wur.nl/222566. [12]

Cooley, H. et al. (2015), *Impacts of California's Ongoing Drought: Agriculture*, Pacific Institute, https://pacinst.org/wp-content/uploads/2015/08/ImpactsOnCaliforniaDrought-Ag-1.pdf. [17]

GESAAM (2016), *Gestión del agua en la cuenca del río Tambo Santiago Ica - Pampas*, http://cooperaccion.org.pe/wp-content/uploads/2018/02/Diagnostico-Agua-Ica-Pampas.pdf (accessed on 17 March 2017). [10]

GORE Ica (2014), *Estrategia Regional de Cambio Climático de Ica*, http://www.regionica.gob.pe/pdf/grrnma/2015/ercc_1.pdf. [6]

INFO (2019), "El sector agroalimentario regional es el segundo que más exporta de toda España", Instituto de Fomento de la Región de Murcia, http://www.institutofomentomurcia.es/web/portal/noticias/-/asset_publisher/ooaGElmzq1fs/content/el-sector-agroalimentario-regional-es-el-segundo-que-mas-exporta-de-toda-espana. [15]

MINAM (2020), *Diagnóstico de servicios ecosistémicos en la cuenca integrada del río Ica para la implementación de Mecanismos de Retribución por Servicios Ecosistémicos,*, https://cdn.www.gob.pe/uploads/document/file/1678130/11.%20Diagnostico-Ica.pdf.pdf. [7]

MINAM (2019), *Ficha Técnica "Cuenca del Río Ica y su Trasvase Choclococha".* [5]

MINCETUR (2018), *Reporte de Comercio Regional Ica 2018*, https://www.mincetur.gob.pe/wp-content/uploads/documentos/comercio_exterior/estadisticas_y_publicaciones/estadisticas/reporte_regional/RRC_Ica_2018_Anual.pdf. [3]

OECD (forthcoming), "Outcome paper", Workshop #1: Upgrading, Governing and Financing Water Infrastructure, 14-18 October, Brasilia, Brazil. [14]

PROMPERU (2018), *Promperustat (database)*, http://www.siicex.gob.pe/promperustat/index.aspx. [4]

UCAM-Santander (2018), *El Agua en el Sector Agrario de la Región de Murcia.* [16]

Zegarra, E. (2018), "La gestión del agua desde el punto de vista del Nexo entre el agua, la energía y la alimentación en el Perú: Estudio de caso del valle de Ica", CEPAL, https://repositorio.cepal.org/bitstream/handle/11362/44219/1/S1800. [2]

Referencias adicionales

ANA (2019), *Autoridad Administrativa del Agua Chaparra – Chincha*, Autoridad Nacionaldel Agua, http://www.ana.gob.pe/organos-desconcentrados/autoridad-administrativa-del-agua-chaparra-chincha.

ANA (2016), "Plan de gestión del acuífero del valle de Ica y pampas de Villacurí y Lanchas", Autoridad Nacionaldel Agua, Lima, https://www.ana.gob.pe/sites/default/files/normatividad/files/ica_-_plan_de_gestion_0_0.pdf.

ASBANC (2018), "Financiamiento para el Sector Agropecuario", *ASBANC Semanal*, No. 275, Año 8, https://asbanc.com.pe/Publicaciones/Asbanc-Semanal-275.pdf.

Banco Central de Reserva del Perú (2018), "Caracterización del Departamento de Ica", http://www.bcrp.gob.pe/docs/Sucursales/Huancayo/ica-caracterizacion.pdf.

MINAM (2016), *El Perú y el Cambio Climático: Tercera Comunicación Nacional del Perú a la Convención Marco de las Naciones Unidas sobre Cambio Climático: Lima*, http://www.minam.gob.pe/wp-content/uploads/2016/05/Tercera-Comunicaci%C3%B3n.pdf.

MINAM (2013), *Diagnóstico para la Gestión del Cambio Climático en Ica.*

Muñoz, Ismael (2016), "Agroexportación y sobrexplotación del acuífero de Ica en Perú", *Anthropologica*, Año XXXIV, No. 37, http://www.scielo.org.pe/pdf/anthro/v34n37/a06v34n37.pdf.

Anexo B. La Cuenca del Río Olmos

La Cuenca del Río Olmos alberga uno de los proyectos de infraestructura más grandes de Perú, el Proyecto Especial de Irrigación de Olmos, cuyo objetivo es trasvasar aguas del río Huancabamba al departamento de Lambayeque. La propuesta de crear un túnel de 20 km de longitud a través de los Andes se remonta a 90 años atrás. Este proyecto convirtió la tierra desértica en un suelo productivo y fértil en el que prospera la actividad agrícola. Sin embargo, los diferentes modelos de negocios entre las zonas "vieja" y "nueva" del Valle de Olmos y los cuellos de botella en la implementación de la reforma de la gestión integral del recurso hídrico requieren fortalecer la participación de las partes interesadas, al mismo tiempo que se equilibran los intereses económicos y sociales contrapuestos.

El Proyecto de Irrigación de Olmos

Introducción

El Proyecto de Irrigación de Olmos (en adelante, Proyecto Especial Olmos Tinajones, PEOT) es un conjunto de obras de ingeniería, que consta de tres componentes principales: i) el trasvase del agua a través de un túnel transandino de 20 km y la Represa Limón, que entró en operación en 2012; ii) la generación de energía hidroeléctrica; y iii) la implementación de infraestructura de riego para fines agrícolas. El PEOT recibe agua de los ríos Huancabamba, Manchara y Tabaconas, ubicados en la vertiente atlántica, transfiriéndola a través del túnel trasandino hasta la cuenca del Pacífico. Este proyecto fue concebido a principios del siglo XX, principalmente para incrementar la producción agrícola en tierras costeras que, debido al bajo nivel de precipitación promedio anual y a pesar de la calidad de los suelos, se consideran tierras desérticas (Recuadro A B.1).

El organismo de coordinación del PEOT es responsable de la supervisión, ejecución, mantenimiento y operación de la infraestructura del proyecto. Creado en 2003, es un organismo descentralizado del Gobierno Regional del Departamento de Lambayeque (GORE Lambayeque) y se considera una unidad ejecutora del presupuesto que cuenta con plena autonomía de gestión en los aspectos técnicos, económicos, financieros y administrativos. El órgano de coordinación del PEOT depende jerárquica y funcionalmente de la Presidencia del Gobierno Regional y está representado por una junta directiva encabezada por un presidente, designado por el Gobernador Regional de Lambayeque.

Como resultado de una importante inversión en infraestructura y más de 90 años de planificación, las autoridades del departamento de Lambayeque han captado suficientes recursos hídricos de los Andes para irrigar las tierras en la zona baja del valle (Recuadro A B.2). El proyecto impulsó el desarrollo económico de la zona, donde se desarrollan importantes actividades agroexportadoras. Sin embargo, todavía existe una brecha en términos de desarrollo económico entre las zonas "vieja" y "nueva" del valle.

Recuadro A B.1. Datos clave de la Cuenca del Río Olmos

La Cuenca del Río Olmos está situada en el noroeste de Perú. La cuenca se extiende sobre un área de 1 082 km^2, de los cuales el 90% se ubica en la provincia de Lambayeque dentro del departamento de Lambayeque, y el otro 10% se ubica en la provincia de Huancabamba, en el departamento de Piura (Figura A B.1). La Cuenca del Río Olmos está compuesta por las cuencas naturales de los ríos Olmos y Huancabamba. La cuenca es de clima seco, con muy pocas precipitaciones anuales y altas temperaturas. El río Olmos, que nace en la vertiente del Pacífico, tiene 124 km de longitud y fluye desde Huancabamba hasta el distrito de Olmos en la provincia de Lambayeque. El caudal medio del río es de 1,67 m^3/s y su caudal medio es de 52,67 hm^3 (MINAM, 2019[1]), lo que lo convierte en un río particularmente seco, de escorrentía intermitente. El río está completamente seco durante el 40% del tiempo de la escorrentía total anual y el 90% de la descarga total del río se produce entre enero y abril (MINAM, 2019[1]), lo que da fe de su irregularidad y estacionalidad. Por lo demás, es similar a otros ríos de la costa peruana, con fuertes descargas irregulares.

Figura A B.1. La Cuenca del río Olmos

Nota: Las líneas punteadas rojas delimitan los departamentos de Cajamarca, Lambayeque y Piura; la línea negra continua separa la Cuenca del Río Olmos y la Cuenca del Río Huancabamba, donde se ubican la Represa Limón y el Túnel Transandino.
Fuente: MINAM (2019[1]), *Ficha Técnica "Cuenca del Río Olmos;* PEOT (2019[2]), *Proyecto Especial Olmos Tinajones*, https://www.regionlambayeque.gob.pe/web/?pass=MTA1Nw.

Recuadro A B.2. Cronología del Proyecto de Riego de Olmos (PEOT)

El proyecto incluyó la construcción de una presa de 44 millones de m^3 de capacidad y un túnel trasandino de 20 km, con el propósito de trasladar el agua del río Huancabamba, en la cuenca atlántica, a la cuenca del Pacífico para fines agrícolas y de generación de energía. El proyecto de obras consta principalmente de la Represa Limón que recoge agua del río Huancabamba y el túnel trasandino que la trasvasa al río Olmos para irrigar el Valle de Olmos. La Presa Limón se gestiona a través de una concesión otorgada por GORE Lambayeque a la denominada Concesionaria Trasvase Olmos (Concesionaria Trasvase Olmos, CTO). La empresa H2Olmos realiza el trasvase de agua de la presa al valle a través del túnel y la conduce a los usuarios aguas abajo como parte del componente de riego.

Los principales hitos del PEOT son los siguientes (Figura A B.2):

- En 1924, el ingeniero Charles Sutton propone por primera vez el Proyecto de Riego Olmos al gobierno peruano con el objetivo de impulsar la economía de Lambayeque.
- En la década de 1970 se inician las obras luego de que dos empresas de ingeniería de la Unión Soviética ejecutaran los primeros planes de viabilidad técnica del túnel Transandino. Estas obras se paralizaron pronto por falta de financiación.

- En julio de 2004 se establece el marco legal para el procedimiento de contratación del PEOT y las obras de transferencia son adjudicadas por el Gobierno Regional de Lambayeque (GORE Lambayeque) a la Concesionaria Trasvase Olmos (CTO).
- En 2004, el GORE Lambayeque, en el marco de los Decretos Legislativos No. 994 y 1012 y sus respectivos reglamentos en apoyo a la inversión privada en proyectos de irrigación, adjudica las obras que permiten el desvío de agua de la cuenca del Atlántico a la cuenca del Pacífico al Consorcio de Transferencia Olmos del Grupo Odebrecht por un período de 20 años a un costo de USD 185 millones, de los cuales USD 77 millones son financiados por la Corporación Andina de Fomento (CAF).
- En junio de 2010 se firma otro contrato de concesión entre el GORE Lambayeque y H2Olmos, empresa privada creada en 2009, con el fin de gestionar la distribución de agua para el componente de irrigación del PEOT.
- En octubre de 2010 se firma el contrato de compensación económica entre el GORE Lambayeque y la empresa privada SINERSA S.A. (Sindicato Energético) dedicada a la construcción de plantas de generación eléctrica, su operación y administración, y la comercialización de energía (como parte del componente hidroeléctrico).
- En 2012, GORE Lambayeque y H2Olmos llevan a cabo el proceso de licitación pública para la adjudicación de las tierras del "valle nuevo de Olmos", como parte del componente de riego.
- En noviembre de 2014 se inauguran las obras de irrigación y se ponen en funcionamiento las obras de trasvase y riego.
- Actualmente se están planificando y negociando nuevos contratos de concesión para construir más centrales hidroeléctricas en la zona.

Figura A B.2. Cronograma de implementación de PEOT

Fuente: Gobierno Regional de Lambayeque (2019[2]), *Proyecto Especial Olmos Tinajones*, https://www.regionlambayeque.gob.pe/web/?pass=MTA1Nw.

El "viejo" y "nuevo" Valle del Olmos

Desde el principio el Proyecto Olmos tuvo como objetivo contribuir a superar uno de los principales problemas del valle y de la costa peruana en general, es decir la escasez de agua. El PEOT creó 43.000 hectáreas adicionales de tierras agrícolas de regadío, 38.000 de las cuales se adjudicaron al sector agroindustrial y agroexportador en la parte "nueva" del valle, aguas abajo, y 5.500 hectáreas quedaron en manos de los agricultores tradicionales de la parte "vieja" del valle. El "viejo Valle de Olmos" (por referencia a la zona cultivada desde antes de las obras del PEOT) es un área tradicional de actividad agrícola de pequeña y mediana escala. La mejora de las infraestructuras de riego (sistemas de riego por goteo y aspersión) permitió el desarrollo de actividades económicas en el valle nuevo. Los cultivos que se siembran tradicionalmente en el viejo Valle de Olmos solo satisfacen la demanda interna (Figura A B.3). En el Distrito de Olmos, la agricultura y la ganadería son las principales actividades; más del 50% de la población trabaja en la agricultura, la ganadería, pero también en la caza y la silvicultura (Azabache and Quiroz, 2017[3]). Sin embargo, hasta la fecha, solo se han puesto en actividad 25.000 hectáreas debido a las limitaciones que crea la escasez de agua en la zona.

El PEOT ha fomentado el desarrollo económico y las oportunidades laborales en la zona a través de la explotación productiva de las tierras anteriormente desérticas. Uno de los mayores agroexportadores de Perú, AGROOLMOS, ha recibido una gran parcela de tierra mediante la licitación pública y cultiva caña de azúcar en la parte nueva del Valle de Olmos, cubriendo tanto la cuota de exportación de azúcar a Estados Unidos para el país como la demanda nacional (43.000 toneladas métricas por año) (MINAM, 2019[1]). Como resultado de este proyecto, el Departamento de Lambayeque se proyecta como un futuro polo de desarrollo agroindustrial para el norte de Perú. A la fecha, este proyecto ha generado más de 9.000 nuevos empleos directos y 10.000 indirectos en los sectores de transporte, infraestructura, manufactura, fertilizantes, maquinaria, distribución de alimentos y uniformes, entre otros (MINAM, 2019[1]). Como parte del componente de riego del PEOT, uno de los objetivos es crear una ciudad planificada y autosuficiente en el distrito de Olmos, provincia de Lambayeque. La creación de la Nueva Ciudad de Olmos es el proyecto de desarrollo urbano integral más grande en la historia de Perú, que ha surgido como resultado del progreso y planes del PEOT. Se proyecta albergar 111.000 habitantes en una superficie de 734 hectáreas (MVCS, 2017[4]).

Figura A B.3. Principales cultivos del antiguo Valle de Olmos, por porcentaje de superficie cultivada

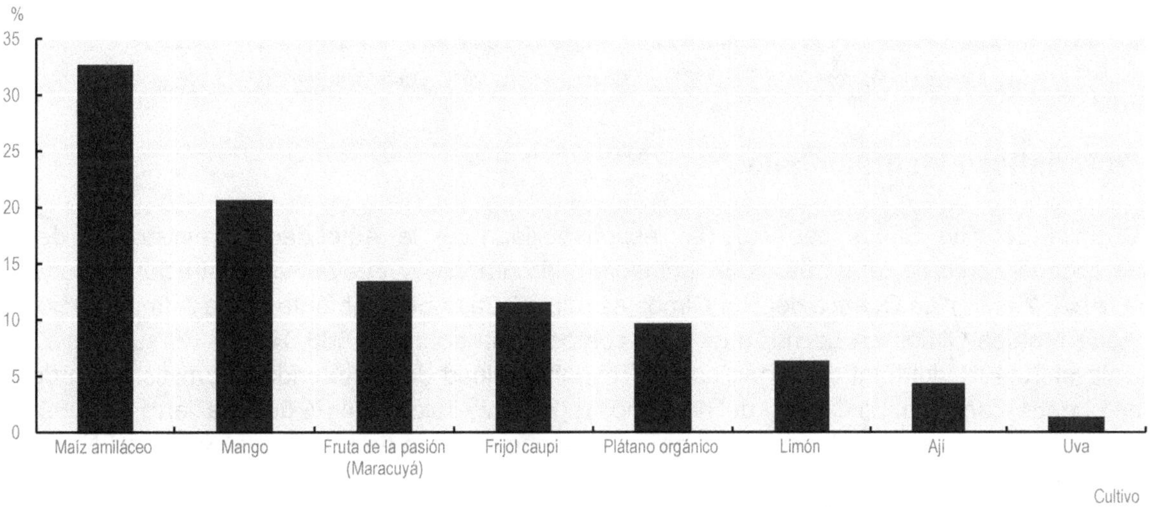

Fuente: Azabache, L. y S. Quiroz (2017[3]), "Estrategia competitiva para el desarrollo económico del Valle Viejo de Olmos del distrito de Olmos", http://repositorio.uss.edu.pe/handle/20.500.12802/4079.

Sin embargo, la falta de una infraestructura adecuada para la distribución de agua en el valle viejo socava los esfuerzos para mejorar el régimen de asignación. Esto ha generado brechas crecientes en el ingreso per cápita entre los residentes del valle viejo y los del valle nuevo. La distribución del recurso hídrico en el valle viejo se ha convertido en un punto de ruptura en la relación entre la Junta de Usuarios del Agua (que representa los intereses de los agricultores del valle "viejo") y las autoridades nacionales (la Autoridad Nacional del Agua [ANA] y el PEOT), así como con H2Olmos, la empresa a la que se ha adjudicado la gestión del trasvase de agua al valle a través del túnel. Esta percepción de distribución desigual es la causa del acceso ilegal y clandestino a la toma de agua de La Juliana. Además, como consecuencia de la sedimentación que afecta a la Represa Limón, en la que se almacena el agua del río Huancabamba, el costo del agua en Olmos está aumentando (se estima que el tratamiento de la sedimentación incrementa el costo del agua volumétrica entre 0,03 y 0,07 USD por m^3). El uso de floculantes y coagulantes para eliminar las microalgas del agua también aumenta el costo del agua en la zona. Como resultado de estas cuestiones técnicas, el precio que se paga por el agua en Olmos es uno de los más altos del país, a una tasa de USD 0,07 por m^3, en comparación con otras áreas que también han invertido en proyectos de irrigación masiva, como el proyecto Chavimochic en La Libertad, donde el precio promedio del agua es cuatro veces menor (USD 0,015).

Existe una clara brecha en las tasas de pobreza y acceso a los servicios entre los habitantes del departamento ubicado en la cuenca baja (Lambayeque) y las comunidades asentadas en la cuenca alta, en el departamento de Piura, especialmente en la provincia de Huancabamba, que presenta índices de pobreza alarmantes (67,8%), según el Instituto Nacional de Estadística e Informática (INEI) (2013[5]) (Tabla A B.1). En esta zona del país, el acceso universal al agua y el saneamiento sigue planteando un importante desafío.

Tabla A B.1. Tasas de pobreza y acceso a agua y saneamiento en los departamentos de Lambayeque y Piura

Departamento	Población (número de habitantes)	Índice de pobreza (%)	Indicadores de acceso a los servicios		
			Acceso a la red pública de agua potable y al embalse (%)	Acceso al sistema de tanque séptico público (%)	Acceso a ambos (%)
Piura	1.856.809	27.5	77	57,1	46,3
Lambayeque	1.197.260	12	86,6	73,1	65,1

Fuente: INEI (2015[6]), *Mapa de la Pobreza 2013*; INEI (2017[7]), *Censo Nacional 2017. Olmos*, http://censo2017.inei.gob.pe/publicaciones/.

Características institucionales

La Cuenca del Río Olmos cae bajo la responsabilidad de la Autoridad Administrativa del Agua Jequetepeque-Zarumilla, que abarca 31 unidades hidrográficas y nueve Administraciones Locales del Agua (ANA, 2019[8]). La Cuenca del Río Olmos es administrada directamente por la Administración Local del Agua Motupe-Olmos La Leche, que tiene competencia sobre 12.666,01 km^2 de superficie, lo que equivale al 20,40% del total de tierras bajo la responsabilidad de la Autoridad Administrativa del Agua Jequetepeque-Zarumilla. La Cuenca del río Olmos representa solo el 8,44% de esta tierra, o 1.069,21 km^2 (ANA, 2019[9]). Ambas autoridades son órganos desconcentrados de la ANA, la Autoridad Nacional del Agua (Figura A B.4).

Existe una amplia variedad de actores involucrados en la gobernanza del agua en la Cuenca del Río Olmos (Tabla A B.2), que se deriva de los diferentes intereses en juego entre los actores ubicados en las partes "vieja" y "nueva" del valle, así como de las comunidades establecidas en la cuenca alta, con respecto a los usuarios que se ubican en la cuenca baja. Las partes interesadas se pueden agrupar en cuatro categorías (Tabla A B.2):

- *Los actores directos*, directamente impactados por el PEOT, son los principales usuarios del agua proveniente del proyecto de riego. Son juntas de agua, asociaciones agrícolas y 20 empresas agroexportadoras.
- *Actores indirectos*, involucrados indirectamente en los asuntos que conciernen al POET, tales como instituciones gubernamentales y administrativas.
- *Instituciones de gestión del agua*, encargadas de gestionar los aspectos técnicos y económicos de la distribución física del agua a los usuarios.
- *Comunidades campesinas,* situadas río arriba que tienen una relación tradicional con los recursos hídricos originarios de los Andes y con las que se pueden establecer mecanismos de PSE.

Figura A B.4. Mapa institucional de la Cuenca del río Olmos

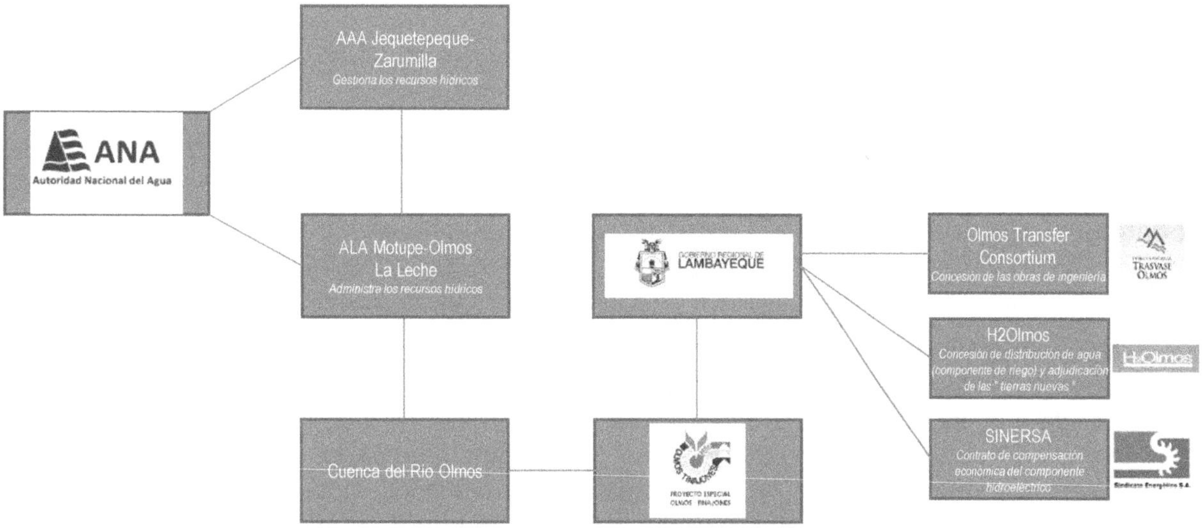

Existe una amplia variedad de actores involucrados en la gobernanza del agua en la cuenca del Río Olmos (Tabla A B.2), que se deriva de los diferentes intereses en juego entre los actores ubicados en las partes "vieja" y "nueva" del valle, así como de las comunidades establecidas en la cuenca alta, con respecto a los usuarios que se ubican en la cuenca baja. Las partes interesadas se pueden agrupar en cuatro categorías (Tabla A B.2):

- Los *actores directos*, directamente impactados por el PEOT, son los principales usuarios del agua proveniente del proyecto de riego. Son juntas de agua, asociaciones agrícolas y 20 empresas agroexportadoras.
- *Actores indirectos*, involucrados indirectamente en los asuntos que conciernen al POET, tales como instituciones gubernamentales y administrativas.
- *Instituciones de gestión del agua*, encargadas de gestionar los aspectos técnicos y económicos de la distribución física del agua a los usuarios.
- *Comunidades campesinas,* situadas río arriba que tienen una relación tradicional con los recursos hídricos originarios de los Andes y con las que se pueden establecer mecanismos de PSE.

Tabla A B.2. Actores participantes en la gobernanza del agua en la Cuenca del río Olmos

Tipo de actor	Actor
Actor directo	• Junta de Usuarios de Agua de Olmos • Asociaciones agrarias de comuneros: Comunidad Santo Domingo de Olmos • Empresas agroexportadoras (20)
Actor indirecto	• Programa de Compensaciones para la Competitividad, Ministerio de Agricultura (AGROIDEAS) • Proyecto subsectorial de irrigaciones (PSI) • Banco Agrario (AGROBANCO) • Fondo Nacional de Capacitación Laboral y Promoción del Empleo (FONDOEMPLEO) • Ministerio de Desarrollo Agrario y Riego (MIDAGRI) • Autoridad Nacional del Agua (ANA) • Gobierno Regional de Lambayeque (GORE Lambayeque)
Instituciones involucradas en la gestión del agua	• Proyecto Especial Olmos-Tinajones (PEOT)

	• Administración Local del Agua de Olmos (ALA) • Empresa prestadora de servicios de saneamiento de Lambayeque (EPSEL) • Programa Subsectorial de Irrigaciones (PSI) • Dirección Zonal AGRORURAL Piura
Comunidades campesinas	• Cuenca alta: comunidad de Quispampa y Segunda Cajas • Valle de Olmos: comunidad de Santo Domingo de Olmos

Fuente: MINAM (2019[1]), *Ficha Técnica "Cuenca del Río Olmos.*

Desafíos clave de la gobernanza del agua

Se pueden identificar algunas brechas clave de gobernanza en la cuenca, tales como:

- **Marco institucional incompleto**: Si bien se han realizado esfuerzos para implementar un Consejo de Recursos Hídricos de Cuenca (CRHC), hasta la fecha esto aún no se ha concretado debido a la oposición de diferentes actores de la zona sobre qué tipo de leyes y reglamentos deberían regir este consejo en la práctica. El problema principal es que el PEOT tiene un gran componente de infraestructura y las obras abarcan varias cuencas hidrológicas en diferentes departamentos (Cajamarca, Lambayeque y Piura). Los grupos de interés piden que se adapte la legislación actual para incluir mejor a todos los actores involucrados en las obras de transferencia, que se ejecutan en varias cuencas. Por tanto, existe la sensación de que la estructura actual de la cuenca hidrográfica no encajaría en esta situación y que debería desarrollarse una regulación específica para Olmos. Además del debate sobre la idoneidad del actual marco legal de los CRHC, existen desacuerdos sobre si la cuenca debe recaer en el actual CRHC Chancay-Lambayeque. Algunos actores consideran que el alcance territorial de este consejo de cuenca no se adecua a las demandas de la Cuenca del Río Olmos.
- **Falta de aplicación y rendición de cuentas**: La extracción ilegal y la débil cultura del agua son una consecuencia de la dificultad para hacer cumplir las leyes y regulaciones. Falta implementación efectiva de las leyes que rigen la distribución de agua, el uso del agua y los acuerdos de concesión. Muchos actores afirman que los acuerdos de concesión, especialmente los más sensibles, que rigen la distribución de agua para riego, no son respetados ni efectivamente implementados.
- **Conflictos entre usuarios**: En 2018, el departamento de Lambayeque estuvo al borde del estado de emergencia debido a las violentas protestas generadas como resultado del bloqueo del diálogo entre los representantes de la Junta de Usuarios de Agua, la industria agroexportadora, el gobierno regional, gobiernos locales y concesionarios. Hay espacio para mejorar el diálogo multisectorial para abordar los desafíos en relación con la distribución del agua, así como, el acceso al agua y el saneamiento.
- **Falta de transparencia**: varios actores se quejan de la falta de transparencia en los aspectos técnicos y financieros de las obras de infraestructura que están siendo financiadas por el sector público. Los datos y la información no siempre están disponibles ni son accesibles.

Los Pagos por Servicios Ecosistémicos (PSE), mediante el MERESE, no se implementan en toda la Cuenca del Río Olmos. Actualmente, el Ministerio del Ambiente (MINAM) está impulsando el diseño e implementación de un MERESE en las cuencas del río Olmos y del río Huancabamba, entre las empresas involucradas en el PEOT y las comunidades campesinas (que participan y están comprometidas con los esfuerzos de conservación) en el área de trasvase del río Huancabamba. De hecho, el ente regulador del agua y saneamiento de Perú (Superintendencia Nacional de Servicios de Saneamiento, SUNASS) brindó recientemente asistencia técnica a la Entidad Prestadora de Servicios de Saneamiento de Lambayeque (EPSEL) en el municipio de Chiclayo para implementar un plan de intervención de PSE, conformar una plataforma de buena gobernanza, y establecer un sistema de seguimiento (SUNASS, 2018[10]). El objetivo de este mecanismo de PSE sería incrementar la disponibilidad hídrica a través de esfuerzos de conservación en los bosques de montaña y páramos, principalmente en el distrito de Carmen de la Frontera en el lago Shimbe. Las cabeceras del río Huancabamba, donde se encuentran estos páramos muy húmedos, son un área de oportunidad para extraer más agua para su uso en la cuenca baja. En la ciudad de Lambayeque, EPSEL destina a PSE el 1% de la recaudación total y recupera aproximadamente PEN 3 millones por año. Actualmente en la ciudad de Lambayeque también se están recaudando fondos; sin embargo, aún no son efectivamente empleados en esfuerzos de conservación en la parte alta.

Caminos a seguir para fortalecer la gobernanza del agua

Fomentar el diálogo entre las partes interesadas para una gobernanza del agua más integrada y resiliente

La creación de un espacio para el diálogo ayudaría a gestionar las controversias entre las partes interesadas. La creación del Consejo de Recursos Hídricos de Cuenca (CRHC) como una plataforma que involucre a las múltiples partes interesadas podría ayudar a mejorar los planes y los diálogos entre los actores en las zonas vieja y nueva del Valle de Olmos, así como entre las comunidades campesinas establecidas en la parte alta de la cuenca y los usuarios del agua de la cuenca baja. La mayoría de los usuarios de agua en la Cuenca del Río Olmos aceptan que es necesario e importante cooperar para garantizar la sostenibilidad.

Sin embargo, los actores de la cuenca han dejado claro que, si se creara un CRHC en Olmos, este tendría que brindar la flexibilidad para adaptarse a las especificidades provocadas por la compleja naturaleza del PEOT. Las alternativas posibles podrían implicar un proceso de consulta entre las partes interesadas para la creación de este CRHC Ad hoc para lo cual sería necesario dictar una ley específica. Las mesas de diálogo existentes que tratan los conflictos en la zona podrían utilizarse para este proceso de consulta y proporcionar un foro de intercambio entre todas las partes involucradas. Garantizar la seguridad hídrica en la Cuenca del Río Olmos, que sufre estrés hídrico, requiere una planificación a largo plazo y una fuerte acción colectiva. Lograr la confianza y compromiso de todas las partes interesadas en el proceso es crucial para el éxito de los objetivos del departamento y la gestión de la inminente crisis del agua.

Los usuarios de agua tanto en el valle "viejo" como en el "nuevo" admiten la necesidad e importancia de la cooperación entre las cuencas de Huancabamba y Olmos para asegurar la sostenibilidad de los recursos hídricos. La adjudicación de dos centrales hidroeléctricas mediante procesos de contratación pública podría ser una oportunidad propicia para revisar el primer contrato de concesión para la distribución del agua como parte del componente de riego. El objetivo sería garantizar la participación e inclusión de todas las partes interesadas, y un diseño y aplicación efectivos. El acuerdo de distribución establecido en el contrato de concesión entre GORE Lambayeque y H2Olmos podría modificarse para dar cabida a las demandas de los pequeños y medianos agricultores del valle "viejo", según corresponda, con el fin de estimular el desarrollo económico en esta zona de la cuenca. Esto abre una oportunidad para que los gobiernos locales, regionales y el gobierno nacional trabajen juntos para asegurar que el marco legal del PEOT se adapte a las demandas presentes y futuras. Está en marcha una iniciativa de gestión sostenible del agua en Olmos desde octubre de 2020 en que los directores ejecutivos de cuatro grandes empresas agroexportadoras (como Agrovisión y Agrícola Pampa Baja) firmaron y anunciaron su Compromiso con la Gestión Sostenible del Agua y la implementación del Estándar AWS.

Invertir en recopilación de datos y seguimiento

Los gobiernos locales, regionales y nacional deben unir fuerzas para garantizar una mayor recopilación de datos y seguimiento. Los balances hídricos y las evaluaciones de la calidad del agua para la cuenca (aguas subterráneas y superficiales) y las proyecciones a largo plazo para la cuenca para diferentes combinaciones de escenarios climáticos y socioeconómicos contribuirán a orientar a las autoridades a largo plazo. Con respecto a los problemas de sedimentación que afectan a la Represa Limón, aunque existe información sobre la cantidad de sedimentos que están invadiendo la cuenca del río, no hay información disponible sobre dónde se encuentra exactamente esta sedimentación o sus causas directas, aunque se cree que la deforestación en la cuenca alta tiene un gran impacto. La recopilación, el uso y la difusión de más datos no solo reforzará las soluciones técnicas, sino que también fomentará una mayor transparencia y participación de las partes interesadas. Estos datos e información podrían ponerse a disposición de las partes interesadas y del público en general a través de un portal web, de manera clara y oportuna. Esto puede ser de gran ayuda para la resolución de controversias y aumentar la transparencia. Sin embargo, esta medida requeriría una asignación clara de responsabilidades entre las autoridades y un acuerdo sobre las prioridades para la recopilación de datos, así como de los grupos objetivo.

Crear capacidades

Es necesario disponer de más capacidades y recursos para abordar los problemas técnicos que surjan desde ahora, antes de seguir avanzando en los planes del PEOT. Los conocimientos y la experiencia que ya se han recogido durante los primeros años de funcionamiento deben ser la base de los proyectos futuros que se están planificando actualmente. Esta mayor capacidad podría ayudar a optimizar el uso del agua, en la elección eficiente de cultivos y aumentar la rentabilidad de todos los grupos de interés, y así evitar futuros conflictos sociales en la zona por los derechos adquiridos y la seguridad del agua, por incumplimiento de los volúmenes concedidos.

Garantizar la coherencia de las políticas

Las políticas de gestión del agua deben ir acompañadas de la implementación de otras políticas sociales transversales, ya que las cabeceras de la cuenca se encuentran en áreas (como Huancabamba) donde la población mayoritariamente no tiene acceso a los servicios públicos. El gobierno regional de Lambayeque ha establecido una clara prioridad económica para el departamento, como lo demuestra el ambicioso alcance del PEOT, con el objetivo de convertir todo el valle en tierras agrícolas fértiles, y el reciente lanzamiento de la Nueva Ciudad del Proyecto Olmos, con aspiraciones de convertir a Lambayeque en el eje económico del norte. No obstante, las autoridades del agua pueden considerar la reevaluación de las prioridades establecidas en sus herramientas de planificación y trabajar por una mayor coordinación y complementariedad intersectorial. Esto puede llevar a la implementación de medidas para abordar preocupaciones inmediatas como el acceso universal al agua y el saneamiento, especialmente a la luz de los objetivos establecidos recientemente por el Plan Regional de Saneamiento de Lambayeque 2018, para lograr el 100% de acceso al agua y saneamiento para la población urbana, y 80,2% para el agua y 70,1% de cobertura de saneamiento de poblaciones rurales, respectivamente, para 2021.

Referencias

ANA (2019), *Administración Local del Agua Motupe-Olmos-La Leche*, Autoridad Nacional del Agua, http://www.ana.gob.pe/organos-desconcentrados/aaa-jequetepeque-zarumilla/ala-motupe-olmos-la-leche. [9]

ANA (2019), *Autoridad Administrativa del Jequetepeque-Zarumilla*, Autoridad Nacional del Agua, http://www.ana.gob.pe/organos-desconcentrados/autoridad-administrativa-del-agua-jequetepeque-zarumilla. [8]

Azabache, L. and S. Quiroz (2017), "Estrategia competitiva para el desarrollo económico del Valle Viejo de Olmos del distrito de Olmos", Universidad Señor de Sipán, http://repositorio.uss.edu.pe/handle/20.500.12802/4079. [3]

INEI (2017), *Censos Nacionales 2017*, http://censo2017.inei.gob.pe/publicaciones/ (accessed on 17 March 2021). [7]

INEI (2015), *Mapa de la Pobreza 2013.* [6]

INEI (2013), *Mapa de Pobreza Provincial y Distrital.* [5]

MINAM (2019), *Ficha Técnica "Cuenca del Río Olmos.* [1]

MVCS (2017), *Presentación de la Nueva Ciudad de Olmos*, http://ww3.vivienda.gob.pe/pnc/docs/Presentacion-Nueva-Ciudad-de-Olmos.pdf. [4]

PEOT (2019), *Proyecto Especial Olmos Tinajones*, Lambayeque Regional Government, https://www.regionlambayeque.gob.pe/web/?pass=MTA1Nw. [2]

SUNASS (2018), "Lambayeque: Regulador brinda asistencia técnica a Epsel sobre MRSE", https://www.sunass.gob.pe/websunass/index.php/noticias/noticias-regiones/item/1521-lambayeque-regulador-brinda-asistencia-tecnica-a-epsel-sobre-mrse. [10]

Anexo C. Las cuencas de los Ríos Chillón, Rímac y Lurín (CHIRILU)

Los principales usuarios de las Cuencas del CHIRILU son los habitantes de la ciudad capital de Lima. Es una de las cuencas más importantes de todo el país y su consejo de recursos hídricos de cuenca se encuentra en la etapa más avanzada de implementación en comparación con otras del país. Sin embargo, la cuenca se enfrenta a importantes desafíos en materia de seguridad hídrica debido a las graves amenazas de escasez, agravadas por la contaminación y el cambio climático. Estos desafíos amenazan la capacidad de la cuenca para satisfacer la demanda de agua en la ciudad capital, una conurbación de 10 millones de habitantes que representa un tercio de la población total del país. El estudio de caso ofrece recomendaciones de políticas para fortalecer la gobernanza del agua en la cuenca.

Datos y características clave

La Cuenca del CHIRILU, conformada por las cuencas individuales de Chillón, Rímac y Lurín, es una de las cuencas más críticas por su importancia para la vida cotidiana de millones de personas y la economía del país (Recuadro A C.1). Las cuencas de los ríos Chillón y Rímac son las que más contribuyen a suplir las necesidades de agua de la población urbana de Lima, una ciudad de 10 millones de habitantes, que representa un tercio de la población total del país. El 69% del agua superficial de la zona es generada por el sistema del río Rímac, el 20% por el río Chillón y el 11% por el río Lurín. Esta última es más pequeña en comparación con las otras dos cuencas y una fuente de agua menos relevante. Sin embargo, el valle bajo de la cuenca del río Lurín se considera el último "pulmón verde" de Lima y es fundamental para el suministro de alimentos a la ciudad. También es fundamental para el buen funcionamiento del sistema hidrológico de la región porque apoya significativamente la recarga de los cuerpos de agua subterránea.

Esta cuenca abastece la mayor parte de los recursos hídricos para uso doméstico y agrícola. El principal uso de los recursos hídricos de la Cuenca CHIRILU es doméstico (69%), seguido de usos agrícolas (22%) e industriales (8%) (MINAM, 2019[1]). En 2016, la demanda de recursos hídricos alcanzó los 833,7 hm³. El volumen total de recursos hídricos disponibles en las tres cuencas es de 1,109 hm³, en las que el río Rímac, que atraviesa la ciudad de Lima, juega un papel muy importante. La Autoridad Nacional del Agua (ANA) ha informado que la mayoría de las licencias de agua doméstica corresponden a la cuenca del río Rímac, debido a que es la más cercana a Lima. Las licencias de agua en las cuencas de los ríos Chillón y Lurín cubren principalmente a los usuarios agrícolas. El volumen de agua utilizada para uso doméstico ha aumentado significativamente desde 2009, cuando la demanda interna requirió 753,1 hm³. En 2017, la demanda interna requirió 833,7 hm³ (75% del agua superficial total), lo que representa un incremento de más del 10% en menos de 10 años. El agua de esta cuenca también se utiliza principalmente con fines energéticos y en ella se encuentran cinco de las centrales hidroeléctricas más importantes del país. Estas plantas están ubicadas en la parte media de la Cuenca CHIRILU, donde se recolecta el agua para la generación de energía que luego se devuelve al río.

El agua subterránea es una fuente de agua mucho menos importante en la Cuenca CHIRILU que el agua superficial. Aproximadamente tres cuartas partes de esta demanda se cubre con agua superficial y el 25% restante con agua subterránea (Figura A C.2). El volumen total de aguas subterráneas aportadas por los acuíferos de Chillón, Rímac y Lurín asciende a 310 hm³, menos de un tercio del volumen aportado por las aguas superficiales. El acuífero del Rímac, así como su correspondiente cuenca hidrográfica, es el más rico en recurso hídrico de los tres. Juntos, los acuíferos de Chillón y Rímac cubren el 88% de la demanda de agua subterránea. Según el Servicio de Agua Potable y Alcantarillado de Lima, SEDAPAL, durante el período 2006-13, los caudales promedio de extracción fluctuaron entre 3,5 m³/s y 4,0 m³/s. Entre 1997 y 2006, los caudales de extracción disminuyeron fuertemente de 8,3 m³/s a 4,0 m³/s (SEDAPAL, 2015[2]). Asimismo, en el período entre 1969 y 1997, los caudales de extracción aumentaron de 1,1 m³/s a 8,3 m³/s, provocando una sobreexplotación severa y un aumento de la profundidad de 30-40 a 60-80 metros hasta llegar a las capas freáticas. El Servicio de Agua Potable y Alcantarillado de Lima (SEDAPAL) estableció en su Plan Maestro Optimizado un caudal máximo de extracción de 3,5 m³/s para el acuífero Rímac, 1 m³/s para el acuífero Chillón y 0,3 m³/s para el acuífero Lurín (SEDAPAL, 2015[3]).

Recuadro A C.1. Datos clave de la Cuenca CHIRILU

La Cuenca CHIRILU está ubicada en el departamento de Lima y la Provincia Constitucional del Callao, en la costa media sudamericana del Océano Pacífico Sur. La cuenca se extiende por más de 8 050 km². Tres ríos desembocan en la cuenca (los ríos Chillón, Rímac y Lurín), todos los cuales se originan en los Andes y atraviesan el desierto de la costa peruana antes de desembocar en el Océano Pacífico. Estos ríos proporcionan recursos hídricos al área metropolitana de Lima y Callao, la segunda ciudad desértica más grande del mundo, ubicada cuenca abajo. El volumen total medio anual de extracción de agua en la cuenca es de 1.484 millones de m³, de los cuales el 83% es agua superficial y el 17% es agua subterránea. En cuanto al agua subterránea, el 90% del suministro proviene del acuífero Chillón-Rímac y el 10% del acuífero Lurín, en ambos casos bajo el supuesto de extracción sostenible. Sin embargo, los limitados datos disponibles dificultan un análisis adecuado.

Figura A C.1. La Cuenca CHIRILU

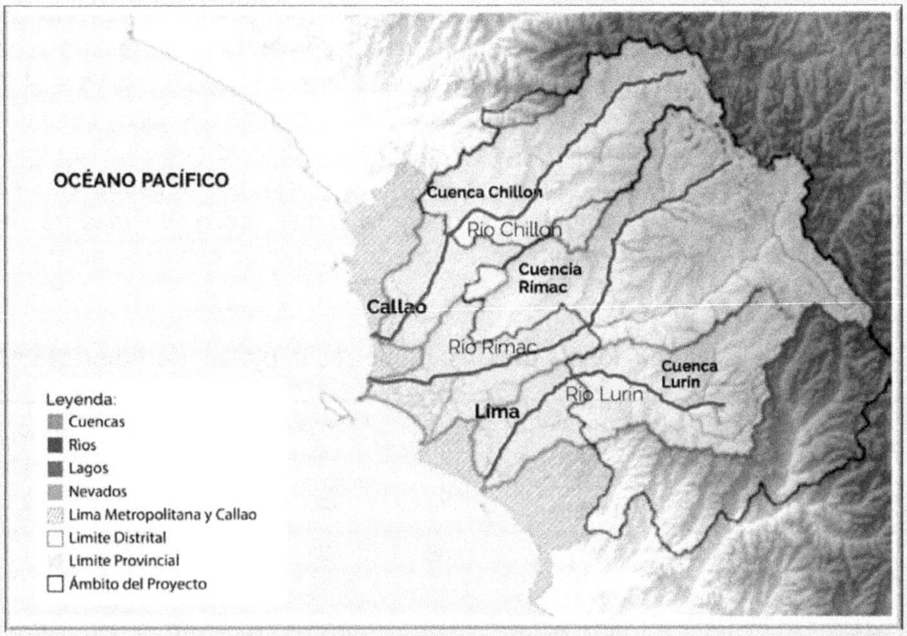

Fuente: AQUAFONDO (2016[4]), *Estudio de Riesgos Hídricos y Vulnerabilidad del Sector Privado en Lima Metropolitana y Callao en un Contexto de Cambio Climático*, https://aquafondo.org.pe/wp-content/uploads/2016/07/040716-Estudio-de-Riesgos-Hi%CC%81dricos-y-Vulnerabilidad-del-Sector-Privado-en-Lima-Metropolitana-y-Callao-en-un-Contexto-de-Cambi.pdf.

Figura A C.2. Volumen total de agua superficial y subterránea, en hm³

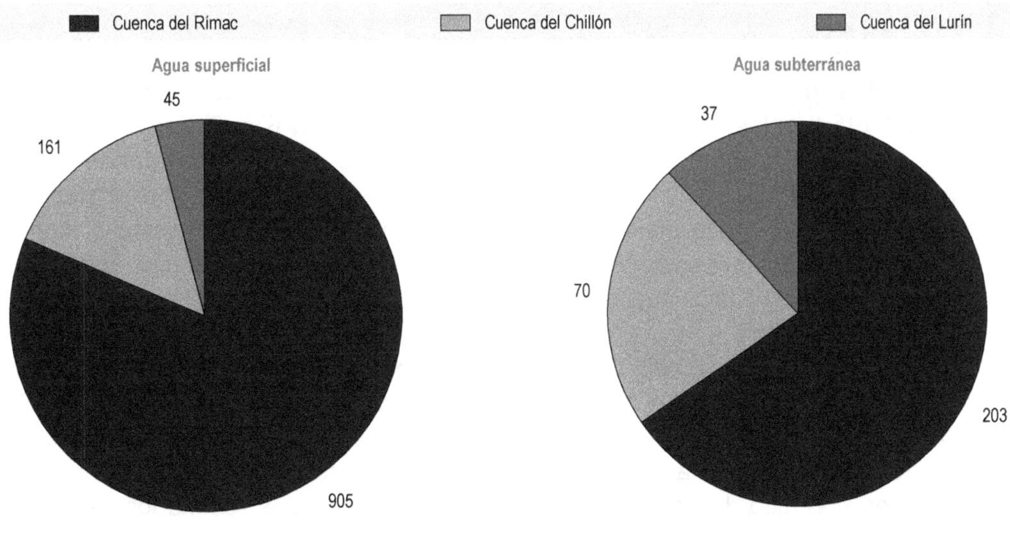

Fuente: MINAM (2019[1]), *Ficha Técnica "Cuenca de Los Ríos Chillón, Rímac y Lurín (CHIRILU)"*.

Los desafíos del agua

La cantidad de recursos hídricos disponibles en la cuenca actualmente no basta para cubrir la demanda de las ciudades de Callao y Lima. Enfrentar las amenazas que plantea la cantidad insuficiente y la baja calidad del agua, en un contexto de fuerte presión antropogénica y vulnerabilidad al cambio climático, es el mayor desafío de CHIRILU. La disponibilidad total de agua en la Cuenca de CHIRILU es de 125 m^3/per cápita/año (AQUAFONDO, 2016[4]), muy por debajo de la tasa de escasez de agua de 1 000 m3 / per cápita / año, establecida por las Naciones Unidas (ONU). También se espera que la ciudad de Lima crezca sustancialmente en las próximas décadas, alcanzando una población de más de 12 millones de habitantes para el 2030 (UN, 2018[5]). En consecuencia, se espera que la demanda de agua para usos domésticos y no domésticos aumente en un 10% en los próximos 15 años, pasando de 26,8 m^3/s a 31,7 m^3/s en 2030 (SEDAPAL, 2015[2]). En comparación con otras ciudades latinoamericanas, Lima tiene uno de los ratios de reservas de recursos hídricos per cápita más bajas (Tabla A C.1), lo que significa que tampoco está preparada para satisfacer la creciente demanda de agua en las próximas décadas. De hecho, según las proyecciones de SEDAPAL, si Lima sufriera un período de sequía (cada vez más frecuente, intensa y prolongada como resultado del cambio climático), no podría brindar servicios adecuados de agua y saneamiento a sus ciudadanos por más de dos años.

Tabla A C.1. Comparación de la resiliencia de Lima con otras capitales de América Latina

Ciudad	Población (millones)	Precipitación (mm/año)	Capacidad de producción (m^3/s)	Reserva (millones de m^3)	Reserva per cápita (millones de m^3)	Dotación (litros/hab./ año)	Agua no facturada (%)	Precio del agua (USD/m^3)
Sao Paulo	20	1 500	90	2 073	105	222	38	1.03
México	22	1 158	31	984	44	347	40	4.23-9.01
Buenos Aires	14	1 146	19	584	43	613	37	0.50
Lima	9	9	20	330	37	248	29	0.74-2.22
Bogotá	7	800	25	800	117	181	35	1.67
Santiago	5	384	24	900	166	302	29	1.63

Fuente: AQUAFONDO (2016[4]), *Estudio de Riesgos Hídricos y Vulnerabilidad del Sector Privado en Lima Metropolitana y Callao en un Contexto de Cambio Climático*, https://aquafondo.org.pe/wp-content/uploads/2016/07/040716-Estudio-de-Riesgos-Hi%CC%81dricos-y-Vulnerabilidad-del-Sector-Privado-en-Lima-Metropolitana-y-Callao-en-un-Contexto-de-Cambi.pdf.

Los problemas con la cantidad de agua se ven agravados por las amenazas a la calidad del agua. La contaminación del Río Rímac es uno de los casos más graves de contaminación fluvial a nivel nacional. Existen al menos 1.185 fuentes de contaminación en la Cuenca del Río Rímac, con 260 (22%) en la cuenca alta, 336 (28%) en la cuenca media y 589 (50%) en la cuenca baja, donde se concentra la población urbana (ANA, 2015[6]). En cuanto a los tipos de fuentes de contaminación, el número de fuentes de contaminación relacionadas con las aguas residuales municipales es el más alto, con 736 (62%), seguido de las fuentes de contaminación relacionadas con los residuos sólidos, con 323 (27%), lo que da fe de la magnitud del impacto de la ciudad en el problema de la contaminación (K-Water, 2015[7]). En 2016 se detectaron altos niveles de metales en la cuenca alta del río Rímac, principalmente arsénico, manganeso, hierro y plomo. La parte baja de la cuenca del río Chillón presenta agua de mala calidad, con altos niveles de demanda biológica de oxígeno (DBO), cobre, plomo y coliformes termotolerantes (es decir, *E. coli*). La cuenca del río Lurín, por su parte, presenta excelentes niveles de calidad en la cuenca alta; sin embargo, existe una alta presencia de coliformes termotolerantes en la cuenca baja, presumiblemente por el vertido de desechos sólidos (ANA, 2018[8]). Los resultados del monitoreo de la calidad del agua subterránea muestran mejores resultados. Los acuíferos Rímac, Chillón y Lurín muestran en general resultados de normal a alta calidad en los diferentes puntos de medición. Sin embargo, la calidad disminuye con el acercamiento a la zona costera, donde se ubican la ciudad de Lima y la Provincia del Callao (ANA, 2018[8]). Para alcanzar los niveles objetivo de calidad del agua, la ANA ha puesto en marcha un Plan Maestro para la Restauración del Río Rímac. Este plan incluye medidas tanto estructurales como no estructurales.

Uno de los principales problemas que afectan la salud de los ríos de la Cuenca CHIRILU es el resultado de los asentamientos humanos informales que han aparecido a lo largo de las riberas y que contribuyen fuertemente a los niveles de contaminación, aumentan la extracción ilegal y el agotamiento de los acuíferos y dificultan la recuperación de los ecosistemas ribereños. Uno de los casos más conocidos es el de la Margen Izquierda del Río Rímac (MIRR), donde residen más de 80.000 personas (IDRC/CRDI, 2012[9]). Esta área enfrenta innumerables vulnerabilidades en forma de problemas sociales, económicos y ambientales. Debido a su proximidad a la orilla del río, las condiciones geofísicas del terreno, la sismicidad y las construcciones precarias, estas áreas son mucho más vulnerables a la erosión hídrica y las inundaciones, lo que resulta en muchos casos en la destrucción de viviendas. La falta de sistemas de alcantarillado adecuados genera el vertido de aguas residuales domésticas sin tratar directamente al río Rímac. Los asentamientos informales son el resultado de complejos factores sociales, económicos y políticos que requieren soluciones sensatas para el desmantelamiento efectivo de los asentamientos y la reubicación en viviendas mejoradas de las comunidades que residen en la zona.

Características Institucionales

La Cuenca Hidrográfica CHIRILU está comprendida en la Autoridad Administrativa del Agua Cañete-Fortaleza, la cual contiene 17 unidades hidrográficas y cinco Administraciones Locales de Agua (ANA, 2019[10]). La Cuenca CHIRILU está regida por la Administración Local del Agua Chillón-Rímac-Lurín, que tiene competencia sobre 9.384,61 km^2, lo que equivale al 23,50% del total de tierras bajo la jurisdicción de la Autoridad Administrativa del Agua Cañete-Fortaleza. La Cuenca CHIRILU abarca el 78,1% del territorio gobernado por la Administración Local del Agua Chillón-Rímac-Lurín, que alcanza 7.329,68 km^2 (ANA, 2019[11]), por lo que este sistema de cuencas es el más importante bajo su control.

Los actores clave en el sistema de gestión del agua son los siguientes:

- La Administración Local de Agua de Chillón-Rímac-Lurín (ALA) es un órgano desconcentrado de la Autoridad Nacional del Agua (ANA) encargado de la gestión operativa de los recursos hídricos que se encuentran en las cuencas que constituyen el sistema CHIRILU. Dada la importancia del uso doméstico en la cuenca, su función principal es gestionar el suministro de agua potable.
- El Servicio de Agua Potable y Alcantarillado de Lima (SEDAPAL) es el principal operador de agua en la Cuenca CHIRILU y la empresa prestadora más importante de Perú. Su misión principal es la prestación de servicios de saneamiento como agua potable y alcantarillado. También se encarga de ejecutar la política sectorial de operación, mantenimiento, control y desarrollo de los servicios básicos, con funciones específicas en aspectos de regulación, planificación, programación, desarrollo de proyectos, financiamiento, ejecución de obras, asesoría y asistencia técnica. También puede participar en otras actividades relacionadas y / o complementarias. Al igual que otros operadores de agua para el sector urbano, SEDAPAL está regulada por la Superintendencia Nacional de Servicios de Saneamiento (SUNASS). Su objetivo principal es regular y supervisar de manera independiente, objetiva y oportuna la prestación de los servicios de saneamiento proporcionados por los proveedores. Se estableció una tasa anual del 1% de los ingresos totales de la prestación de servicios de SEDAPAL para la recaudación de PSE (Recuadro A C.2).
- El Consejo de Recursos Hídricos de Cuenca Interregional Chillón-Rímac-Lurín, creado en 2016, es un espacio de consulta en el que las instituciones y demás organismos de la región vinculados

a la gestión integral de los recursos hídricos pueden exponer sus necesidades, proyectos y reclamos, con el fin de planificar y coordinar el uso sostenible del agua en la cuenca.

- El Programa Subsectorial de Irrigación (PSI) es un órgano descentralizado del sector agrícola. Su principal objetivo es promover el desarrollo sostenible de los sistemas de riego en la costa y sierra, el fortalecimiento de las organizaciones de usuarios, el desarrollo de capacidades de gestión, así como la difusión del uso de tecnologías modernas de riego para contribuir al aumento de la producción y productividad agrícola. Su misión general es mejorar la rentabilidad de la agricultura y elevar el nivel de vida de los agricultores.
- La Dirección Regional Agraria del Gobierno Regional de Lima (GORE Lima) es un organismo descentralizado del Gobierno Regional de Lima que promueve las actividades productivas agrícolas a nivel regional y depende técnica y funcionalmente del Ministerio de Desarrollo Agrario y Riego.

Recuadro A C.2. Pago por servicios ecosistémicos (PSE) en la Cuenca CHIRILU

Para proteger las cabeceras, existe un esquema de PSA. En 2015, la SUNASS publicó una decisión vinculante que establece los objetivos de gestión, fórmulas y estructuras tarifarias que SEDAPAL, la EP de Lima, debe cumplir en el período 2015-2020. En esta decisión se priorizó la creación de un fondo de PSE. Se estableció una tasa anual del 1% de los ingresos totales de la prestación de servicios de SEDAPAL para la recaudación de PSE. La fórmula tarifaria contemplaba financiar una cartera de proyectos por un monto total de S / 38.5 millones, dedicados a la reparación y conservación de ecosistemas y servicios ambientales en los ríos Mantaro y Rímac, principales fuentes de suministro de agua para la ciudad de Lima actualmente bajo graves amenazas de contaminación. Desde 2015, SEDAPAL ha recaudado aproximadamente PEN 90 millones (casi USD 26 millones) para inversiones en proyectos de conservación.

A partir de 2018 se realizaron varios estudios tarifarios para determinar cuáles podrían ser los potenciales beneficiarios y contribuyentes de PSE en las cuencas de los ríos Chillón y Lurín. Según SEDAPAL, se han identificado un total de 32 proyectos. Los proyectos más avanzados son los siguientes:

- Recuperación del servicio ecosistémico de regulación hídrica en Milloc, en el distrito de Carampoma, provincia de Huarochirí, departamento de Lima. Este proyecto tiene un costo total de S / 1.811.355 y fue diseñado por AQUAFONDO, una plataforma de articulación multisectorial con el objetivo de promover la conservación, recuperación y uso sostenible de las fuentes de agua para las ciudades de Lima y Callao.
- Recuperación del servicio ecosistémico de regulación hídrica en la comunidad de Huamantanga, Lima: Se espera que este proyecto tenga un costo total de S / 2.007.132 y fue diseñado por CONDESAN, una organización de la sociedad civil comprometida con la conservación de los ecosistemas de montaña de la región andina.
- Recuperación del servicio ecosistémico de regulación hídrica en la intercuenca de Laraos, en el distrito de Laraos, provincia de Huarochirí, en el departamento de Lima: Este proyecto tiene un costo total de S / 1.994.773,20 y también fue diseñado por AQUAFONDO.

Actualmente, el MINAM está coordinando con SUNASS y SEDAPAL para ejecutar estos proyectos con fondos de SEDAPAL. También se está brindando asistencia técnica para la formulación y diseño de estos proyectos de acuerdo con las pautas del MINAM. A pesar de que SEDAPAL, el principal operador de agua de Lima, está recolectando PSE, los fondos aún no han sido operativizados debido a cuellos de botella institucionales que retrasan su uso para los esfuerzos de conservación río arriba.

Fuente: MINAM (2019[1]), *Ficha Técnica "Cuenca de los Ríos Chillón, Rímac y Lurín (CHIRILU)"*.

El CRHC se encuentra en una fase avanzada de implementación para garantizar el suministro de servicios básicos de agua y saneamiento continuos y de calidad a la dinámica ciudad de Lima y el distrito del Callao. El Consejo de Recursos Hídricos de Cuenca Interregional (CRHCI) de Chillón-Rímac-Lurín fue formalmente creado en 2016 mediante Decreto Supremo No. 009-2016-AG. Sin embargo, su operacionalización no se aseguró hasta 2018. La iniciativa fue encabezada por la ANA, con el apoyo de los gobiernos regionales de Lima y Callao, que agrupó a los actores potencialmente interesados y propuso su inclusión como miembros del consejo. El alcance del Consejo de CHIRILU es amplio ya que: abarca 15 unidades hidrográficas que suman 9.384,6 km^2. Está compuesto por 19 representantes y actualmente comprende ocho grupos de trabajo (Tabla A C.2).

Los representantes del consejo provienen de una gama de organizaciones e instituciones, incluidos los gobiernos regionales, la Autoridad Administrativa del Agua Cañete-Fortaleza, universidades, juntas de usuarios de aguas agrícolas y no agrícolas, gobiernos locales, comunidades campesinas y asociaciones profesionales del sector del agua. Actualmente el consejo está presidido por el Programa de Gobierno Regional de la Municipalidad Metropolitana de Lima.

El primer objetivo de este consejo, que funciona desde hace más de un año, es la elaboración e implementación exitosa de un Plan de Gestión de Recursos Hídricos de Cuenca (PGRHC), el cual ha sido diseñado por la Secretaría Técnica y se encuentra pendiente de aprobación. Este plan será el principal instrumento de gestión y funcionamiento del consejo. Aún no existe un PGRHC CHIRILU, aprobado por la ANA. Lo que se ha adelantado es la creación de grupos de trabajo como el Grupo de Infraestructura Natural y Conservación del Agua, el grupo Cultura del Agua, el grupo Observatorio del Agua CHIRILU, entre otros. Pronto se formarán grupos temáticos para elaborar el plan de gestión. De particular interés en este consejo es el grado de avance de su funcionamiento, incluida la creación de grupos de trabajo con objetivos y ámbitos de actuación específicos (Tabla A C.2). Los grupos de trabajo no solo reúnen a representantes del consejo, sino también a organizaciones no gubernamentales (ONG), empresas del sector privado y otros tipos de organizaciones para avanzar en el trabajo en áreas clave de interés. Ningún otro CRHC en Perú ha establecido grupos de trabajo con el alcance y el desarrollo institucional que se han establecido dentro del CRHCI CHIRILU.

Tabla A C.2. Composición y principales objetivos del Consejo de Cuenca del Río CHIRILU

Grupo de trabajo	Composición	Objetivos principales
Programa de Agua, Clima y Desarrollo (PACyD)	Integrantes del Consejo de Cuenca Chillón-Rímac-Lurín • Servicio de Agua Potable y Alcantarillado de Lima (SEDAPAL) • Autoridad Nacional del Agua (ANA) Otros miembros consultivos: • Asociación Biosfera • Pontificia Universidad Católica del Perú (PUCP) • Consorcio para el Desarrollo Sostenible • Consorcio Energético Huancavelica S.A. (CONENHUA) • Global Water Partnership (GWP) América del • Sur • Universidad Nacional Agraria La Molina • Ministerio de Desarrollo Agrario y Riego (MIDAGRI) • Ministerio de Energía y Minas (MINEM) • Ministerio del Ambiente (MINAM) • Ministerio de Vivienda, Construcción y Saneamiento (MVCS)	• Desarrollar y proponer la estrategia para la implementación de la gestión integral de los recursos hídricos en la subcuenca del río Santa Eulalia. • Promover el uso sostenible de sus recursos asociados, así como el uso eficiente del agua con la participación de organismos e instituciones que utilizan el agua en la zona de la subcuenca de Santa Eulalia.

<table>
<tr><th>Grupo de trabajo</th><th>Composición</th><th>Objetivos principales</th></tr>
<tr><td></td><td><ul><li>Asociación Municipal del Valle de Santa Eulalia</li><li>ONG “Agua Limpia”</li><li>Asociación Campesina Intercomunitaria Nor Huarochirí</li><li>Foro Peruano del Agua - GWP Perú</li><li>Asociación Yacuñahui</li></ul></td><td></td></tr>
<tr><td>Observatorio del Agua Chillón-Rímac-Lurín</td><td><u>Integrantes del Consejo de Cuenca Chillón-Rímac-Lurín</u><ul><li>Servicio de Agua Potable y Alcantarillado de Lima (SEDAPAL)</li><li>Autoridad Nacional del Agua (ANA)</li><li>Gobierno Regional del Callao</li><li>Gobierno Regional de Lima</li><li>UNACEM S.A.</li></ul><u>Otros miembros consultivos:</u><ul><li>EDEGEL S.A.A.</li><li>Instituto Geológico, Minero y Metalúrgico (INGEMMET)</li><li>Municipalidad Metropolitana de Lima</li><li>Servicio Nacional de Meteorología e Hidrología del Perú (SENAMHI)</li></ul></td><td><ul><li>Intercambiar y compartir datos e información sobre los recursos hídricos entre los actores de las cuencas.</li><li>Generar información secundaria y conocimiento sobre los recursos hídricos y el impacto del cambio climático.</li><li>Colaborar en el seguimiento y evaluación integral de los recursos hídricos en las cuencas.</li><li>Fomentar el desarrollo de estudios e investigaciones sobre los recursos hídricos en las cuencas, los eventos hidrológicos extremos, el impacto del cambio climático y las medidas de adaptación al cambio climático.</li><li>Brindar apoyo técnico y científico a los tomadores de decisiones sobre políticas de agua y adaptación al cambio climático.</li><li>Educar a los actores de la cuenca en la gestión integral de los recursos hídricos.</li></ul></td></tr>
<tr><td>Conservación de Agua e Infraestructura Natural en las Cuencas Chillón-Rímac-Lurín (GT CAIN CHIRILU)</td><td><u>Integrantes del Consejo de Cuenca del Río Chillón-Rímac-Lurín:</u><ul><li>Autoridad Nacional del Agua (ANA)</li><li>Servicio de Agua Potable y Alcantarillado de Lima (SEDAPAL)</li><li>UNACEM S.A.A.</li><li>Gobierno Regional de Lima</li><li>Asociación de Biólogos del Callao</li><li>ENEL Generación Perú</li></ul><u>Otros miembros consultivos:</u><ul><li>Patronato de la Reserva Paisajística Nor Yauyos Cochas</li><li>EMG HUANZA</li><li>ESSEI CONSULTING SAC</li><li>Instituto Geológico, Minero y Metalúrgico (INGEMMET)</li><li>Global Green Growth Institute Peru (GGGI)</li><li>Global Water Partnership (GWP) Perú</li><li>HELVETAS Swiss Intercooperation</li><li>Municipalidad Metropolitana de Lima</li><li>Ministerio del Ambiente (MINAM)</li><li>Fondo Nacional del Medio Ambiente (FONAM)</li><li>Superintendencia Nacional de Servicios de Saneamiento (SUNASS)</li><li>Asociación Peruana de Ingeniería Ambiental (APINAM)</li><li>Sociedad Peruana de Derecho Ambiental (SPDA)</li><li>Pontificia Universidad Católica del Perú (PUCP)</li><li>The Nature Conservancy Peru (TNC)</li><li>Fondo de Agua de Lima y Callao (AQUAFONDO)</li></ul></td><td><ul><li>Planificación y coordinación del uso sostenible de los recursos hídricos en la cuenca interregional.</li></ul></td></tr>
</table>

Grupo de trabajo	Composición	Objetivos principales
Grupo de Trabajo Multisectorial de la Cuenca del Río Lurín (GTM Lurín)	..	• Planificación y coordinación para la consolidación de la gestión integral del recurso hídrico en la Cuenca del Río Lurín.
Grupo de Trabajo Multisectorial para la Subcuenca de Santa Eulalia (GTM Santa Eulalia)	..	• Planificación y coordinación de acciones para el uso sostenible de los recursos hídricos en la subcuenca de Santa Eulalia.
Grupo de Trabajo para el Plan de Aprovechamiento de Disponibilidades Hídricas (GT PADH)	Integrantes del Consejo de Cuenca del Río Chillón-Rímac-Lurín • ENEL Perú • Servicio de Agua Potable y Alcantarillado de Lima (SEDAPAL) • Junta de Usuarios de Agua del Sector Hidráulico de Chillón, Rímac, Lurín-Chilca Otros miembros consultivos: • Autoridad Administrativa de Aguas Local de Chillón-Rímac-Lurín (ALA) • Secretaría Técnica del Consejo • Servicio Nacional de Meteorología e Hidrología del Perú (SENAMHI)	• Planificación del uso integrado de aguas superficiales y subterráneas de manera multisectorial.
Grupo de Trabajo para la Cultura del Agua	..	• Este grupo temático está coordinado por SUNASS y tiene como objetivo apoyar al consejo. Su alcance abarca las Cuencas de los ríos Chilca, Chillón, Lurín y Rímac. Su objetivo es planificar, coordinar y articular acciones interinstitucionales para que a través de una gestión integrada se promueva la cultura del agua en el ámbito del consejo.
Grupo de Trabajo Multisectorial de la Cuenca del Río Lurín (GTM Lurín)	..	• Su principal objetivo es planificar y coordinar las acciones de consolidación para la gestión integral del recurso hídrico en la Cuenca del Río Lurín.

Fuente: MINAM (2019[1]), *Ficha Técnica "Cuenca de Los Ríos Chillón, Rímac y Lurín (CHIRILU)"*.

Desafíos clave de la gobernanza del agua

En la Cuenca CHIRILU, la fragmentación institucional y la falta de una coordinación intersectorial eficaz dificultan la alineación de las políticas con los objetivos de varias instituciones y sectores. Por ejemplo, los temas de calidad del agua en la ciudad de Lima deben abordarse mediante la participación de actores de los sectores de saneamiento y salud, vivienda, educación y gestión de residuos.

Las autoridades del área metropolitana de Lima han avanzado mucho en el uso de instrumentos legales y económicos para lograr un manejo de cuencas más articulado e integrado. Sin embargo, la principal herramienta de planificación aún está pendiente de aprobación, a pesar de que el consejo lleva funcionando más de tres años. La exitosa creación del Consejo de Cuenca CHIRILU es el ejemplo más claro de estos esfuerzos de los actores que se unen para discutir y acordar objetivos conjuntos para una mejor gobernanza del agua. Sin embargo, este proceso requirió un tiempo significativo para que todos los actores se reunieran y acordaran la estructura fundamental y el funcionamiento del consejo de cuenca, y si bien su funcionamiento ha avanzado algo, aún existen impedimentos en cuanto a los instrumentos operativos del consejo, como el PGRHC.

Se carece de datos e información sobre el estado de la calidad del agua en la Cuenca CHIRILU dado que no se recolecta información todos los años. Además, existen lagunas en el ámbito territorial de la colección, en particular en la Cuenca del Río Lurín. Además de la poco frecuente recolección de datos, los datos recolectados por la ANA sobre la calidad del agua subterránea en Lima solo evalúan la presencia de sales. Por tanto, falta información sobre otros indicadores de contaminación como plaguicidas, hidrocarburos, benceno, tolueno, etilbenceno y xilenos (BTEX) y metales pesados. Como tal, se desconoce el alcance total de la calidad de las fuentes de agua subterránea.

Se carece de capacidades técnicas para la implementación de proyectos relacionados con los fondos MERESE (mencionados anteriormente como PSE). SEDAPAL lanzó una convocatoria de proyectos para cubrir este vacío. Los fondos del MERESE se han recolectado durante más de cuatro años en la región y se cuenta con una cantidad considerable de fondos (un estimado de S / 90 millones) para la protección del ecosistema río arriba. Sin embargo, el uso operativo de estos fondos está retrasado. Existe alguna evidencia de que el MERESE está operando en la Provincia del Callao, pero no se han implementado proyectos para Lima. SEDAPAL está a cargo de recolectar los fondos, pero debido a su naturaleza no necesariamente cuenta con la capacidad de coordinar eficazmente con los actores en la cuenca alta y diseñar proyectos de conservación por orden de prioridad.

Existe un déficit de legitimidad social de algunos cobros. La mayoría de los usuarios industriales que pagan a SEDAPAL la tarifa de monitoreo y manejo de aguas subterráneas en Lima se han quejado o expresado sus dudas sobre el uso real que se da a los ingresos recaudados. A veces, esto incluso ha conllevado a litigios entre esos usuarios y SUNASS. A menos que se tomen las disposiciones necesarias, pueden surgir problemas sociales debido al inadecuado manejo de las diferencias entre las expectativas de los contribuyentes y la administración de los proyectos de gestión del agua. En ese sentido, es importante mantener informados a los actores involucrados y asegurar su participación en las distintas etapas. También debe reconocerse que la actualización de las tarifas regulatorias de las empresas de servicios de agua y saneamiento (EP) cada cinco años tiende a crear un clima en contra del compromiso privado en la prestación de servicios de agua y a favor de considerar las preocupaciones de asequibilidad.

Caminos a seguir para fortalecer la gobernanza del agua

Mejorar la coherencia intersectorial de las políticas

Es necesaria la coordinación entre sectores para abordar colectivamente los problemas de escasez de agua y contaminación en la Cuenca CHIRILU. Las instituciones y los operadores podrían elaborar conjuntamente un catálogo de temas que deberían abordarse y/o examinarse y, cuando sea posible, indicar las acciones que podrían tomarse al respecto. Las externalidades negativas en el sector del agua a menudo provienen de otros sectores, como los residuos sólidos. Los miembros del sector manufacturero también pueden participar, dada la cantidad de residuos que producen sus actividades.

Mejorar la recopilación de datos e información

Se necesitan datos e información más relevantes y actualizados para que las autoridades de cuenca elaboren políticas eficientes y planifiquen su implementación eficaz. Existe una falta constante de información ambiental actualizada, concisa y de fácil acceso relacionada con el estado ambiental de la Cuenca CHIRILU y sus elementos conformantes, inclusive una gama más amplia de indicadores sobre contaminación y consumo de recursos hídricos. Los problemas con la calidad de la información van unidos al hecho de que son muchas las instituciones que se encargan de recolectar los datos. Abordar este tema para proporcionar datos oportunos, fácilmente accesibles y transparentes debe incluir una consideración cuidadosa sobre qué entidad debe ser responsable de esta recopilación de datos y establecer prioridades en términos de qué categorías de datos deben recopilarse y quiénes deben ser los grupos destinatarios de dicha recopilación de datos, teniendo en cuenta las implicaciones económicas, sociales y financieras de estas decisiones. La creación de un observatorio del agua como uno de los grupos de trabajo dentro del CRHCI CHIRILU, que tiene como uno de sus objetivos la recolección e intercambio de información, es una iniciativa prometedora que se espera que crezca una vez que el mandato del CRHCI sea efectivamente operativo a través de la aprobación del PGRHC.

Fortalecimiento de capacidades

Se podría aprovechar la experiencia y el conocimiento de las empresas privadas para garantizar estructuras de PSA más eficaces. Los desafíos que enfrenta SEDAPAL en el uso efectivo de los ingresos de los fondos MERESE son un ejemplo de una brecha de capacidad. Para llenar este vacío, el operador está involucrando al sector privado y asociaciones capaces de implementar proyectos relacionados con la conservación de la cuenca. De hecho, algunos de los proyectos de PSE más avanzados en la Cuenca CHIRILU se están coordinando a través de AQUAFONDO, una plataforma multisectorial que incluye miembros de la academia, el sector privado y la sociedad civil. Esta organización está llevando a cabo proyectos de conservación las cuencas alta y baja. ONG como Forest Trends también están a la vanguardia de la cooperación con SEDAPAL, especialmente en proyectos que involucran infraestructura natural. Además, la experiencia que ha sido generada por el esquema Siembra y Cosecha impulsado a través del Programa Sierra Azul del Ministerio de Desarrollo Agrario y Riego podría ser fuente de inspiración para SEDAPAL y sus socios para el diseño e implementación de su cartera de proyectos de conservación. Además, existe un creciente dinamismo en el sector privado de la región que está dando como resultado que integren cada vez más los esfuerzos de conservación en sus programas de responsabilidad social empresarial en sus respectivas áreas de influencia, más allá de las acciones previstas a través de los fondos de PSE. Muchas empresas ya invierten fondos privados en la recuperación y conservación de los acuíferos.

Involucrar a las partes interesadas

La participación de la sociedad civil en general—como las ONG, el mundo académico y el sector privado—podría actuar como catalizadora para el despegue del MERESE. Involucrar activamente a la ciudadanía en los esfuerzos de recuperación y conservación de las aguas de la Cuenca del CHIRILU y empoderarla como agente de cambio será fundamental para la plena recuperación de la vitalidad y salud de los ríos. Algunos trabajos ya están en marcha a través de su participación en los grupos de trabajo (ver Tabla A C.2). La práctica de crear grupos de trabajo específicos para abordar áreas o temas de interés dentro del consejo es una buena manera de enfocarse en problemas y soluciones específicos mientras se mantiene fuerte motivación (ver Tabla A C.2). Sin embargo, se debe prestar especial atención a la fase de implementación y a la coordinación entre los grupos de trabajo para evitar duplicaciones y superposiciones.

Promover la inversión en infraestructura verde

El sistema de inversión pública debe adaptarse a estas nuevas formas de infraestructura verde, ya que el sistema está diseñado para construir más que para conservar. La liberación de los fondos es demasiado lenta como para poder abordar eficazmente los esfuerzos de conservación necesarios como parte de los esquemas de infraestructura verde. Los esquemas de financiamiento e inversión deben adaptarse a las características de la infraestructura natural para que los proyectos puedan diseñarse e implementarse con éxito. Se ha señalado que la transición de infraestructura gris a verde es un tema de prioridad nacional, especialmente en la Cuenca CHIRILU, donde uno de los grupos de trabajo dentro del Consejo de Hidrográfico de la Cuenca trabaja específicamente en la conservación del agua y la infraestructura natural (GT CAIN CHIRILU). Los ecosistemas naturales, que brindan servicios y beneficios clave como la regulación de los caudales y la prevención de la erosión, son indispensables en la lucha contra el estrés hídrico en la región. Las intervenciones verdes podrían contribuir sustancialmente a abordar el actual déficit de flujo de la estación seca que experimenta la ciudad de Lima a costos más bajos o competitivos con los proyectos de infraestructura gris planteados (Gammie and De Bievre, 2015[12]). Varias organizaciones de la sociedad civil y ONG colaboran con SEDAPAL para crear e implementar proyectos de infraestructura natural. Estas intervenciones van desde la conservación de humedales y bosques hasta la restauración de canales de infiltración preincaicos y el mejoramiento de las prácticas de pastoreo, incorporando este tema como pilar del manejo sustentable de los recursos hídricos. El desarrollo de un marco regulatorio específico, nuevas herramientas técnicas y la asignación de recursos financieros, son avances recientes que ayudan a cambiar las actitudes hacia la gestión integrada y sostenible de los recursos hídricos.

Referencias

ANA (2019), *Administración Local del Agua Chillón-Rímac-Lurín*, Autoridad Nacional del Agua, http://www.ana.gob.pe/organos-desconcentrados/aaa-canete-fortaleza/ala-chillon-rimac-lurin. [10]

ANA (2019), *Autoridad Administrativa del Agua Cañete-Fortaleza*, Autoridad Nacional del Agua, http://www.ana.gob.pe/organos-desconcentrados/autoridad-administrativa-del-agua-canete-fortaleza. [11]

ANA (2018), *Estado Situacional de los Recursos Hídricos en las Cuencas Chillón, Rímac y Lurín*, ANA Repository, Autoridad Nacional del Agua, http://repositorio.ana.gob.pe/handle/20.500.12543/2902. [8]

ANA (2015), *Plan maestro del proyecto de restauración del río Rímac: informe final*, http://repositorio.ana.gob.pe/handle/20.500.12543/637 (accessed on 12 March 2021). [6]

AQUAFONDO (2016), *Estudio de Riesgos Hídricos y Vulnerabilidad del Sector Privado en Lima Metropolitana y Callao en un Contexto de Cambio Climático*, https://aquafondo.org.pe/wp-content/uploads/2016/07/040716-Estudio-de-Riesgos-Hi%CC%81dricos-y-Vulnerabilidad-del-Sector-Privado-en-Lima-Metropolitana-y-Callao-en-un-Contexto-de-Cambi.pdf. [4]

Gammie, G. and B. De Bievre (2015), "Assessing green interventions for the water supply of Lima, Peru", Forest Trends, https://www.forest-trends.org/wp-content/uploads/imported/assessing-green-interventions-for-the-water-supply-of-lima-peru-pdf.pdf. [12]

IDRC/CRDI (2012), *Sistematización: Una experiencia de investigación acción participativa de reducción de la vulnerabilidad en la Margen Izquierda del Rio Rímac del Cercado de Lima, Proyecto Ciudades Focales*, https://ciudadesfocalesmirrlima.files.wordpress.com/2012/08/sistematizacion-experiencia-de-accion-participtiva-de-reduccion-de-vulnerabilidad-mirr1.pdf. [9]

K-Water (2015), *Plan Maestro para el Proyecto Restauración del Río Rímac: Informe Final*, ANA Repository, http://repositorio.ana.gob.pe/handle/20.500.12543/637. [7]

MINAM (2019), *Ficha Técnica "Cuenca de Los Ríos Chillón, Rímac y Lurín (CHIRILÚ)".* [1]

SEDAPAL (2015), *Afianzamiento Hídrico Para el Abastecimiento de Agua para Lima Metropolitana*, http://www.sedapal.com.pe/c/document_library/get_file?uuid=0aa74785-edf2-47f8-a750-48aace398c67&groupId=10154. [2]

SEDAPAL (2015), *Plan Maestro Optimizado 2015-2044*, http://www.sedapal.com.pe/plan-maestro-2015-2044. [3]

UN (2018), *The World's Cities in 2018*, United Nations, https://www.un.org/en/events/citiesday/assets/pdf/the_worlds_cities_in_2018_data_booklet.pdf. [5]

Anexo D. Lista de actores consultados durante el diálogo de políticas

Institución	Nombre
2030 Water Resources Group	César Fonseca Emi Yamamura Patrick Huggard-Caine Ada Calderón
AAA (*Autoridades Administrativas del Agua,* Water Administrative Authorities)	Elmer García Jose Muñiz Miroquezada Luis Yampufé Morales Neptalí Sánchez Sixto Celso Palomino Garcia
ABRESA (*Asociación de la Industria de bebidas y refrescos sin alcohol*, Soft Drink Industry Association)	Ernesto Dávila Taboada Maria Luisa Ángeles Maria Luisa Málaga Verónica Bonifaz Masías
AECID (*Agencia Española de Cooperación Internacional para el Desarrollo*, Spanish International Cooperation Agency)	Fernando Bonilla
AFIN (*Asociación para el Fomento de la Infraestructura Nacional*, Association for the Promotion of National Infrastructure)	Juan Pacheco
AGAP (*Asociación de Gremios Productores Agroexportadores del Perú*, Association of Peruvian Agro-exporting Producers' Guilds)	Edwin Córdova Pérez Gabriel Amaro Alzamora
Agrícola Chapi	Ursula Baertl
Agua Limpia ONG, Agua Limpia NGO	Alejandro Conza Salas Mercedes Castro
AWS, Alliance for Water Stewardship	Carla Toranzo
ANA (*Autoridad Nacional del Agua*, National Water Authority)	Adolfo Toledo Carlos Perleche Enrique Meseth Macchiavello César Basilio Jairs Miranda Jenny Katy Huamán Jorge Ganoza Juan Mariluz Juan Sevilla Luis Prado Rebeca Uribe Del Aguila William Ormeño Yoskaya Blanco Guillermo Serruto
ANEPSSA (*Asociación Nacional de Entidades Prestadoras de Servicios de Saneamiento del Perú*, National Association of Sanitation Service Providers of Peru)	Juan José Quintanilla Tuppia Luis Vilca Ochoa
AQUAFONDO (*Fondo de Agua para Lima y Callao*, Water Fund for Lima and Callao)	Mariella Sanchez

Institución	Nombre
ANGR (Asamblea Nacional de Gobiernos Regionales, National Assembly of Regional Governments)	Eduardo Rubira Acosta
Arca Continental Lindley	Ismael Moreyra Javier Valencia Dongo Guillermo Marín
Asociación AGUA-C, AGUA-C Partnership	Fanel Guevara
Asociación de Agricultores de Ica, Ica Farmers' Association	Manuel Olaechea
Asociación de Comunidades Campesinas de Santa Eulalia, Association of Farming Communities of Santa Eulalia	Faustino Guzmán Freddi Gutierrez Loyola
Asociación Pro-Olmos, Pro-Olmos Association	José Lecaros De Marz
CCL (*Cámara de Comercio de Lima*, Lima Chamber of Commerce)	Alejandro Conza María Luisa Angeles
Centro de competencias del Agua, Water Competence Centre	Bram Leo Willems Rossi Taboada Hermoza Walter Martín Leyva Molina Carlos Silvestri Somontes
Centro de Investigación de la Universidad del Pacífico, University of the Pacific Research Centre	Elsa Galarza José Luis Ruiz
CEPLAN (*Centro Nacional de Planeamiento Estratégico*, National Centre for Strategic Planning)	Jorge Abugattas Fatule
Comunidad campesina Sallique, Sallique farming community	Luis Huancas Concha
Comunidad campesina San Felipe, San Felipe farming community	Elzer Ibañez Huaman
Comunidad campesina Segunda y Cajas, Segunda y Cajas farming community	Hilario Peña Huamán
Concesionaria Trasvase Olmos, Olmos Water Diversion Concessionary	Antonio Araujo Javier Montenegro Montoya Juan Soria Casaverde
CONCYTEC (*Consejo Nacional de Ciencia, Tecnología e Innovación*, National Council for Science, Technology and Innovation)	Miguel Ayquipa Elguera
CONDESAN (*Consorcio para el Desarollo Sostenible de la Ecorregion Andina*, Consortium for the Sustainable Development of the Andean Ecoregion)	Cecilia Ginella
COSUDE (*Agencia Suiza para Desarrollo y Cooperación*, Swiss Development Agency)	Kenneth Peralta Martin Jaggi
CRHCs (*Consejos de Recursos Hídricos de Cuenca*, Basin Water Resource Councils)	Abner Zavala Jerónimo Chiarella Nilton Buguña Ronal Fernández
CTB (*Cooperación Técnica Belga*, Belgian Technical Cooperation)	Patrick Gaudissart
Defensoría del Pueblo, Office of the Ombudsman	Lily Ku Yanasupo Luis Alberto Alvarado
Embassy of Canada	Amélie Geoffroy Rafael Galván
Embassy of the Kingdom of the Netherlands	Synara Sanchez José Alberto Del Corral
EMAPICA	Carlos Casalino Uribe Juan Carlos Barandiarán Rojas
ENEL Generación Perú	Liliana Crudo Vera
EPSEL (*Entidad Prestadora de Servicio de Saneamiento de Lambayeque*, Lambayeque Sanitation Service Provider Entity)	Lorenzo Bocanegra Campos

Institución	Nombre
EU (European Union)	Tatiana Garcia Alfaro
Gobierno Regional de Ica, Regional Government of Ica	Carlos Guillermo Avalos Castillo Javier Gallegos Barrientos María Aragones Vente Víctor Eduardo Injante Palomino
Gobierno Regional de Lambayeque, Regional Government of Lambayeque	Teolinda Aurora Pizarro
FAO (Food and Agriculture Organization of the United Nations)	Alberto García de Romaña María Kattia Escudero Rodríguez
FEMA (*Coordinación Nacional de Fiscalías Especializadas en Materia Ambiental*, National Coordination of Specialised Environmental Prosecutor's Offices)	Nora Vasquez Paucar
Forest Trends	Gammie Gena Gabriel Rojas Liseth Pilar Asto Luis Diaz
GIZ (German Cooperation Agency)	Carmen Zegarra Hans-Werner Theisen
GORE Callao (*Gobierno Regional de Callao*, Regional Government of Callao)	Dante Mandriotti Castro Enzo Elguera Echegaray Raúl Zarate Rendón Rozana Pareja Sagasti
GORE Lima (*Gobierno Regional de Lima*, Regional Government of Lima)	Diana Sanchez Nunez Julio Antonin Castillo Correa Karina Takashi Santos Ricardo Chavarría
H2Olmos	José Salinas Saavedra Milagros Bravo Guerrero
IDB (Interamerican Development Bank)	Santiago J. Bucaram
INEI (*Instituto Nacional de Estadistica e Informatica*, National Institute of Statistics and Information Technology)	Jose Luis Huertas
INSH (*Proyecto Infraestructura Natural para la Seguridad Hídrica*, Natural Infrastructure for Water Security Project)	Fernando Momiy Isabel Calle
Instituto de ciencias de la naturaleza, territorio y energias, Institute for Nature, Territory and Energy Sciences	Teresa Oré
Instituto de Promoción para la Gestión del Agua, Institute for the Promotion of Water Management	Andrés Alencastre Catherine Alva Montoya Laureano del Castillo Pinto Lorenzo Chang Navarro Lévano Manuel Paulet Iturri Víctor Alarcón Jibaja
Instituto Geofísico del Perú, Geophysical Institute of Peru	Elisa Armijos Cárdenas
Instituto de Investigaciones de la Amazonía Peruana	Fausto Hinostroza Werner Chota
Instituto Nacional de Investigación en Glaciares y Ecosistemas de Montaña, National Institute of Glacier and Mountain Ecosystems Research	Jesús Gómez López
JICA (Japan International Cooperation Agency)	Mario Arriaran La Torre Agustina Vera
JUASVI (*Junta de Usuarios de Aguas Subterráneas del Valle de Ica*, Board of Groundwater Users of the Ica Valley)	Alfredo Sotil
Junta de Usuarios del Sector Hidráulico Rímac, Board of users of the hydraulic sector *Rímac*	Cipriano Sullca

Institución	Nombre
	Juan Cabrejos Ypanaque
Junta de Usuarios del valle de Olmos, Board of users of the Olmos Valley	Ales De la Cruz Daniel Manrique
Junta de Usuarios Subdistrito de Riego Lurín – Chilca, Board of users of the Irrigation Subdistrict Lurín - Chilca	Teodoro Marengo Rivera
KfW (German Financial Cooperation)	Ignacio Santamaria
LIS-Water	Rita Amaral
Mancommunidad Lima Norte (Community of Lima Norte)	Nelly Coaguila Rennán Espinoza
Mancomunidad de Lurín (Community of Lurin)	Alcalde de San Damián Eder Pinaud Ochoa
MEF (*Ministerio de Economía y Finanzas*, Ministry of Economy and Finance)	Daniel Peñaflor Dayana Lizbeth Cuba Ernesto Bazán Miguel Gargate Sandra Ramos Flores José La Rosa Milagros Gonzales Natalia Alayza Armandina Guevara Lenin Mayorga
MIDIS (*Ministerio de Desarrollo e Inclusión Social*, Ministry of Development and Social Inclusion)	Rodrigo Salcedo Du Bois
MIMP (Ministerio de la Mujer y Poblaciones Vulnerables, Ministry of Women and Vulnerable Populations)	Alejandro Vilchez De los Ríos Elena Rosa Ramos Tenorio Elmer Galván Bermudez Silvino Cueva Sánchez
MIDAGRI (*Ministerio de Desarrollo Agrario y Riego*, Ministry of Agricultural Development and Irrigation)	Emerson Salinas Caparachín F. Javier Martinez Fabiola Hernández Borja Jorge Saenz José López Jurado Laura Avellaneda Nilda Vásquez Paula Carrión Wilder Chancafé José Alarcón
MINAM (*Ministerio del Ambiente*, Ministry of the Environment)	Amalia Cuba Analía Alejandra Aramburu Carlos Rojas Carmen Mejia Christian Lopez Coral Calvo Cristina Díaz Cristina Rodriguez Daniel Matos Daniel Nuñez Edgar Palomino Erasmo Otárola Fabiola Nuñez Gabriel Quijandría

Institución	Nombre
	Giovana Egas Gladys Talledo Jesús Gómez Jhaqueline Contreras Jorge Benites José Miguel Pajuelo Juan Lao Olivares Luis Bravo Luis Ledesma Luis Marino Nava Luisa Elena Guinand María del Carmen Quevedo Mariana Llona Martha Cuba Villafuerte Omar Ruiz Zumaeta Sandro Dominguez Susana Saldana Verónica Villarreal Serpa Yolanda Zúñiga René Bravo Johanna Garay Carlos Eyzaguirre Elena Castro
MINCETUR (*Ministerio de Comercio Exterior y Turismo*, Ministry of International Trade and Tourism)	Josefina del Prado Chávez Herrera Lourdes Loayza Bellido Victor Eduardo Bullon Alcala
MINCUL (*Ministerio de Cultura*, Ministry of Culture)	Mayra Contreras
MINEM (*Ministerio de Energia y Minas*, Ministry of Energy and Mining)	César Ulloa Arteaga Enrique Puente Ferroñay Gina Castillo Maritza Leon Iriarte Yuri Pinto Ortiz
MINSA (*Ministerio de Salud*, Ministry of Health)	Aldo Persival Dalia Suarez Diego Enrique Sime Rendon Llimi Renzo Lopez Cruz Percy Montes Rueda Teófilo Baltazar Jirón Estela Victor Zamora Jorge Prieto
MRE (*Ministerio de Relaciones Exteriores,* Ministry of Foreing Affairs)	Paul Duclós Fernando Reátegui Enrique Cárdenas Humberto Pedraglio Patricia Gallardo Eduardo Dios
Municipalidad de Lima, Municipality of Lima	Rocio Aparicio, Diana Porlles, Pamela Bravo, Elvira Ávila
Municipalidad Provincial de Ica, Provincial Municipality of Ica	Rodrigo Zavala
Municipalidad Provincial de Huancabamba, Provincial Municipality of Huancabamba	Adán Campos Flores

Institución	Nombre
MVCS (*Ministerio de Vivienda, Construcción y Saneamiento*, Ministry of Housing, Construction and Sanitation)	Abel Pedro Bellido Torres Mabel Juana Morillo Viera Max Carbajal Mary Tesén
Naturaleza y Cultura internacional	Katty Carrillo Távara
OEFA *(Organismo de Evaluación y Fiscalización Ambiental)*	Karina Montes
Organización Panamericada de la Salud, Pan American Health Organization	Hildegardi Venero Magaly Guevara Rubén Mayorga Sagastume
OSINERGMIN (*Organismo Supervisor de la Inversión en Energía y Minería*, Energy and Mining Investment Supervisory Agency)	Abel Rodriguez Gonzalez
OTASS (*Organismo Técnico de la Administración de los Servicios de Saneamiento*, Technical Agency for the Administration of Sanitation Services)	Felix Marmanillo Bustamante Mabel Juana Morillo Viera
PERU 2021	Aracelli Ramos Micaela Cortes Micaela Rizo Patrón
PETACC (*Proyecto Especial Tambo Ccaracocha*, Tambo-Ccaracocha Special Project)	Edwin Manchego Meza José Ghezzi Hernández
PNSR (*Programa Nacional de Saneamiento Rural*, National Rural Sanitation Programme)	Gina Santa María Cabrera Hilario Wilder Aguilar Marco Antonio Mauricio Tixe Víctor Luis Cabrera La Rosa
PNSU (*Programa Nacional de Saneamiento Urbano*, National Urban Sanitation Programme)	Humberto Gustavo Tipiani Rodriguez Yesenia Gladys Capcha Espinoza
Pontificia Universidad Católica del Perú, Pontifical Catholic University of Peru	Maria Teresa Oré Sofía Castro
Presidencia del Consejo de Ministros, Presidency of the Council of Ministers	Bratzo Bartra Brenda Ormea Alcazar Juana Kuramoto Nathalie Carolina Tejada Meza Rafael Suarez Jhon Beraún
PRODUCE (*Ministerio de la Producción*, Ministry of Production)	Edgar García Carbajal Joannes Diaz Buendia Jorge Zuzunaga Maria Paliza Maria Ysabel Valle Martínez Richard Alca Rosa Zavala, Sharon Dale González
PEOT *(Proyecto Especial Olmos Tinajones*, Special Project Olmos Tinajores)	Juan Carlos Escalante Medina
Red de Municipalidades Urbanas y Rurales del Perú, Network of Urban and Rural Municipalities of Peru	Flavio Mamani Hancco Javier Peralta Huanca
SEDAPAL (*Servicio de Agua Potable y Alcantarillado de Lima*, Lima Drinking Water and Sewerage Service)	Alonso Zapata Alvaro Jesús Torres Jorge Rucoba María del Pilar Acha Polo Agüero Yolanda Andía

Institución	Nombre
SENACE (*Servicio Nacional de Certificaciones para las Inversiones Sostenibles*, National Certification Service for Sustainable Investments)	Jenny Corman Morales Verónica Villareal Marielena Lucen Luis Bernuy
SENAMHI (*Servicio Nacional de Meteorolgia e Hidrologia del Peru*, National Unit for Meteorology and Hydrology)	Juan José Ordoñez Galvez
Servicio Nacional Forestal y de Fauna Silvestre, National Forestry and Wildlife Service	Leopoldo Rocca Calienes
SERNANP *(Servicio Nacional de Áreas Naturales Protegidas por el Estado)*	Juan Pablo Valer Miranda
SNI (*Sociedad Nacional de Industrias*, National Society of Industries)	Patricia Valdez Rolando Piskulich
SNMPE (*Sociedad Nacional de Minería, Petróleo y Energía*, National Society of Mining, Petroleum and Energy)	Enrique Ferrand Jacqueline Villanueva Lesly Zamora Fabiola Sifuentes
SNP (*Sociedad Nacional de Pesquería*, National Fisheries Society)	José Villarán
Sociedad Minera Cerro Verde, Cerro Verde Mining Society	Miluska Cervantes Julia Torreblanca Juan Carlos Gonzáles Juan Díaz Escobedo Patricia Quiroz
SUNASS (*Superintendencia Nacional de Servicios de Saneamiento*, National Superintendence of Sanitation Services)	Cynthia Huayta Sánchez Diana Miranda Frans Pezo Ruiz Ivan Lucich José Manuel Zavala Juan Andrés Soto Guevara Luis Acosta Mauro Gutiérrez Rodrigo Chirinos Roger Loyola Sandro Huamaní Ximena Quiroz Zoila Avilés
Sunfruits Corporation	José Luis Camino
The Nature Conservancy	Alberto Limo Aldo Cárdenas Fernando Ghersi
UNDP (United Nations Development Programme) PNUD (Programa de las Naciones Unidas para el Desarrollo)	Camilo Huneeus
UNICEF (United Nations International Children's Emergency Fund)	Juan Carlos Valencia
Union Andina de Cementos, Andean Cement Union	David Cueto Sánchez
USAID (United States Agency for International Development)	Dirk Ten Brinck Gina Cady
Water for People, Agua para la Gente	Juan Francisco Soto Hoyos
World Bank, Banco Mundial	Gustavo Saltiel
World Wildlife Fund	Mariela Canepa Montalvo

www.ingramcontent.com/pod-product-compliance
Lightning Source LLC
LaVergne TN
LVHW080653011026
849160LV00014B/1413